FACULTÉ DE DROIT DE L'UNIVERSITÉ DE BORDEAUX

LE PROBLÈME ÉCONOMIQUE

DE L'INTÉRÊT

THÈSE POUR LE DOCTORAT

Soutenue devant la Faculté de Droit de Bordeaux, le Lundi 3 Avril 1905, à 2 h. 1/2 du soir

PAR

Alcée DUGARÇON

AVOCAT A LA COUR D'APPEL DE BORDEAUX

BORDEAUX

IMPRIMERIE Y. CADORET

17 — RUE POQUELIN-MOLIÈRE — 17

1905

FACULTÉ DE DROIT DE L'UNIVERSITÉ DE BORDEAUX

LE PROBLÈME ÉCONOMIQUE

DE L'INTÉRÊT

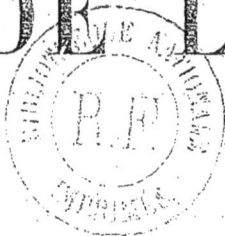

THÈSE POUR LE DOCTORAT

Soutenue devant la Faculté de Droit de Bordeaux, le Lundi 3 Avril 1905, à 2 h. 1/2 du soir

PAR

Alcée DUGARÇON

AVOCAT A LA COUR D'APPEL DE BORDEAUX

BORDEAUX

IMPRIMERIE Y. CADORET

17 — RUE POQUELIN-MOLIÈRE — 17

1905

FACULTÉ DE DROIT DE L'UNIVERSITÉ DE BORDEAUX

DOYEN ET PROFESSEUR HONORAIRE : M. BAUDRY-LACANTINERIE, ✳, ◎ I.

PROFESSEURS HONORAIRES
{ MM. SAIGNAT, ✳, ◎ I.
BARCKHAUSEN, O. ✳, ◎ I., membre correspondant de l'Institut.

MM. MONNIER, ✳, ◎ I., *Doyen*, professeur de *Droit romain*, chargé d'un cours complémentaire d'*Histoire du droit public français* (Doctorat).

DE LOYNES, ◎ I., professeur de *Droit civil*.

VIGNEAUX, ◎ I., professeur d'*Histoire du droit*.

LE COQ, ✳, ◎ I., professeur de *Procédure civile*.

LEVILLAIN, ◎ I., professeur de *Droit commercial*.

MARANDOUT, ◎ I., professeur de *Droit criminel*.

DESPAGNET, ◎ I., professeur de *Droit international public*, chargé d'un cours complémentaire de *Droit international privé* (Licence).

DUGUIT, ◎ I., assesseur du Doyen, professeur de *Droit constitutionnel et administratif*, chargé d'un cours complémentaire de *Principes du droit public et droit constitutionnel comparé* (Doctorat).

DE BOECK, ◎ I., professeur de *Droit romain*, chargé d'un cours complémentaire d'*Histoire des Doctrines économiques* (Doctorat).

DIDIER, ◎ I., professeur de *Droit maritime* et de *Législation industrielle*, chargé d'un cours complémentaire de *Droit commercial approfondi et comparé* (Doctorat).

CHÉNEAUX, ◎ A., professeur de *Droit civil*, chargé d'un cours complémentaire de *Droit civil approfondi* (Doctorat).

SAUVAIRE-JOURDAN, ◎ A., professeur d'*Économie politique et Science financière*, chargé d'un cours complémentaire de *Législation et Économie coloniales*.

BENZACAR, ◎ A., professeur d'*Économie politique*, chargé d'un cours complémentaire de *Législation française des finances et Science financière* (Doctorat).

FERRON, ◎ A., professeur de *Droit civil*, chargé d'un cours complémentaire de *Droit civil comparé* (Doctorat).

BARDE, ◎ I., professeur de *Droit administratif*, chargé d'un cours complémentaire de *Droit administratif (Juridiction et contentieux)* (Doctorat).

MM. BENOIST, ◎ I., *Secrétaire*.

PLATON, ◎ I., ancien élève de l'École des Hautes Études, *sous-bibliothécaire*.

LALANNE, ☙, *commis au secrétariat*.

COMMISSION DE LA THÈSE

MM. SAUVAIRE-JOURDAN, professeur... *Président*.
DIDIER, professeur............ } *Suffragants*.
BENZACAR, professeur............

A MON PÈRE

———

A MA MÈRE

LE

PROBLÈME ÉCONOMIQUE DE L'INTÉRÊT

PREMIÈRE PARTIE

Le problème

Les hommes, dans notre société moderne, se procurent des revenus de deux manières différentes.

La première est de louer leurs services à autrui. Ils dépensent leur activité, ils consomment leurs forces de quelque nature qu'elles soient : physiques, intellectuelles ou morales, au service d'autrui, et en retour ils perçoivent une rémunération, consistant soit en une certaine quantité de monnaie, soit en divers autres objets, rémunération à laquelle on donne dans le langage courant le nom de salaire *latissimo sensu*. C'est ainsi que le salaire, entendu de cette façon, comprend tous les revenus possibles que l'on peut obtenir à l'aide de son travail : le revenu des fonctions publiques ou traitement, le revenu des professions libérales ou honoraires, e revenu des domestiques ou gages, le revenu des marchands qu'on appelle bénéfice ou profit ou tout au moins cette partie du profit ou du bénéfice qui peut être regardée comme la rémunération de leur travail.

Voilà donc une première manière de se procurer un revenu : c'est de vendre, d'échanger son travail.

Il en existe une seconde : c'est de posséder ou de se procurer une certaine quantité de ces richesses qui jouissent du privilège étrange de donner un revenu indépendamment du travail de leur possesseur, et ce, sans que, tant qu'elles durent, elles cessent d'assurer ce revenu; on donne à ces curieuses richesses le nom de richesses-capital. Nous nous proposons d'étudier cette catégorie de la richesse et le revenu auquel elle semble donner naissance.

Mais auparavant, il importe bien de préciser ce qu'il faut entendre par capital et par revenu du capital, et en quoi les relations de ces deux ordres de phénomènes constituent un véritable problème dans la science économique.

§ I. *Le capital au sens individuel. Le capital au sens social.*

On peut distinguer, dit Adam Smith, en deux parties, la totalité du fonds accumulé qu'un homme possède : celle dont il espère tirer un revenu s'appelle son capital, l'autre est celle qui fournit immédiatement à sa consommation ([1]).

En nous plaçant à ce point de vue, nous pourrions définir le capital, les richesses à l'aide desquelles les hommes se procurent d'autres richesses, à l'aide desquelles les hommes s'assurent un revenu sans travailler. En se plaçant toujours

---

([1]) *Richesse des Nations,* liv. II, ch. I.

au point de vue de la production du revenu, il existerait donc dans le patrimoine des individus deux espèces de biens : les uns seraient des biens dont nous exigeons des satisfactions directes, immédiates si ce sont des choses qui se consomment par le premier usage, répétées et continues si ce sont des biens non consomptibles. Et tels sont, en effet, par exemple, nos aliments, nos vêtements, la maison que j'habite, mon piano, etc. Nous n'attendons de ces biens-là que des satisfactions directes.

D'autres biens, au contraire, sont destinés à nous fournir des satisfactions plus ou moins indirectes, plus ou moins lointaines. Ces choses-là, ce n'est pas nous qui les consommons, ce sont les autres qui en jouissent soit qu'il nous les achètent, soit qu'ils nous les empruntent; nous demandons à ces choses là de nous procurer un revenu. Tels sont, par exemple : mes fermes, la maison que je loue, les livres d'un cabinet de lecture, les tableaux du marchand d'antiquités, les bijoux du joaillier, les bibelots du marchand d'articles de Paris, etc.

Et tout de suite de ces exemples mêmes, nous pourrions déduire cette conséquence, qu'il n'y a point de richesses-capitaux par nature; il n'y a que des capitaux par destination, pour employer une expression familière aux civilistes. Vérifions cette proposition dans la vie ordinaire.

Il n'y a pas tout d'abord, entre les objets que nous venons de citer, une différence de nature, car nous voyons le même bien être tantôt un objet de satisfaction directe et tantôt un capital. C'est ainsi, par exemple, que le diamant est une source de revenu pour le bijoutier ou pour le vitrier, et qu'il n'est qu'un objet de consommation pour celui qui le porte à son doigt. On pourrait multiplier les exemples à l'infini. Toute richesse quelconque, observe en effet M. Gide, fût-ce même un manteau d'arlequin, peut jouer le rôle de capital lucratif (¹).

Il est donc totalement impossible de déterminer un criterium objectif pour distinguer à première vue les richesses qui sont capital de celles qui ne le sont pas. La notion du capital est une notion toute relative. Il faut, mais il suffit, pour qu'une richesse soit capital, que l'individu qui la possède ait l'intention d'en tirer un revenu, qu'il l'affecte à la production d'un revenu. .

C'est, en fin de compte, un acte de volonté unilatérale du possesseur de cette richesse qui suffit à lui assigner cette fonction, qui suffit à la « capitaliser » ; c'est à la destination emploi qu'il faudra se reporter.

Voilà donc une première conception du capital. Elle consiste, comme nous venons de le voir, à reconnaître ce caractère à l'ensemble des biens qui, dans le patrimoine d'un individu lui servent à lui procurer un revenu. On donne à ces biens le nom de « capital lucratif » ou, ainsi que l'a proposé il n'y a pas longtemps un économiste autrichien que nous aurons plus d'une fois l'occasion de citer, M. de Böhm-Bawerk, de « capital au sens individuel » (²).

*
* *

Mais il existe une seconde conception du capital non moins intéressante et non moins importante.

Les économistes avaient tenté de réserver le nom de capital à une certaine catégorie de biens qui sont compris d'ailleurs, comme nous le verrons, dans ce que nous avons appelé le capital au sens individuel. Ce sont les capitaux « produc-

----

(¹) Gide, *Principes d'économie politique*, 6ª édit. Paris, Larose, p. 157.

(²) E. de Böhm-Bawerk, Une nouvelle théorie du capital dans *Revue d'économie politique*, 1889, p. 97 et s.

tifs » ou, comme dit encore M. de Bohm-Bawerk, les « capitaux au sens social ».

A quel criterium les reconnaître?

Si les capitaux individuels sont ceux qui donnent une rente,
un revenu à l'individu, ceux-ci sont destinés à fournir un
revenu à la société, à l'humanité tout entière. Ce sont ceux qui
servent à renouveler, à reconstituer le stock général des biens.

Ce ne peuvent être évidemment que des instruments de production au sens large de l'expression.

On ne pourrait pas dire, en effet, que le capital social est
constitué par l'ensemble des biens qui donnent un revenu
individuel, car on ne rendrait pas compte du phénomène réel,
et l'on aboutirait par ailleurs à des conséquences absurdes.

Un grand nombre de capitaux individuels n'ont rien à voir
avec le capital social. Les créances font bien partie du patrimoine individuel et tendent à l'accroître pour ainsi dire indéfiniment, mais ce que le créancier touche est pris dans la
poche du débiteur et, pour la société, considérée dans son
ensemble, il y a non accroissement du stock des richesses,
mais selon une expression bien connue, une dette de la main
droite à la main gauche. On pourrait en dire autant de tous
les objets de consommation dont les individus tirent un
revenu soit en les vendant soit en les louant.

D'autre part, si l'on admettait que le capital social se compose de l'ensemble des capitaux individuels, on aboutirait à
une conséquence absurde. C'est que du jour où les hommes
deviendraient tous créanciers les uns des autres, le capital
social se trouverait brusquement augmenté dans des proportions fantastiques (¹):

(¹) Remarquons en passant qu'on répond ainsi à ceux qui pensent que le crédit
peut créer des capitaux. V. la réfutation de la théorie de M. Macleod dans
Gide, *op. cit.*, p. 322 et s.

La société ne peut donc s'enrichir que par la production de nouveaux biens et si l'individu peut tirer un revenu des biens de consommation en les vendant, ou en les prêtant, ou en les louant, la société ne peut retirer un revenu que des seuls biens qui servent à la production.

S'il n'y a pas grande discussion sur le point de savoir quels biens peuvent composer le capital au sens individuel, puisque tous les biens peuvent faire partie de ce capital à la seule condition de servir à la production d'un revenu individuel, on n'est pas tout à fait d'accord sur le point de savoir de quoi se compose le capital social, ou plutôt des discussions subsistent en ce qui concerne un certain nombre de biens.

L'école classique a coutume de faire rentrer dans le capital social les catégories de biens suivantes :

1° Les produits auxiliaires ou instrumentaux ;

2° Les produits nécessaires à l'existence des ouvriers.

Nous adopterons pour un exposé méthodique la classification qu'en a faite M. P. Leroy-Beaulieu ([1]). Cette classification, qui est au fond celle de l'école classique, a l'avantage de nous faire assister à l'évolution historique des capitaux. Les premiers capitaux, si l'on remonte très loin dans le passé, ont dû être d'abord des approvisionnements et le capital instrumental n'a pu se développer que grâce à ces derniers. Les hommes n'ont pu à ce moment-là arriver à construire des outils ou des instruments qu'en faisant trêve à leur paresse instinctive, en devenant prévoyants, en accumulant des provisions qui leur permissent d'attendre la création desdits outils.

Voilà donc une première grande division dans les capitaux; d'un côté les approvisionnements et de l'autre les outils ou

---

([1]) P. Leroy-Beaulieu, *Traité théorique et pratique d'économie politique,* 3e éd. Paris, 1900, 1, p. 224 et suiv.

les instruments. « Mais, dit M. Leroy-Beaulieu, si l'on veut
» pousser plus loin la distinction en se tenant encore dans de
» vastes généralités, on peut à chacune de ces grandes caté-
» gories ajouter une variété et l'on dira les approvisionne-
» ments de subsistance, et les matières premières d'une part,
» les outils ou instruments et les installations d'autre part.
» Voilà les deux genres et les sous-genres de chacun d'eux » (¹).

Donc on peut ranger les capitaux sociaux sous quatre chefs
différents :

1° Les outils, les instruments, machines, etc. ;

2° Les installations, gares, chemins de fer, ports, etc.

3° Les matières premières, minerais, coton, etc. ;

4° Les approvisionnements (ce sont les produits nécessaires
à l'existence des ouvriers, aliments, vêtements, logement).

Mais des discussions subsistent touchant la terre que certains ne voudraient pas faire rentrer dans cette énumération.
On fait observer à cet égard que ce serait confondre la nature
et le capital, du moins s'il s'agit de la terre brute, vierge.
« Mais, dit M. Gide, du jour où ce sol a été modifié par le
» travail de l'homme et nous apparaît sous la forme de terre
» cultivée, défrichée, clôturée, complantée, arrosée, etc.,
» puisqu'elle constitue un produit de la nature et du travail
» et sert incontestablement à la production de richesses nou-
» velles » (²), c'est un capital.

On ne fait pas non plus rentrer dans la classification de
l'école classique les facultés personnelles, l'habileté professionnelle, les capacités acquises et l'on fait valoir pour le
décider ainsi que ce serait confondre des dons gratuits de la

---

(¹) P. Leroy-Beaulieu, *op. cit*, I, p. 224.

(²) Ch. Gide, *op. cit.*, p. 158, note. — Cf. Adam Smith, *Richesse des nations*,
liv. II, ch. 1; Guillaumin, p. 140, n. 3 : « Une ferme améliorée peut avec grande
raison être considérée sous le même point de vue que ces machines utiles qui
facilitent et abrègent le travail... ».

nature, ou bien le travail avec le capital. Nous attribuons, quant à nous le caractère de capital social à ces capacités acquises, car, ainsi que le dit encore M. Gide, « du jour où les » facultés naturelles de l'homme ont été modifiées par l'ins- » truction et nous apparaissent sous la forme de connaissances » acquises, quoiqu'elles ne soient pas des richesses maté- » rielles, nous ne pouvons guère leur refuser le nom de capi- » taux productifs puisqu'elles représentent aussi, en ce cas, un » produit de la nature et du travail et servent incontestable- » ment à la production de richesses nouvelles » (¹).

Voilà donc que notre notion du capital se précise. Le capi-
tal social n'est pas un bien naturel servant à la production, c'est un « produit » de la nature et du travail servant à la production.

Nous reviendrons plus loin sur cette idée.

Il subsiste enfin une discussion fort peu tranchée en ce qui concerne les choses qui portent le n° 4 dans la classification ci-dessus, c'est-à-dire en ce qui concerne les produits destinés à assurer l'existence des ouvriers, les aliments, les vêtements, le logement, etc.

Nous nous trouvons ici en présence de deux théories nette-
ment opposées : l'une, qui conclut à refuser le caractère de capital à ces derniers biens ; l'autre, qui va jusqu'à accorder exclusivement ce caractère à ces approvisionnements ainsi compris.

Examinons rapidement l'une et l'autre de ces théories.

Certains auteurs modernes se refusent à faire rentrer les approvisionnements dans le capital social, en arguant de

---

(¹) Ch. Gide, *op. cit.*, p. 158, note ; Adam Smith, *Richesse des nations, op. cit.*, p. 141 : « Si ces talents composent pareillement sa fortune (celle de l'individu) ils composent pareillement une partie de celle de la société à laquelle il appartient. La dextérité perfectionnée chez un ouvrier peut être considérée sous le même point de vue qu'une machine ou un instrument d'industrie ».

ce fait que ce serait confondre la production avec la consommation. En effet, quand l'ouvrier mange, boit, s'habille, etc.,
il ne fait pas œuvre de production. Il consomme simplement
au même titre que l'individu le premier venu, comme l'enfant
qui n'est pas encore ouvrier, comme le vieillard qui ne l'est
plus.

Voilà un argument.

Ce n'est pas tout. « L'homme, même au point de vue éco-
» nomique, ne saurait être d'ailleurs assimilé à une machine
» ou à une bête de somme. Celles-ci ne sont que des instru-
» ments de production et par conséquent l'alimentation qui
» leur est donnée en charbon et en fourrage n'est aussi qu'un
» moyen de production. Mais l'homme n'est pas un moyen
» pour lui-même et ne doit pas l'être non plus pour ses sem-
» blables. Il est pour lui-même et doit être pour les autres
» une fin : il ne mange pas pour travailler ; au contraire, il
» travaille pour manger » (¹).

Néanmoins, nous ne pouvons pas ne pas faire rentrer ces
biens dans le capital social, car ils sont des produits servant
incontestablement à l'alimentation d'un élément indispensable de la production : l'homme. Ce dernier, sans doute, est
une fin en soi, mais cela ne l'empêche pas d'être un instrument de production. C'est peut-être regrettable, mais il en
est ainsi (²). Sans doute il ne mange pas pour travailler, mais
pour travailler, il faut tout de même qu'il mange.

(¹) Gide, *op. cit.*, p. 157.

(²) Avec le perfectionnement des machines-outils, la plupart des ouvriers sont
réduits de plus en plus à un rôle mécanique. Victor Hugo a exprimé d'une manière
saisissante la terrible antinomie entre les progrès des machines et l'abaissement
intellectuel des travailleurs :

> ... Progrès dont on demande où va-t-il ? Que veut-il ?
> Qui brise la jeunesse en fleur, qui donne en somme
> Une âme à la machine et la retire à l'homme !

* *

M. Walras a présenté une nouvelle classification des capitaux fondée sur le principe suivant. Tous les biens composant la richesse sociale (et cette dernière est l'ensemble des biens économiquement rares) sont ou capital ou revenu. Est capital : « Toute espèce de la richesse sociale qui ne se consomme qu'à la longue, toute utilité limitée en quantité qui survit au premier usage qu'on en fait, en un mot qui sert plus d'une fois : une maison, un meuble » (¹). Par opposition est revenu : « Toute espèce de la richesse sociale qui se consomme immédiatement, toute chose rare qui ne subsiste plus après le premier service qu'elle rend, bref qui ne sert qu'une fois : du pain, de la viande, les matières premières de l'agriculture et de l'industrie » (²). Certains biens sont d'ailleurs ou revenus ou capitaux, selon l'usage auquel on les emploie, selon le service qu'on leur demande.

Il est de la nature du capital de produire un revenu comme de la nature du revenu de naître du capital. Cela étant, les capitaux peuvent se diviser en trois catégories :

1° Les capitaux fonciers ou terres d'agrément ou de rapport, parcs, jardins, terres labourables, rues et routes, etc., prêts à fournir leurs revenus, les revenus ou services fonciers, l'agrément de la promenade, la puissance productive.

2° Les capitaux personnels ou personnes : oisifs, fonctionnaires, individus adonnés aux professions libérales, ouvriers, etc., prêts à fournir leurs revenus, les revenus ou services

---

(¹) Léon Walras, *Eléments d'économie politique pure*, Paris, Bâle, Lausanne, 4e édit., 1900, p. 177. — V. une autre conception du capital et de la capitalisation dans Landry, *L'intérêt du capital*. Paris, Giard et Brière, 1904, chap. I, p. 1 et s., notamment §§ 6 à 11.

(²) Walras, *op. cit.*, p. 177.

personnels ou travaux, le plaisir goûté par l'oisif, la tâche de
l'artisan, la besogne du fonctionnaire.

3° Les capitaux mobiliers qui ne sont ni des terres, ni des
personnes, maisons d'habitation ou usines, machines, meubles ou vêtements, tableaux, bijoux, etc., prêts à fournir
leurs revenus ou services mobiliers, l'abri pour la maison,
l'ornement et la parure fournis par les bijoux et les tableaux,
la traction d'une locomotive (¹).

Mais ces divers services sont de deux sortes.

Il y a ceux qui sont absorbés tels quels par la consommation soit privée, soit publique, tels sont : l'abri de la maison,
les consultations de l'avocat, du médecin, l'usage des meubles, vêtements. Ce sont les services « consommables ». Il y
a ensuite ceux qui sont transformés par l'agriculture, l'industrie, le commerce en revenus ou en capitaux, c'est-à-dire en
« produits », tels sont : la fécondité de la terre, le travail de
l'ouvrier, l'usage des machines, instruments, outils. Ce sont
les services producteurs (²).

Cela étant, on peut faire aussi deux catégories de capitaux.

1° Les capitaux fonciers, personnels et mobiliers productifs
de services consommables, c'est-à-dire de revenus directement consommés soit par les détenteurs des capitaux eux-
mêmes, soit par les acquéreurs de ces revenus, soit par les
individus, soit par la communauté ou l'Etat. Ainsi comme
capitaux fonciers : parcs et jardins d'agrément, rues, places,
etc. Comme capitaux personnels : gens oisifs, fonctionnaires
publics, etc. Comme capitaux mobiliers : maisons d'habitation, plantes et animaux d'agrément, meubles, objets d'art et
de luxe.

(¹) *Ibidem*, p. 216 et suiv. Cpr. Paréto. *Cours d'économie politique*, professé à
l'Université de Lausanne, 1896-97, I, p. 40.

(²) Walras, *op. cit.*, p. 179.

2° Les capitaux fonciers, personnels et mobiliers productifs de services producteurs, c'est-à-dire à transformer en
produits par l'agriculture, l'industrie ou le commerce. Ainsi
comme capitaux fonciers : terres de rapport, sol supportant
des bâtiments d'exploitation, des usines, ateliers, magasins.
Comme capitaux personnels : travailleurs salariés, hommes
exerçant des professions libérales, etc. Comme capitaux mobiliers : bâtiments d'exploitation, usines, ateliers, magasins,
arbres et plantes de rapport, animaux de travail, machines,
instruments, outils ([1]).

Nous emploierons nous-même souvent cette classification
tripartite, car elle est singulièrement simple et commode.
Mais nous aurons toujours en vue les capitaux fonciers, personnels et mobiliers productifs de services producteurs.

**

En résumé, on peut dire que le capital *lato sensu* est l'ensemble des biens donnant un revenu, servant en somme à
acquérir d'autres biens. Ce capital comprend deux catégories :

1° Le capital, au sens individuel ou lucratif, comprenant les
biens qui, dans le patrimoine d'un individu, servent à lui
procurer un revenu indépendant de celui que peut lui procurer son activité propre.

2° Le capital, au sens social ou productif, qui comprend les
biens donnant un revenu à la société, à l'humanité en général,
en un mot les produits servant à la production : capitaux
fonciers, personnels et mobiliers.

Ces biens rentrent aussi, il importe bien de le remarquer,
dans le capital individuel, car ils fournissent un revenu à
l'individu en même temps qu'à la société. Leur utilisation

([1]) *Ibidem*, p. 185, 186.

aboutit en effet, généralement, au prélèvement du profit dont vivent, dans nos sociétés modernes, ceux qui la mettent en œuvre : les entrepreneurs, commerçants, industriels ou agriculteurs.

Mais dès lors, dira-t-on, à quoi bon cette distinction de capitaux individuels et de capitaux au sens social?

La distinction est en premier lieu nécessaire parce qu'elle correspond à la réalité des choses. Sans doute les biens ne diffèrent pas dans leur essence puisque les uns et les autres sont capitaux individuels, mais la réciproque n'est pas vraie. Ils diffèrent donc en ce que si le capital au sens social est en même temps un capital individuel, il est quelque chose de plus. S'il rapporte un revenu à son possesseur, il rapporte en même temps un revenu à la société, à l'humanité en général; il sert à produire d'autres biens, il sert à reconstituer les biens de la société, à renouveler son stock existant. Il y a donc là entre les deux espèces de capitaux une différence nettement accusée.

Ce n'est pas tout, il y a une différence dans la source des revenus exploitée au moyen de ces mêmes biens. Si l'on considère le capital individuel nous constatons qu'il n'y a pas à proprement parler création de revenu, il y a un simple déplacement de richesse. En effet, le revenu touché par le capitaliste vient de la poche de ses locataires, de ses emprunteurs. Le revenu que je touche quand je loue ma maison est payé par mon locataire et il n'y a rien dans cette opération qui aboutisse à une création quelconque de richesse, à un renouvellement ou à une augmentation quelconque du stock général de la société. Au contraire, si l'on considère le capital au sens social, nous constatons que sans doute le revenu touché par le possesseur de ce capital est tiré aussi de la poche des acheteurs du produit final du procès de production, mais le résultat de l'opération est une création de produits nouveaux qui renouvellent ou augmentent le stock social.

Il y a encore un autre intérêt à faire la distinction, un intérêt purement théorique. C'est que le capital social ne peut pas être étudié, au point de vue de la méthode, à la même place que le capital individuel. Le capital social peut être en effet considéré comme un agent de la production. Il doit être étudié par conséquent dans la théorie de la production, tandis que le capital individuel se réfère à la théorie de la distribution et c'est là qu'on doit en faire l'étude.

Ainsi donc la production d'un revenu nous apparaît comme critère certain pour distinguer dans le patrimoine d'un individu les biens qui sont capital au sens individuel, et la production d'un revenu pour la société comme critère certain de la distinction entre le capital individuel et le capital social (¹). Ce sont ces revenus, ce produit du capital qui portent dans la science le nom général de rente ou d'intérêt.

Mais si l'on s'en tient seulement au revenu du capital individuel cet « intérêt » ne se manifeste pas dans la réalité oujours sous la même forme extérieure et par suite on a été amené à lui donner un nom particulier, spécial, différent selon les catégories du capital individuel que l'on envisage.

C'est ainsi que le revenu produit par les maisons s'appelle plus spécialement « loyer »; le revenu des terres données à bail, le « fermage »; le prix retenu par le banquier sur celui d'une lettre de change qu'il achète, « l'escompte ». On réserve généralement le nom de « intérêt » dans le langage courant, pour désigner le revenu produit par une somme

---

(¹) Tout le monde n'admet pas cette manière de voir. V. notamment un article de M. Villey dans la *Revue d'économie politique*, 1887. — V. aussi Landry, *L'Intérêt du capital*, p. 2 et s.

d'argent prêtée. Enfin on désigne plus particulièrement sous
le nom de « profit du capital », le revenu des biens lancés
dans une entreprise industrielle, commerciale ou agricole.
Ce dernier revenu est, au point de vue individuel, le revenu
d'un capital social; ceci ne doit pas nous étonner, car tout
capital au sens social est aussi capital au sens individuel.

Il y a, comme on le voit par les quelques exemples cités
ci-dessus, et on en pourrait citer d'autres, diverses manières
de retirer un intérêt de son capital. Mais en y regardant de
près, on peut les ramener à trois principales :

1° L'intérêt proprement dit, ou revenu d'une somme d'argent prêtée ou de choses fongibles, autres que l'argent, denrées, semences, etc.

On l'appelle aussi intérêt stipulé ([1]).

2° Le loyer ou le revenu produit par des richesses d'une
durée plus ou moins longue, de choses non fongibles, telles
que maisons louées, livres d'un cabinet de lecture ([2]).

Si l'on va au fond des choses, ces deux manières de retirer
un revenu individuel se réduisent en définitive à une seule,
le prêt ou bien la location. Ces deux phénomènes ont beau
avoir une nature juridique différente, l'économiste, en dernière analyse, ne saurait y voir qu'une seule et même chose,
un mode d'échange d'une richesse présente contre une richesse
future ([3]).

3° Le profit du capital, ou le revenu d'un capital avancé
dans une entreprise industrielle, commerciale, agricole, ou
si l'on aime mieux, car les choses se passent ainsi dans la

([1]) Bohm-Bawerk, *op. cit.*, p. 9.

([2]) Bohm-Bawerk, art. cit., *Revue d'économie politique*, 1889.

([3]) Ce sont des raisons d'ordre historique qui peuvent expliquer la dualité de
règles que le Droit civil applique au louage et au prêt. — V. sur ce point, Bohm-
Bawerk, *Histoire critique des théories de l'intérêt du capital*, I, p. 324 et s. — Cpr.
Planiol, *Traité élémentaire de Droit civil*, II, p. 522 et 523.

pratique, le revenu d'une somme d'argent transformée en capitaux fonciers, personnels et mobiliers; on l'appelle aussi intérêt originaire du capital (¹).

Après avoir ainsi déterminé les deux formes principales que revêt l'intérêt *lato sensu*, après en avoir fait, si l'on peut ainsi parler, une étude externe, il faut voir maintenant de quels éléments il se compose, en un mot faire son étude interne.

Pour des raisons de méthode qui apparaîtront clairement dans la suite, nous ne nous occuperons surtout, pour le moment, que de l'intérêt stipulé du prêt. Nous n'aurons guère en vue que le capitaliste individuel sous sa forme la plus simple, le possesseur d'épargne qui cherche à lui faire donner son revenu par le « placement ».

§ II. *Analyse de l'intérêt.*

I. *L'intérêt net.*

Une des circonstances qui ont contribué à compliquer les difficultés du problème de l'intérêt, c'est ce fait qu'on a confondu sous ce nom de « intérêt » une foule d'éléments hétérogènes ou plutôt ce fait qu'on n'a pas su distinguer dans le prix total touché par le capitaliste ce qui était véritablement le prix de l'usage du capital prêté à autrui ou le profit proprement dit du capital avancé dans la production, de certains éléments accessoires tels que : indemnités pour les risques courus dans le prêt ou dans l'entreprise, frais d'administration de toute sorte. Cette distinction est pourtant fondamentale, car on ne saurait donner la même cause économique aux uns et aux autres (²).

(¹) Bohm-Bawerk, *op. cit.*, p. 9.

(²) V. L. Walras, *op. cit.*, Du revenu brut et du revenu net, p. 241 et s. — Cpr. Parelo, *Cours d'Économie politique*, I, p. 51-52. — V. aussi A. Marshall, *Principles of Economics*, 4ᵉ édit., 1898, I, liv. VI, chap. VI.

En effet, quand nous disons que l'intérêt est la rémunération de l'abstinence du capitaliste ou le produit du capital, nous prétendons donner une explication scientifique de l'intérêt proprement dit, ou selon une terminologie acceptée généralement et fort commode de l'intérêt « net » (¹). Il est évident qu'on n'a pas besoin de chercher une explication scientifique de cette nature pour les indemnités pour risques, ou pour les frais d'administration, qui ont une cause tout indiquée.

Tout ce que l'on comprend donc dans le langage courant sous le nom général d'intérêt, est un revenu global qui renferme, outre l'intérêt net, d'autres éléments parmi lesquels figurent ceux que nous venons de mentionner ci-dessus, tous ces revenus hétérogènes ne formant un tout qu'extérieurement. C'est à ce tout qu'on a donné le nom « d'intérêt brut ». Nous acceptons encore ce terme comme très expéditif et très commode.

Mais nous n'avons pas rencontré de nom pour désigner « ces autres éléments » qu'on trouve dans l'intérêt brut à côté de l'intérêt net. Nous avons bien trouvé dans certains passages des *Principles of Economics*, de M. A. Marshall (²) dans l'ouvrage cité de M. de Böhm-Bawerk (³), les mots « éléments hétérogènes », « frais accessoires », « éléments accessoires ». Mais aucune de ces expressions n'est employée à l'exclusion de l'autre.

Il est évidemment assez peu important de prendre l'une

(¹) Certains auteurs appellent l'intérêt net, l'intérêt « pur ». « Si le mouvement de l'intérêt pur, en haut ou en bas provient d'un amoindrissement de la richesse nationale, dit M. Jules Faucher, il est accompagné d'un mouvement séparé de la prime d'assurance jointe à l'intérêt pur ». *Société d'Economie politique*, Séance du 5 juill. 1867, *Journal des Economistes*, 15 juill. 1867, p. 121. V. aussi Landry, *L'intérêt du capital*, p. 37. Ce qui reste dans le rendement des capitaux prêtés quand on retire la prime d'assurance servie au prêteur c'est l'intérêt « pur ».
(²) Notamment I, liv. VI, chap. VI, p. 663-669.
(³) *Op. cit.*, ch. I, p. 8.

plutôt que l'autre de ces expressions pourvu qu'on s'entende sur le point de savoir l'idée qu'elle représente, mais il faudrait en user exclusivement. Cependant nous croyons qu'il serait bon de faire choix d'une expression non seulement simple et commode, mais surtout suggestive, c'est-à-dire qui éveillât immédiatement l'idée qu'elle est chargée de représenter. Nous pensons qu'il y a une expression tout indiquée pour désigner ces éléments accessoires, en ce sens qu'elle sera un témoignage de l'erreur qu'on a commise en les confondant avec l'intérêt proprement dit, je veux dire l'expression *intérêt apparent* ou, si l'on aime mieux, *faux intérêt*. C'est de ces derniers termes que nous nous servirons.

En somme, nous appellerons « intérêt brut » cet ensemble de revenus hétérogènes touchés nominalement par le capitaliste. Il nous est impossible de définir en ce moment d'une manière qualitative « l'intérêt net », puisque la recherche de la cause économique de ce revenu est le but même de cet ouvrage, nous pouvons simplement le définir quantitativement en disant que c'est ce qui reste de l'intérêt brut, une fois qu'on en a retranché le faux intérêt (¹).

Nous allons aborder donc l'étude du faux intérêt.

II. *Le faux intérêt.*

Parmi les éléments qui le composent, il faut tout d'abord mentionner ceux qui tirent leur origine et leur raison d'être de l'état de la sécurité commerciale et de la situation du crédit. L'exemple suivant va nous montrer ce dont il s'agit.

(¹) Il va sans dire que cette distinction entre l'intérêt brut et l'intérêt net existe pour toutes les formes de l'intérêt, aussi bien pour le loyer que pour l'intérêt proprement dit. Pour le profit, il en est tout de même, nous le verrons un peu plus tard. Le salaire est également un revenu brut. V. *infra*, Probablement d'autres revenus encore.

Lorsque, comme le fait remarquer M. Marshall, au moyen-âge ou au commencement des temps modernes, le gouvernement royal avait besoin d'argent, il essayait d'anticiper ses revenus futurs. Il empruntait, par exemple 1.000 francs d'argent et promettait de restituer 1.500, à la fin de l'année, quand les impôts ou les autres revenus seraient rentrés. La promesse du roi ne donnait d'ailleurs qu'une imparfaite sécurité au prêteur, car on sait que le roi abusait parfois de son autorité pour manquer à sa parole. Dans ces conditions, le prêteur aurait bien souvent préféré échanger la promesse royale de 1.500 pour une certitude absolue de toucher 1.300 ou 1.250. En semblable occurrence, le taux nominal auquel le prêt était fait était 50 p. 100 ; le taux réel, le taux net n'était que 33 p. 100, par exemple. Il est bien évident que cette augmentation de 17 p. 100 exigée par le prêteur était une façon de s'assurer à l'avance contre le non remboursement du prêt. On n'a pas besoin d'insister longuement la dessus. Cet exemple donc met en lumière l'existence des risques.

Mais il n'est pas moins certain que si aujourd'hui nombre de prêts sont soustraits, dans la plus large mesure, aux risques de perte, il n'y a guère de prêt qui ne soit pour le prêteur la source de quelque trouble ou de quelque ennui : surveillance du capital aliéné, garde d'un gage, démarches à faire pour obtenir le remboursement, etc. Une certaine partie de la somme payée par l'emprunteur et qui apparaît à ce dernier comme intérêt, est au point de vue du prêteur une indemnisation pour les ennuis et les tracas de toute sorte occasionnés par le placement. L'existence de cette indemnisation peut facilement être mise en lumière.

Et d'abord il est des prêts qui sont indemnes de tous risques et de tous ennuis.

Si nous considérons, par exemple, le placement d'un capital en rentes sur l'Etat français, en consolidés anglais, ou obligations de chemins de fer, qui constituent des placements de père de famille ou, comme on dit, des placements « de tout repos », les risques de non-remboursement ou de non-paiement des intérêts n'existent pas. D'autre part, le prêteur n'a aucune peine à toucher ses revenus, vendre ses titres, etc. L'intérêt fourni est un intérêt net, puisque le prêt est débarrassé de tous risques et de tous ennuis (¹).

Si l'on remarque maintenant que le taux de l'intérêt fourni actuellement (31 janvier 1905) (²) par les rentes françaises, par exemple, est de un peu plus de 3 p. 100, on peut conclure que tout ce qui, dans la rémunération d'un prêt, dépasse ce chiffre, est indemnisation pour le risque couru ou pour les ennuis et les démarches que suscite la mise en valeur du capital. Cela étant, toutes les fois qu'un prêt est, pour une raison ou pour une autre, exempt de risque, tout ce qui dépasse le taux de 3 fr. est une indemnisation pour quelque trouble, quelque ennui, ou quelque travail éventuel. Ainsi, quand on prête à 4 p. 100 sur des garanties parfaitement sûres : première hypothèque, privilège de vendeur, etc., cela veut dire que 4 fr. représentent :

1° L'intérêt net, soit 3 fr. ;

2° Indemnité pour ennuis, démarches, administration, en un mot, 1 fr.

(¹) On sait que la loi française considère comme valable le placement en fonds d'Etat français des sommes « dont le placement et le remploi en immeubles est » prescrit ou autorisé par la loi, par un jugement, par un contrat ou par une dis- » position à titre gratuit entre vifs ou testamentaire ». Loi du 16 sept. 1871, art. 29. V. aussi lois des 2 juill. 1862, art. 46, 4 juin 1878, art. 3, etc. Produits de l'alimentation des fonds dotaux, biens de mineurs, fonds de caisses d'épargne, etc., peuvent être placés de cette façon.

(²) Le 3 p. 100 perpétuel français est coté 98,75 à la Bourse de Paris et le 3 p. 100 amortissable 93,25.

Enfin, si nous considérons un prêt fait sur simple signature du débiteur et conclu au taux de 5 p. 100, la somme annuellement payée se décompose ainsi :

1° Intérêt net, 3 fr. ;

2° Partie de 2 fr., indemnité pour risques courus ;

3° Partie de 2 fr., indemnité pour administration.

Il est, la plupart du temps, pratiquement impossible de déterminer quelle est la part absolue et même relative de ces deux ordres d'éléments dans le faux intérêt, mais il ne faudrait pas conclure de cela que cette analyse n'a pas de fondement réel. De ce qu'on n'a jamais entendu un prêteur dire à un emprunteur : je vous prends tant pour l'intérêt net, tant pour me couvrir des risques que vous faites courir à mon capital, tant pour mon travail de surveillance, etc., il ne faudrait pas conclure qu'il n'en est pas ainsi si l'on va au fond des choses. Il suffit de faire remarquer que les actions des hommes ne sont pas toujours inspirées par la plus rigoureuse logique, et que même celles où cette dernière intervient sont relativement peu nombreuses. On agit très souvent d'une manière instinctive, comme on l'a vu faire par les autres, avec une conscience plus ou moins obscure des motifs déterminants. Et cependant, il arrive souvent que l'on agit comme si l'on se tenait effectivement certains raisonnements, et, sans le savoir, comme M. Jourdain faisait de la prose, on décompose par exemple le revenu brut de son capital en revenu net et en faux revenu.

En résumé donc, le faux intérêt a pour source :

1° soit les risques courus ;

2° soit les dépenses de mise en valeur du capital ou frais d'administration ;

3° soit enfin ces deux causes réunies et c'est le cas le plus ordinaire.

Nous allons étudier successivement ces deux éléments. [1].

1º Les risques.

Ils donnent naissance à une augmentation du taux de l'intérêt brut, et cette augmentation est appelée communément « prime d'assurance », car le capitaliste, en prélevant annuellement le montant de cette prime, devient lui-même en quelque sorte son propre assureur, mais il vaut mieux appeler cette prime « prime de risque », car, ainsi que le reconnaît M. P. Leroy-Beaulieu [2] : « Cette expression de prime d'assurance n'est juste que quand il s'agit d'un capitaliste fai-
» sant non pas un seul prêt à une personne dont la solvabi-
» lité ou la loyauté est douteuse ou dont l'industrie et la vie
» sont particulièrement aléatoires, mais toute une série de prêts
» à un nombre notable de personnes se trouvant dans des
» situations de ce genre. Alors le surcroît d'intérêts demandé
» pour chacun de ces prêts, plus exposés que la moyenne,
» compose une sorte de fonds qui servira à couvrir les pertes

---

[1] Joseph Garnier (Premières notions d'économie politique, 5e édit., Paris, Guillaumin et Garnier, 1879, chap. XXII, p. 150, 151) admettait ces éléments du faux intérêt : 1º la prime d'assurance pour le risque de non-remboursement que court ou croit courir le prêteur ; 2º une part pour faire face aux soins et aux frais que nécessitent le placement et la surveillance du capital. Il admettait, en outre, une part pour l'entretien et l'amortissement du capital, si ce capital était de nature à se détruire. Quant à l'intérêt net, il se justifiait par l'idée de l'indisponibilité. — Cpr. Baudrillart, Manuel d'économie politique, 5e édit., Paris, Guillaumin, p. 403. Il admet l'analyse de Garnier, mais ajoute un autre élément : c'est, dans certaines circonstances, un excédent sur le loyer courant des capitaux qui se trouvent dans les mêmes conditions ; excédent tout à fait analogue au salaire des ouvriers qui se trouvent dans une situation exceptionnelle momentanée ou permanente, comme celle des ouvriers d'un talent supérieur ; excédent encore analogue à la rente supérieure des terrains plus productifs et plus avantageusement placés. — J.-B. Say ne distingue que la prime d'assurance à côté de l'intérêt net. V. Traité d'économie politique, p. 386 ; Cours complet d'économie politique, I, p. 85. — V. aussi M. Landry, L'intérêt du capital, p. 37, etc., etc.

[2] Économiste français, 1894, II, p. 426.

» subies de la part de ceux de ces emprunteurs qui ne pour-
» ront pas se libérer » (¹).

La détermination de la prime de risque dans chaque cas
est quelque chose de très difficile et de très délicat. Elle varie
en effet avec chaque prêt, avec chaque hypothèse particulière.

L'appréciation de la situation de l'emprunteur et des chances de non remboursement par exemple sera toujours plus
ou moins arbitraire. Il vaut mieux, pour se rendre compte de
l'importance de la prime, se livrer à l'analyse même des risques et de leur importance relative.

Les risques qui menacent le capital sont extrêmement
nombreux et variés. Il y a sans doute des risques communs à
tous les capitaux, mais il va sans dire que tous ne sont pas
soumis aux mêmes dangers, que tel danger menace plus spécialement tel ou tel capital, que tel capital est plus menacé
que tel autre. Il va sans dire que la personne même du
locataire ou de l'emprunteur ne peut pas non plus être
négligée et qu'elle est la source de risques importants et
nombreux. De là une division tripartite des risques.

A. Risques généraux.
B. Risques particuliers aux capitaux.
C. Risques dépendant de la personne de l'emprunteur.

A. Risques généraux.

Ces risques menacent tous les capitaux, fixes ou circulants,
au sens individuel, comme au sens social, le prêteur ou l'entrepreneur. Ce sont ceux qui tiennent à l'organisation politique et sociale, à la manière dont est assurée la protection de
la propriété (¹), aux garanties dont la législation entoure les

(¹) Jean-Baptiste Say raconte que le roi Jean, par lettres-patentes de l'an 1330,
autorise les Juifs à prêter sur gages à raison de 86 p. 100 par an, mais ce prince

droits et les engagements, à la bonne gestion, à l'intégrité de
la justice, enfin au degré d'honnêteté des individus comme
des États et de la loyauté qui préside à l'exécution des contrats. Il n'est pas besoin d'insister longuement sur des risques de semblable nature. En France, on ne peut pas s'étonner de l'élévation du taux de l'intérêt au moyen-âge, car la
prime pour ce genre de risques en formait la partie principale. Mauvaise foi avec laquelle sont traités les prêteurs,
mauvaise organisation de la police, difficulté et insécurité
des communications ('), troubles et révolutions périodiques,
tels étaient les principaux risques généraux auxquels étaient
en butte les capitalistes de ce temps-là. Dans l'antiquité, à
Rome et même à Athènes, c'était souvent bien pis (²).

fait diminuer l'année suivante la quantité de métal fin contenue dans les monnaies
« de manière que les prêteurs ne reçurent plus en remboursement une valeur
» égale à celle qu'ils avaient prêtée ». *Traité d'économie politique*, 6ᵉ édit., 1841,
p. 386. — M. G. d'Avenel constate qu'au moyen âge, en France, « la difficulté de
» rentrer dans ses fonds, une fois qu'on s'en était dessaisi, par suite de l'inertie
» de la puissance législative et exécutive dont le créancier n'attend qu'une protec·
» tion insuffisante et qui, même souvent, se tourne contre lui en favorisant la
» mauvaise foi du débiteur... ». *Histoire économique de la propriété, des salaires, des denrées et de tous les prix en général*, 1894, I, p. 114-115. — Bien mieux,
les gouvernements tâchaient de tirer parti de l'usure qu'ils proscrivaient suivant
les enseignements de l'Église. Leur politique à l'égard des Lombards, des Cahorsins et des Juifs est, à ce point de vue tout à fait édifiante. — V. Pareto, *Cours*, I,
p. 331, note. — Cf. Ashley, *Histoire des doctrines économiques de l'Angleterre;
Les Cahorsins et les Juifs* (t. I, *Le moyen-âge*, traduit par P. Bondois; t. II, *La
fin du moyen-âge*, traduit par S. Bouyssy. Paris, Giard et Brière, 1900). —
V. aussi Pigeonneau, *Histoire du commerce de la France*, 2ᵉ édit., 1887, I,
p. 223 et s. Le taux de 15 p. 100 est autorisé par l'ordonnance de 1311. Le taux
aurait varié, au XIIIᵉ siècle, de 60 à 30 p. 100, p. 223 à la note.

(¹) Sous Louis XIV, longtemps après le moyen-âge, dit M. d'Avenel, on payait,
comme prime d'assurance, 10 à 15 p. 100 de Bilbao à Nantes pour les laines, là
où de nos jours on paie de 0,5 à 1 p. 100 au maximum selon la saison et le type du
navire.

(²) Pareto, *Cours*, I, p. 292 et s. (texte et notes). Il faut remarquer d'ailleurs
que dans les périodes de prospérité ou pour des placements sûrs, le taux s'abais-
sait parfois aussi bas que les taux actuels. Voici une courte histoire des taux pra-

Aujourd'hui les risques généraux qui affectent le placement des capitaux individuels ont certainement diminué d'importance. Les lois sont devenues plus fixes et s'appliquent d'une façon régulière. Les monnaies ne sont plus altérées ([1]). La police terrestre est mieux faite, les mers sont plus sûres et la navigation ne risque plus d'être arrêtée par les pirates. La justice est rendue d'une manière très satisfaisante. Les gouvernements tiennent d'une façon générale leurs engagements et font honneur à la signature de leurs devanciers ([2]). Les lois de procédure ont été l'objet de peu d'améliorations encore; il faudrait, à ce point de vue, diminuer les lenteurs et les diffi-

tiqués en moyenne depuis l'antiquité. Sous la République romaine, le taux de 12 p. 100 était assez commun. Sous l'Empire, il était parfois descendu à 6 p. 100 et même à 4 p. 100 sous Justinien. Au moyen-âge, les taux de 10, 15 et même 20 p. 100 étaient fréquents. Au xive et au xve siècle, l'intérêt brut était descendu, pour les placements en maisons ou en prêts de tout repos, à 6 et 8 p. 100. On constate des emplois de fonds considérables et de longue durée au xviiie siècle au taux de 3,5 et de 3 p. 100 à Venise ou en Hollande et même de 2,5 p. 100 en Hollande.

([1]) L'altération des monnaies a été une grande cause d'augmentation de la prime de risque au temps des rois faux-monnayeurs. Le prêteur savait fort bien la somme qu'il donnait, mais il ignorait celle qui lui reviendrait à l'époque du remboursement. Aujourd'hui, il y a encore des États qui se livrent à ces altérations de monnaie. Aussi ne trouvent-ils à emprunter qu'à des taux qui atteignent 5 et même 10 p. 100. V. Pareto, *Cours*, I, pp. 171, 333. V. aussi la note suivante.

([2]) Pour les États qui n'ont pas toujours tenu loyalement leurs engagements, le taux de 3 francs se trouve dépassé, car il s'y ajoute une prime pour les chances de voir intérêt et principal réduits, au mépris de toute promesse. Pour l'Espagne, par exemple, le 31 janvier 1905, le cours de la rente 4 p. 100 atteint 91 fr. 80, ce qui donne un taux réel de 4 fr. 35 p. 100 environ. Le 5 p. 100 italien est coté, le même jour, 103 fr. 85, ce qui donne un taux réel de 4 p. 100 environ. Dans ces conditions-là, la prime d'assurance est de 1 fr. 35 pour les fonds espagnols et de 1 fr. pour les fonds italiens. Enfin des États, non contents de ne pas tenir leurs engagements d'une façon approximative, ne respectent aucun droit de leurs créanciers. Aussi la prime de risque atteint des taux invraisemblables pour les emprunts contractés par ces États. Les prêteurs font purement et simplement de la spéculation. C'est ainsi, par exemple, que le 3 p. 100 portugais est coté, le 31 janvier 1905, 66 fr. 50, ce qui donne un taux d'intérêt brut de 5 p. 100 environ. Le 25 juillet 1903, il était coté 30 fr. 70, ce qui donnait 10 p. 100 de revenu brut.

cultés de réalisation des gages ainsi que les frais immenses qu'elle entraîne. Certaines dispositions législatives ont été édictées à ce sujet dans ces dernières années, mais il reste beaucoup à faire. Enfin, si la moralité ne s'est pas modifiée dans des proportions bien appréciables ([1]), les lois pénales ont rendu plus difficiles ou plus dangereuses les combinaisons malhonnêtes. Une meilleure organisation de la police empêche, en tous cas, nombre de délinquants d'échapper aux atteintes

([1]) M. Claudio Jannet est un *laudator temporis acti* et prétend qu'au temps où le christianisme avait le plus d'empire sur les âmes, il y avait dans la société, malgré la fraude et l'usure, beaucoup plus communes qu'on ne le pense, « des réserves inépuisables de vertu et d'honneur » qu'on aurait peine à retrouver dans notre société contemporaine. Cela tient, pense-t-il, à la méconnaissance croissante de la morale chrétienne. « La vérité, dit-il, est que l'improbité en grand comme en petit, depuis la falsification des denrées, les faillites frauduleuses, les incendies volontaires de maisons assurées, jusqu'aux gigantesques accaparements et aux coups de force à la Bourse, ont pris une extension redoutable au fur et à mesure que les croyances religieuses ont fléchi » (Claudio Jannet, *Le Capital*, chap. XIII, § 4, La diminution des notions de probité dans la société contemporaine, p. 542). Nous en doutons, quant à nous. Si certains maux, dont parle M. Cl. Jannet, ne se sont pas révélés dans l'ancien temps avec une semblable énergie, c'est que cela était impossible. On ne pouvait pas spéculer, par exemple, sur les assurances contre l'incendie puisque ces dernières n'existaient pas. Nul doute que, si elles eussent fonctionné, on eût eu à constater de semblables agissements. La vérité, c'est qu'on ne peut comparer deux sociétés si différentes dans leur constitution et tirer des déductions semblables de ce rapprochement. Il y a, dans la comparaison des deux époques, un problème quantitatif plus qu'un problème qualitatif. Il n'est pas étonnant que le chiffre des affaires ayant augmenté, le chiffre absolu des vols et des escroqueries ait augmenté lui aussi et si la moralité et la probité sont mesurées par le rapport entre la criminalité absolue et le chiffre des affaires, il est probable que notre époque est plus « morale » que les vieux temps considérés. V. sur ce point Pareto, *Cours*, II, p. 374. Nous devons renoncer à savoir si ceci est mieux que cela, car on ne peut résoudre cette question qu'en prenant pour terme de comparaison un certain idéal, et ce n'est pas là l'objet de la science qui se contente d'étudier les faits et d'en dégager les rapports nécessaires. D'ailleurs les époques de foi ardente ne sont pas si brillantes au point de vue de la moralité qu'elles peuvent le paraître de si loin. Le sombre tableau que trace du moyen-âge M. Pareto (*Cours*, I, p. 568, note) est de nature à nous édifier. Pillages, dévastations, manquements à la parole donnée, rien n'y manque, et nous pourrions appeler, avec M. Yves Guyot, l'admiration des gens pour ces temps de barbarie, du « troubadourisme » historique.

de la juridiction répressive. Cela n'a pas empêché cependant quelques colossales escroqueries qui ont défrayé l'opinion publique dans ces derniers temps.

B. Risques spéciaux.

A côté des risques généraux qui atteignent d'une égale manière tous les capitaux, à une même époque, dans un même pays, chaque prêt est soumis à des aléas spéciaux qui varient en nombre et en importance selon que l'on considère un capital fixe, des biens fongibles ou non fongibles.

*
* *

Biens non fongibles. — Les risques apparaissent au premier abord très nombreux.

Nous rencontrons en premier lieu la prime d'entretien. Le bailleur demeure en effet propriétaire et, par suite, les risques de détérioration sont à sa charge [1].

A côté de la destruction par cas fortuit — le type le plus commun est l'incendie — les biens non fongibles sont soumis à une action destructive plus générale, une action continue et inlassable, celle du temps. La prévoyance humaine a, de bonne heure, essayé d'y remédier par la pratique bien connue de l' « amortissement ».

Enfin, outre les risques de détérioration ou de destruction, qu'elle soit accidentelle ou qu'elle soit due au temps, nous rencontrerons le risque d'insolvabilité du locataire et le risque de non location. Ce dernier peut devenir parfois très considérable [2].

---

[1] La loi française met à la charge du locataire les réparations de menu entretien (le propriétaire demeurant tenu des grosses réparations, art. 1754 du Code civil).

[2] Si l'immeuble est situé dans une ville à population décroissante; s'il est situé

*
* *

Biens fongibles : l'argent. — Le possesseur d'une somme
d'argent, à la différence du possesseur d'un bien non fongible, cesse d'en être propriétaire. Sa propriété s'est transformée en un droit de créance, sa situation est devenue de ce
fait bien moins enviable. Le créancier peut se trouver, en
effet, au jour ordinairement lointain où sa créance deviendra
exigible, en présence d'un débiteur devenu insolvable ou se
trouvant dans une situation obérée. Au lieu d'une restitution
intégrale, il pourra être contraint d'accepter peut-être un
maigre dividende. Et voilà pourquoi, quel que soit le nombre
des risques que court le possesseur d'un capital fixe, le faux
intérêt du capital circulant se trouve en fait généralement
plus haut que le faux loyer.

En somme, le risque que court le capital fongible est unique dans sa nature. C'est un risque d'insolvabilité à
l'échéance, car les risques de détérioration, de destruction
ne peuvent pas l'atteindre et le risque de non-location ne
l'atteint presque pas. Mais il peut être multiple dans ses
manifestations. Il peut atteindre d'une manière totale le
principal et l'intérêt; il peut seulement les atteindre partiellement, ou totalement l'un et partiellement l'autre. Dans tous
les cas, il provient d'une même source, l'insolvabilité totale
ou partielle, que cette dernière provienne elle-même d'une
force majeure, de la faute ou de l'imprudence du débiteur.

Il est à peu près impossible de donner une indication
générale sur l'importance de la prime à laquelle ce risque
d'insolvabilité donne naissance. Elle est calculée non pas
d'une manière mathématique, mais selon des règles varia-

---

dans une station thermale ou balnéaire, si le bien non fongible loué est un outil
ou une machine qui ne sert que durant un temps très court dans l'année (fau-
cheuse mécanique), etc., etc.

bles suivant les cas, selon les impressions du moment, l'emploi qui sera fait de la chose prêtée, la considération de la personne qui emprunte, etc. Cependant on peut faire quelques observations générales sur certains éléments d'appréciation qui servent à calculer cette prime.

Nous pouvons mentionner dans ce sens :

1° *La forme du prêt.* — Il y a des différences entre l'intérêt servi par l'action et l'obligation (¹).

2° *L'importance du prêt.* — On peut remarquer que le taux est généralement plus élevé pour les petites sommes que pour les sommes assez importantes.

3° *La durée du prêt.* — On observe couramment que les prêts faits pour une longue durée donnent un taux d'intérêt plus élevé que ceux conclus pour une durée plus courte (²).

(¹) L'intérêt de l'obligation des sociétés financières de premier ordre est compris entre 3 et 4 p. 100, celui qui est servi par les actions est un peu plus élevé car il contient : une prime de risque assez forte parce que le montant des dividendes est plus ou moins aléatoire. — La quantité relative dans un pays de ces deux sortes de placement est une bonne indication du tempérament des prêteurs. Là où dominent les obligations, c'est un signe que le capital est prudent et circonspect et qu'il aime mieux en général les placements de tout repos, moins productifs sans doute, mais aussi beaucoup plus sûrs.

(²) Le taux de l'escompte est en général moins élevé que celui de l'intérêt. Or l'escompte est un prêt à court terme.

Années.	1879	1880	1881	1882	1883	1884	1885
Escompte moyen :	2,63	2,75	3,50	4,12	3,54	2,53	2,91
Intérêt moyen :	3,07	3,03	3,01	2,96	2,97	3,02	3,02

V. Nitti. Essai sur les variations du taux de l'escompte. *Revue d'Economie politique*, année 1898, p. 371.

L'intérêt des bons du Trésor est actuellement fixé à :

    1 p. 100 pour les bons de moins de 3 mois.

    1 3/4 p. 100 pour les bons de 3 mois à moins de 6 mois.

    2 p. 100 pour les bons de 6 mois à moins de 1 an.

Le Crédit Lyonnais paie aussi actuellement :

    3 p. 100 pour les dépôts de 1 an à 2 ans.

    2 p. 100 pour les dépôts de 6 mois à 11 mois.

On comprend sans peine qu'avec le temps les risques augmentent. Le prêteur peut craindre que, au moment où il aura besoin de ses capitaux, une crise survienne qui mette l'emprunteur dans l'impossibilité de rembourser. D'ailleurs les prévisions de risques sont dans ce cas plus difficiles, bien que d'autre part, à la vérité, le prêteur trouve dans les prêts à long terme cet avantage, qui n'est pas à dédaigner, d'être assuré contre les risques de baisse de l'intérêt pendant toute la durée ([1]).

4° *L'emploi du capital prêté.* — Dans certains cas la considération de l'emploi que le débiteur fera de l'épargne empruntée peut faire monter assez haut la prime de risque. Il y a lieu de distinguer notamment si le prêt est fait à la production ou à la consommation, s'il est fait à des entrepreneurs ou à des prodigues ([2]); à un entrepreneur qui emploie l'épargne empruntée à son fonds de roulement ou à un propriétaire qui la destine aux besoins de son exploitation agricole ([3]).

5° *Les garanties offertes par le prêteur.* — Le risque se trouve de ce fait très diminué. Parmi ces garanties on peut signaler : le nantissement, immobilier (antichrèse) ou mobilier (gage) ([4]) et l'hypothèque.

([1]) Leroy-Beaulieu, *Economiste français*, 1894, t. II, p. 395.

([2]) V. sur le prêt à la consommation et sur ses dangers, Paul Leroy-Beaulieu, *Traité théorique et pratique d'Economie politique,* t. III, p. 379 et suiv.

([3]) La loi du 3 sept. 1807 qui fixe un taux maximum différent pour les opérations civiles et pour les opérations commerciales paraît traduire cette préoccupation. — Le législateur ne s'est aperçu que bien plus tard que le risque en matière commerciale était relativement illimité et que par suite le taux de l'intérêt ne pouvait pas être limité non plus. La loi du 12 janv. 1886 a proclamé la liberté absolue du taux de l'intérêt en matière commerciale.

([4]) Il a pour objet tantôt des biens mobiliers corporels, déposés soit dans les magasins généraux, soit dans les bureaux des monts de piété, soit conservés dans la maison du débiteur (warrants agricoles); tantôt des titres ou valeurs, sur lesquels les grandes banques consentent des avances (avances sur titres).

C. Risques provenant de la personne.

D'une façon générale, c'est un fait d'expérience bien connu que lorsque le travailleur est plus ou moins désintéressé de son œuvre, il est bien moins attentif à sa besogne et par suite bien moins productif.

Considérons, dès lors, deux ouvriers qui s'occupent d'une affaire identique. L'un travaille avec son propre capital, l'autre avec un capital emprunté. Il y a des risques qui sont communs à tous deux ce sont les « risques de la profession » ([1]) : changement des conditions du marché des matières premières, des machines, etc., changement brusque des goûts du public, nouvelles inventions qui bouleversent la technique de la production, etc.

Mais il y a des risques qui atteignent plus spécialement l'homme qui travaille avec un capital emprunté, et c'est pour cette raison que ces risques peuvent être appelés risques personnels. Celui qui prête un capital, dont un autre que lui doit se servir, est en droit d'exiger une prime d'assurance contre ces risques-là.

L'emprunteur pourra être moins capable, moins énergique ou moins honnête qu'il ne l'a paru tout d'abord. Et puis surtout il n'aura pas le même stimulant que celui qui travaille avec son propre capital. Si l'insuccès se dessine, il n'aura pas la même rapidité de décision, la même fermeté pour se retirer d'une affaire dès que les circonstances font mine de se tourner contre lui. Quand bien même il serait demeuré parfaitement honnête, il lui manquera cette attention de tous les instants, ce coup d'œil d'aigle qu'il aurait s'il travaillait à ses risques et périls.

Comme le fait remarquer M. Marshall ([2]), certains créanciers

---

([1-2]) A. Marshall, *Principles of. Economics*, I, liv. VI, chap. VI.

perdent leur capital par suite d'une inertie de cette nature de la part de leurs débiteurs. Cette inertie n'est qu'à demi-frauduleuse, mais il y a des créanciers qui perdent grâce à une fraude parfaitement délibérée. Le débiteur, par exemple, peut cacher dans des opérations subtiles le capital de son prêteur, puis il fait faillite, et, quand il est rentré dans une nouvelle combinaison, il peut graduellement apporter dans le jeu les fonds dissimulés ainsi sans attirer trop de soupçons.

La troisième espèce de risque découle donc de circonstances personnelles au débiteur : sa situation de fortune, les antécédents, la réputation, les habitudes de travail, d'exactitude, d'ordre, d'économie, de probité. En outre, tout cet ensemble de qualités intellectuelles et morales, qui constituent ce que l'on appelle « l'esprit des affaires » (prévision, fermeté, prudence) sont autant de garanties personnelles dont l'absence totale ou partielle constitue des risques spéciaux, exerçant une influence marquée sur le taux de l'intérêt. Nous avons déjà montré les dangers du prêt fait aux prodigues, gens qui manquent généralement de ces qualités.

Les observations qui précèdent s'appliquent plus spécialement aux prêts de capital d'argent, mais, en ce qui concerne même le prêt ou la location de biens non fongibles, la prime pour risques peut s'élever beaucoup, eu égard à la personne de l'emprunteur ou du locataire. Dans la location d'immeubles, par exemple, il y a des locataires plus ennuyeux les uns que les autres : les enfants notamment, qui sont plutôt incommodants, les tenanciers ou gérants d'un bureau, qui occasionnent dans une maison un va-et-vient continuel de gens parfois très nombreux.

Il est juste et logique que le propriétaire demande davantage à un locataire de ce genre qu'à un locataire paisible et tranquille, et ce qu'il demandera en plus constituera une prime pour un risque *sui generis* ([1]).

Ayant ainsi examiné cette première partie du faux revenu « la prime pour risque », il nous faut maintenant envisager la seconde, celle que nous avons dénommée « frais d'administration ».

2° Les frais d'administration.

Nous avons vu ci-dessus que la prime pour frais d'administration se confond souvent avec la prime pour le risque, et il est assez difficile de l'isoler pour en faire ressortir l'importance. Nous avons cependant montré par un exemple que dans certains prêts elle existait seule. Voici d'autres exemples.

Les Monts-de-Piété, on le sait, sont des institutions qui prêtent sur gages mobiliers, corporels ou incorporels. Ils ne prêtent pas gratuitement ([2]). Comme le prêt est généralement assez inférieur à la valeur de l'objet engagé, il n'y a pas pratiquement de risques à courir. Malgré cela, on prête quelquefois (car le taux varie suivant les divers établissements) jusqu'à 12 p. 100. Si l'on se rappelle que le taux de l'intérêt net peut être en moyenne évalué à 3 p. 100, on voit que le faux intérêt de 9 p. 100 est constitué uniquement, dans l'espèce, par une prime pour frais d'administration et de garde qui est égale au triple de l'intérêt net.

([1]) Il faut remarquer que la prime pour ce risque pourra se décomposer en deux éléments : 1° Une prime pour la détérioration (un locataire de ce genre use plus qu'un autre). 2° Une prime qui est la contre-partie de l'inconvénient *sui generis* (tapage, allées et venues, etc.).

([2]) Du moins il en est ainsi pour la plupart. A l'origine, les Monts-de-Piété ont été des sociétés de bienfaisance. Dans certaines villes, et notamment à Lille, il en est encore ainsi; on prête gratuitement. Mais l'expérience a démontré que le plus grand nombre de prêts étaient faits par le Mont-de-Piété payant (car les deux formes d'institution existent) à cause des formalités imposées par l'établissement gratuit.

Dugarçon 3

Voici un cas extrême : ce que l'on appelle les prêts « à la petite semaine » faits aux « marchands de quatre saisons » où l'intérêt brut payé par l'emprunteur s'élève jusqu'à 10 p. 100 par jour. Il y a fort peu de risques dans cette manière de prêter son argent et l'expérience démontre que l'argent ainsi prêté est rarement perdu. Mais on ne peut guère devenir riche en prêtant de cette façon, car on ne peut prêter beaucoup ainsi. Ce qu'il importe de retenir, c'est que l'intérêt brut consiste presque entièrement en frais d'une espèce de travail pour lequel peu de capitalistes ont du goût et qui suscite une réprobation assez marquée (¹). Quels sont ces frais d'administration ?

Ils apparaissent au premier abord extrêmement complexes et variables, aussi complexes et variables que les risques. Ils ne sont les mêmes dans presque aucun cas et varient en nombre et en importance selon la nature des prêts, leur quotité, leur durée, etc. Il est cependant possible d'en faire un classement logique si l'on réfléchit que la cause, la source même de ces frais, réside dans un travail du capitaliste, que c'est pour rémunérer un travail exécuté à l'occasion des prêts que ces dépenses sont faites.

Administrer c'est gérer, conduire, diriger; administrer un capital, c'est le mettre en œuvre, lui faire produire les revenus les plus grands possible. Par conséquent, administrer un capital, c'est, tout d'abord, trouver le placement le plus favo-

---

(¹) Le taux de l'intérêt est de 5 p. 100 par jour. Après un procès, le prêteur fut obligé de se cacher davantage. Un procédé employé alors fut le suivant. L'intérêt est marqué par le prix de vente. C'est une marchande en gros, titulaire d'un banc à la Halle, qui vend à une détaillante, à une marchande de quatre saisons, plus cher que si elle était sûre d'être payée. — *Enquête sur la législation relative aux taux de l'intérêt de l'argent*, I, p. 268 et s. — V. aussi Daniel, *Le contrat de prêt sur gage et les Monts-de-Piété* (Paris, thèse, 1898). — Cpr. Vanlaer, *Les Monts-de-Piété en France*. Paris, thèse, 1895.

rable, c'est ensuite travailler à débarrasser le capital de tous
les risques qui pourraient l'atteindre pendant qu'il n'est plus
dans les mains du possesseur, ou tout au moins essayer de
rendre ces risques les plus petits possible. En un mot, administrer un capital, c'est exécuter un certain travail à l'occasion de ce capital.

L'activité dépensée peut être d'une double nature ou bien
intellectuelle, ou bien matérielle. Considérons par exemple
un cabinet de lecture qui prête des livres au dehors moyennant une location. Deux espèces d'opérations apparaissent ici
nettement pour la mise en œuvre et le bon fonctionnement
de ce capital, des opérations proprement intellectuelles,
comme l'organisation du cabinet, le choix des ouvrages,
l'étude des goûts des lecteurs, l'invention et la préparation
des mesures de publicité ou de réclame destinées à attirer la
clientèle, la comptabilité, la statistique, etc., et les opérations
simplement matérielles, la manutention des livres, leur éti-
quetage, leur remise au client, leur collationnement, etc.
Le travail du capitaliste, du prêteur d'argent surtout, est
plutôt un travail de gestion et de direction.

A. *Opérations de gestion.* — On a coutume, surtout dans
les milieux socialistes, de représenter la situation du capitaliste comme une sinécure ([1]). Sans tomber dans l'excès contraire, et sans essayer, comme certains l'ont fait, de justifier
l'intérêt du capital par le travail et l'abstinence du capitaliste, il n'en est pas moins vrai que ce dernier exerce une
fonction très délicate. « Le choix des placements est une des
» œuvres difficiles, essentielles, très importantes pour la
» société elle-même... une partie de ce que l'on appelle la
» bourgeoisie n'a pas d'autre tâche, mais c'en est une des

---

[1] V. infra, Théorie de l'abstinence.

» plus considérables pour l'ensemble de la société » (¹).

Le travail des capitalistes est bien mis en évidence dans ce fait que bien souvent ils se déchargent de cette besogne sur les banquiers. Ce sont ces derniers qui font l'ouvrage du capitaliste, recherchent les placements, etc. On rencontre tous les jours à la quatrième page des journaux des annonces qui n'ont pas toujours pour objet des prêts usuraires, et qui avisent qu'une personne a telle ou telle somme à placer. Ces annonces émanent souvent des banquiers qui se contentent de représenter le prêteur vis-à-vis des emprunteurs. Bien entendu, le banquier ne s'entremet pas gratis.

Quand les banquiers se chargent de l'émission d'un emprunt sans garantir qu'il sera couvert et perçoivent une certaine rémunération par obligation souscrite à leurs guichets, ils reçoivent ainsi une partie de la rémunération du capitaliste.

Cette dernière, qui est toujours comprise dans l'intérêt payé par l'emprunteur, n'est donc reçue en entier par le prêteur que lorsqu'il effectue directement le placement, sans aucun intermédiaire.

Le travail du capitaliste est de tous les instants.

Avant le placement sa besogne est tout particulièrement active. De quelque placement qu'il s'agisse, de valeurs cotées à la Bourse ou même de rentes sur l'Etat, une étude très sérieuse est en effet nécessaire. Pour les sociétés financières, le capitaliste devra étudier les bilans, prendre des renseignements sur la sécurité, sur la gestion de la direction. S'il s'agit de rentes sur l'Etat on ne devra pas négliger l'étude du budget et de la façon dont il se règle. Il faudra également considérer l'importance de la dette et les be-

---

(¹) Leroy-Beaulieu, *op. cit.*, IV, p. 224.

soins du pays, étudier la dette flottante et essayer de prévoir les emprunts possibles, peut-être même étudier la politique générale du gouvernement, puisqu'elle peut avoir un contre-coup sur la marche financière. On se rappelle en effet le mot bien connu du baron Louis : « Faites-moi de bonne politique et je vous ferai de bonnes finances ». Pour choisir le moment favorable, il faut donc des études parfois très longues et très compliquées.

Pour les prêts aux particuliers, s'il s'agit d'un prêt « dans la production d'autrui », il conviendra d'étudier les chances de l'entreprise, la situation du marché, le caractère de l'en-trepreneur, son passé, son honorabilité, etc. S'il s'agit d'un particulier autre qu'un commerçant ou qu'un industriel, il faudra étudier aussi soigneusement sa solvabilité générale, l'état de son crédit, consulter les registres du conservateur des hypothèques, si l'emprunteur possède des biens immo-biliers, etc.

Pendant la durée du placement, bien des événements peu-vent se produire de nature à compromettre la sécurité du prêt, mauvaises affaires de la part de l'emprunteur, par exemple. Nouvelle source de démarches et d'ennuis pour notre capitaliste. Il lui faudra essayer d'amener l'emprun-teur à fournir d'autres sûretés, caution, hypothèque, nantis-sement. Dans tous les cas, pendant toute la période du prêt, une surveillance étroite devra s'exercer autour des emprun-teurs. A époques fixes il faudra faire les recouvrements, tou-cher les loyers, percevoir les fermages, etc.

Enfin l'arrivée de l'époque fixée pour la fin du placement ou de la location ne diminue pas la besogne, elle l'augmente au contraire, car aux ennuis du remboursement s'ajoutent les préoccupations de la recherche d'un nouveau placement. L'échéance peut arriver, il est vrai, sans amener d'ennui, mais il peut se faire souvent que le locataire, le fermier ou l'emprunteur soit devenu insolvable. Il faudra peut-être procéder à des expulsions coûteuses, à des poursuites judiciaires, peut-être à une expropriation forcée.

Tout ce travail de mise en œuvre exige une rémunération qui en est logiquement la contre-partie.

Mais cette rémunération, qui a pu être très grande dans le temps passé, tend aujourd'hui à s'abaisser. Graduellement nous remarquons, en somme, une évolution des frais d'administration parallèle à l'évolution parcourue par les risques. Cet abaissement notable de ces frais a pu se produire grâce à l'augmentation du nombre des banques dans les pays civilisés et à la concurrence qui en résulte, grâce surtout aux agences que les grandes sociétés de crédit créent de tous côtés et à l'extension de la publicité.

Nous venons de voir que si l'on examine un intervalle de temps d'un siècle ou deux par exemple, les frais de gestion du capital ont diminué assez sensiblement, en importance du moins, dans la moyenne des cas. Ces frais subissent aussi des variations quand le capital prêté est fractionné et divisé en petites sommes, réparties entre un nombre plus ou moins considérable de mains. En effet, il rentre, dit M. Leroy-Beaulieu, « dans le plus gros intérêt que rapportent les petits » prêts, comme pour les petites locations d'habitation qui, en » général, sont plus productives que les grandes, des éléments » particuliers, à savoir la peine que doit prendre le prêteur » pour la surveillance, la comptabilité, les rentrées » (¹). Un autre exemple nous est fourni par le Mont-de-Piété. On a remarqué en effet que le Mont-de-Piété perd sur les petites sommes prêtées, qu'il couvre juste ses frais sur les prêts

---

(¹) Leroy-Beaulieu, *op. cit.*, II, p. 219.

d'une certaine importance et qu'il fait des bénéfices seulement sur les sommes plus considérables ([1]).

Nous avons déjà, à deux ou trois reprises, noté l'influence du temps sur le taux de l'intérêt et notamment sur la prime de risque. Le temps agit aussi sur la prime qui est la contre-partie du travail de gestion. Selon que le prêt sera conclu pour une période plus ou moins longue, les frais de gestion auront une plus ou moins grande importance. La prime de risque diminue, nous l'avons vu, d'autant plus que le prêt est à plus courte échéance ; il y aurait tendance au contraire à ce que la prime pour frais d'administration augmentât en raison inverse. Le travail du capitaliste paraît, en effet, plus spécialement actif aux périodes de remboursement et de placement nouveau. Toute cause augmentant le nombre de ces périodes de transition paraît donc être de nature à augmenter la besogne du prêteur et par suite le taux de sa rémunération.

B. *Opérations matérielles.* — Nous en avons fini avec les frais de gestion, disons quelques mots, pour terminer, des opérations matérielles qui peuvent dans certains cas augmenter le travail du capitaliste dans la mise en valeur de son capital. Dans certains cas en effet, ainsi que nous l'avons montré, le travail ne consiste pas seulement en opérations de gestion et de direction, il est constitué en outre par des actes matériels, manipulations, entretien, garde, etc.

Cela se produit notamment quand les choses, objets du prêt, sont des biens non fongibles, tels que meubles meublants, livres, pianos, etc. Nous avons déjà indiqué en passant quelles étaient alors la nature et l'importance de ces opérations et il est inutile d'y insister plus longtemps.

D'autre part, il peut se faire que parmi les garanties obte-

([1]) Le Mont-de-Piété de Paris ne couvre pas ses dépenses sur tous les prêts inférieurs à 22 francs. — V. Daniel, *Le contrat de prêt sur gage et les Monts-de-Piété.*

nues par le capitaliste figurent des objets mobiliers donnés en gage. Comme la loi met au compte du créancier les pertes ou détériorations que pourrait subir ce gage (¹), il pourra se faire que la garde du gage occasionne de gros frais de surveillance, de lourdes dépenses pour sa conservation et sa protection contre les influences nuisibles. C'est là ce qui explique le taux très élevé de l'intérêt perçu par les Monts-de-Piété pour les prêts sur gage qu'ils effectuent. Le Mont-de-Piété de Paris a fait notamment de très gros frais pour la conservation des objets mis en gage (²).

Nous en avons ainsi terminé avec les opérations matérielles qui, avec les opérations de gestion proprement dite, constituent la source et la raison d'être des frais d'administration. Ayant ainsi examiné, d'une part, la prime de risque et, d'autre part, les frais d'administration, nous avons terminé également l'analyse du faux intérêt.

Comme nous l'avons annoncé en commençant, nous n'avons guère parlé, dans cette étude, que des risques qui atteignent le capital individuel et des frais d'administration que nécessite sa mise en état de production. Nous nous sommes borné à analyser la rémunération touchée par le capitaliste en échange de la mise à la disposition d'autrui qu'il a faite de son épargne. C'est seulement du côté du prêteur qui ne fait pas fructifier lui-même son capital que nous nous sommes placé. Nous aurions pu tout aussi bien nous placer ensuite

---

(¹) Par exemple la loi française (art. 2080 du code civil).

(²) Chaque matin d'immenses voitures véhiculent dans Paris les objets engagés ou dégagés dans les différents quartiers où sont installées les succursales de la maison. A leur arrivée au magasin central, certains objets subissent des manipulations très nombreuses et très coûteuses. Par exemple, les matelas sont passés à l'étuve et complètement désinfectés. Puis, à la sortie de l'étuve, ils sont mis à sécher dans une chambre spéciale, puis rangés dans des casiers *ad hoc*. Pour ces diverses opérations matérielles un personnel très considérable est nécessaire.

du côté du possesseur d'épargne qui la transforme en capitaux fonciers personnels et mobiliers ou de l'emprunteur à la production, et traiter des risques qui atteignent le capital, quand il est lancé dans une entreprise industrielle ou agricole, ainsi que des frais d'administration qu'implique sa mise en valeur. Mais nous avons préféré renvoyer cette étude, car il nous a semblé qu'elle serait mieux à sa place, au moment où nous étudierons la fonction sociale de l'entrepreneur, et sa rémunération, l'intérêt originaire, ou le profit.

Bornons-nous à constater, pour le moment, que ce revenu, comme l'intérêt stipulé, s'analyse en deux éléments : un profit ou un intérêt originaire « net » et un faux profit ou un faux intérêt originaire.

Dans toutes les explications qui vont suivre, c'est toujours l'intérêt « net » sous ces deux formes que nous aurons en vue.

§ III. *La position du problème.*

Aucune discussion ne peut s'élever sur la nature même du faux intérêt. En effet, cette partie de la somme versée entre les mains du capitaliste par le locataire ou l'emprunteur a pour contre-partie les risques courus dans le prêt ou la location, risques qui peuvent parfois devenir très lourds et, d'autre part, les frais d'administration pour la tâche, souvent très ardue, de rendre les risques aussi petits que possible. L'existence de ces deux éléments explique donc tout naturellement le faux intérêt.

Mais en est-il de même de l'intérêt net ? Quelle en est la contre-partie ? Quelle en est la cause économique ? En somme, pour poser la question d'une façon très générale, comment et pourquoi le possesseur d'un capital de quelque nature qu'il soit, fongible ou non fongible, sans qu'il lui en coûte aucune

peine, aucun effort, reçoit-il un revenu perpétuel et ce, sans
que le capital lui-même en soit diminué. Voilà quel est le
problème théorique de l'intérêt net.

Si l'on demande pourquoi une pareille question constitue
un véritable problème, il sera facile de faire remarquer que,
si l'on examine l'état actuel de l'opinion sur la question, on
est frappé de l'incertitude qui règne à ce point de vue dans
la science économique. Il est peu de questions qui aient une
littérature aussi considérable, aussi touffue. Un grand nombre
de solutions ont été présentées, mais aucune n'a rallié l'una-
nimité des économistes, et chacune a été acceptée par un
plus ou moins grand nombre de théoriciens. Si bien, dit
M. de Bohm-Bawerk, que la théorie de l'intérêt du capital
présente un ensemble varié d'opinions absolument différentes
dont aucune n'est en état de l'emporter, mais dont aucune
ne veut s'avouer vaincue (¹). Nous nous sommes proposé de
fournir une solution à cet important problème.

Mais avant de passer à l'examen du fond même de la question et de quelques-unes des solutions qui ont été émises pour
la résoudre, il faut bien nettement préciser les données du
problème et la manière dont il faut le présenter dans la
science économique. Nous avons déjà posé le problème en
disant que toute explication de l'intérêt devait répondre à
cette question ; pourquoi le capital produit-il un intérêt?
Mais nous avons vu, d'autre part, que les manières dont un
individu pouvait se procurer un revenu à l'aide de son capital,
malgré leur diversité apparente, pouvaient se réduire à deux :

1° Le *prêt* s'il s'agit d'un bien consomptible ou la *location*
s'il s'agit d'un bien non consomptible.

2° La *mise en valeur* du capital par la personne même qui

(¹) Bohm-Bawerk, *op. cit.*, ch. I, p. 6.

le possède, au moyen d'une entreprise commerciale, industrielle ou agricole. Le capital peut être ici un bien fongible ou non fongible, une maison, un emplacement, par exemple, dont on fait une usine, un chantier, ou plus généralement de l'argent avec lequel on achète emplacement, machines, matières premières, travail, ou plus simplement services fonciers, personnels et mobiliers.

I. *Première hypothèse.*

Considérons la première : le prêt ou la location. Deux personnes au moins sont nécessaires pour que le phénomène se produise. Il se fait entre eux un contrat dont voici à peu près les bases générales. Le prêteur dit à son emprunteur : « J'ai » ici un bien consomptible ou non consomptible, dont je ne » fais rien ou dont je ne peux ou ne veux rien faire, je vous » le loue ou je vous le prête, vous vous en servirez comme » vous l'entendrez ou comme il sera convenu ; puis quand le » délai dont nous conviendrons sera expiré, vous me le rendrez. » De plus, chaque année ou chaque autre portion du délai, » vous me remettrez une somme dont nous conviendrons » également ». Ou bien c'est l'emprunteur qui dit à un possesseur de capital : « Vous avez là un bien consomptible ou » non consomptible qui fait très bien mon affaire. Je vais vous » l'emprunter pour un certain délai, je vous le rendrai quand » ce délai sera expiré et, en outre, je vous donnerai chaque » année ou chaque trimestre ou chaque mois telle somme » que nous allons stipuler ». Le prêteur et l'emprunteur tombent d'accord. Le contrat est formé, un intérêt est stipulé.

Pourquoi cela peut-il se faire? Pourquoi ces deux personnages peuvent-ils s'accorder ainsi? En somme, existe-t-il, dans l'organisation économique de la société, quelque chose qui légitime, qui sanctionne, qui justifie un semblable contrat? La réponse peut assurément être différente selon que l'on considère l'emprunteur ou le prêteur.

Du côté du prêteur du capital, en effet, la question semble vite résolue. La proposition du prêteur se justifie à merveille. Celui-ci apparaît comme propriétaire, et le propriétaire d'un bien, quel qu'il soit, est libre d'en faire ce qu'il veut, le donner, le prêter, le détruire même. Dans une société comme la nôtre, où l'appropriation privée des choses est légitime, rien ne peut empêcher, en effet, une semblable stipulation. Tout au plus pourrait-on imposer quelques restrictions, quelques limites à ce droit de propriété. En effet, la propriété privée, on le sait, ne se justifie que par des raisons d'utilité sociale. Dès lors, la société conserve le droit d'en réglementer l'usage au mieux des intérêts sociaux (¹). Donc, la demande d'un intérêt en ce qui concerne le prêteur se justifie pleinement. Du moment que l'appropriation privée des capitaux est possible, nul ne peut être contraint de céder gratuitement ce dont il est légitimement propriétaire.

Turgot résolvait ainsi la question. C'est la propriété privée qui est pour lui le véritable fondement de l'intérêt. Après avoir donné diverses explications de l'intérêt, il s'écrie : « Quand tout cela n'aurait pas lieu, il [le propriétaire] n'en » serait pas moins en droit d'exiger l'intérêt du prêt par la » seule raison que son argent est à lui. Puisqu'il est à lui, il est » libre de le garder, rien ne lui fait un devoir de le prêter ; » si donc il prête, il peut mettre au prêt telles conditions » qu'il veut » (²). Un auteur moderne, M. Cauwès, dit à peu près la même chose : « Reconnaître un droit de propriété sur » les instruments de travail ou sur le sol, et malgré cela

---

(¹) Ainsi peuvent s'expliquer l'expropriation pour cause d'utilité publique et la limitation légale du taux de l'intérêt conventionnel en matière civile.

(²) Turgot, *Réflexions sur la formation et la distribution des richesses*, § 74

» contester la légitimité de l'intérêt ou du loyer est une con-
» ception qui paraît bien contradictoire. Si un capital m'ap-
» partient et qu'une autre personne m'en demande la jouis-
» sance, en quoi violerais-je l'équité, en percevant une certaine
» valeur comme compensation de la non-disponibilité de ce
» capital et des risques? » (¹). Enfin, nous pourrions encore
citer M. Gide : « Admet-on, dit-il, oui ou non, la légitimité
» de la propriété du capital? Si oui, la légitimité de l'intérêt
» en découle nécessairement. De même, une fois admis que
» les maisons peuvent faire l'objet d'un droit de propriété,
» la légitimité du loyer va de soi. Est-il besoin d'aller recher-
» cher si la maison pouvait recevoir un emploi productif ou
» si le propriétaire, en renonçant à l'habiter, ne se prive
» pas? » (²).

Remarquons-le tout de suite, l'existence de la propriété
privée n'explique et ne justifie qu'une chose, la demande de
l'intérêt. Elle ne rend compte du phénomène de l'intérêt
que pour une des deux personnes en présence dans le contrat
de prêt; elle ne rend compte que de la situation du prêteur
ou du bailleur. Il reste encore à se demander s'il existe dans
le fonctionnement des forces économiques quelque chose qui
permette à l'emprunteur de tenir le langage que nous avons
mis tout à l'heure dans sa bouche, qui lui permette d'offrir
un intérêt.

La réponse à cette question s'est fait très longtemps
attendre.

(¹) Cauwès, *Cours d'économie politique*, 3ᵉ édit., III, p. 363.
(²) Gide, *op. cit.*, p. 489. — Cf. V. Pareto, *Cours*, I, p. 315, etc. — Il suit de là
que les socialistes n'ont pas tort d'affirmer que, du jour où la propriété privée des
capitaux serait abolie, cesserait également le prélèvement de l'intérêt. — Cf. Rodbertus, La plus-value capitaliste a deux causes : une cause économique, l'exploitation du travailleur; une cause juridique, l'existence de la propriété privée de la
terre et des capitaux. Bohm-Bawerk, *op. cit.*, II, p. 21.

Pendant plus de 1500 ans, l'intérêt du prêt ou intérêt stipulé a fait l'objet de discussions violentes et passionnées. Pendant plusieurs siècles le prêt à intérêt est absolument interdit.

Mais cela ne doit pas nous étonner outre mesure, car les doctrines économiques ont toujours été en étroit rapport avec les phénomènes : loin de dominer ces derniers elles ont été constamment dominées par eux, loin de les précéder, elles n'ont fait, en général, que les suivre ; ce n'est ensuite que par réaction que les doctrines agissent sur la marche des événements. Ce n'est que lorsque les institutions sociales, de produits de l'évolution économique qu'elles étaient, se sont transformées en facteurs sociaux ayant un mouvement propre, qu'elles peuvent à leur tour agir sur l'évolution historique, en hâter ou en retarder la marche ou même la guider dans d'autres directions (¹).

L'histoire de la manière dont s'est posé le problème de l'intérêt est une magnifique illustration de ces principes du matérialisme historique moderne.

Le prélèvement de l'intérêt a toujours soulevé dans les sociétés peu avancées en âge et en civilisation de profondes réactions chez les penseurs et les moralistes. C'est que le milieu économique n'est pas un terrain favorable aux emprunts à la production; les prêts sont faits le plus souvent en objets consomptibles et même de première nécessité, comme denrées alimentaires, etc. (²). Le prêteur est généralement un homme riche, l'emprunteur un pauvre hère besogneux, pressé par la faim ou les circonstances. Aussi le

---

(¹) Bernstein, *Socialisme théorique et socialdémocratie pratique*. Paris, Stock, 1900, p. 10, 15 et s — Cf. Pareto, *Cours*, II, p. 388 et s. — James-Thorold Rogers, *Interprétation économique de l'Histoire*. Paris, Guillaumin, 1893, p. 13 s.

(²) V. Pareto, *Les systèmes socialistes*. Paris, Giard et Brière, 1902, II, p. 178, *Note* — Cf. Pareto, *Cours*, I, p. 309, *Note*.

capitaliste apparaît comme un être haïssable et méchant, extorquant, sous forme d'intérêt, à un pauvre diable de quoi vivre sans rien faire, de quoi augmenter son superflu (¹).

Bien que l'antiquité grecque ait connu un certain développement économique, une certaine extension du commerce et du crédit, le prêt à la production reste néanmoins assez rare, le capital intervient relativement peu dans l'œuvre de la production et, sans causer les désordres que nous constaterons tout à l'heure dans la société romaine, l'usure était assez violente en Grèce (²).

Il ne faut pas oublier, en outre, que les Grecs ne surent jamais bien dégager, dans leurs spéculations, le point de vue purement économique et scientifique, ils ne surent jamais isoler l'économie politique et la morale. Leur économie politique, comme leur philosophie, est profondément éthique (³).

Par suite qu'un moraliste du IVᵉ siècle ait condamné l'usure sous toutes ses formes, il n'y a rien là qui soit pour nous étonner, et cela explique parfaitement l'indignation avec laquelle Platon et Aristote se sont élevés contre l'intérêt (⁴).

Aristote a évidemment l'esprit trop fin pour ne pas avoir remarqué que, de son temps, on pouvait faire fructifier son argent en l'employant dans le commerce, et en tirer un profit assurément fort légitime; mais sa philosophie, comme celle de Platon, est uniquement préoccupée de condamner et d'empêcher les abus du prélèvement de l'intérêt. Dès lors, ils n'ont guère souci de rechercher, dans une analyse

---

(¹) Cet argument est encore invoqué de nos jours pour attaquer l'intérêt, par exemple par V. Modeste, *Le prêt à intérêt, dernière forme de l'esclavage moderne.*

(²) Souchon, *Les théories économique dans la Grèce antique.* Paris, Larose, 1898, p. 74 et s. — Cpr. Pareto, *Cours,* II, p. 202 et s. et I, p. 348 et s.

(³) Souchon, *op. cit.,* p. 32-93.

(⁴) Bohm-Bawerk, *op. cit.,* p. 17.

scientifique du phénomène, une base théorique au jugement défavorable qu'ils ont émis sur son compte. Souvent d'ailleurs le contexte est tel qu'on se demande s'ils ont combattu l'intérêt en lui-même ou l'excès de celui-ci (¹).

Si dans la Grèce antique le prêt à intérêt ne fut pas, somme toute, la source d'abus extrêmement violents, il n'en fut pas de même dans la société romaine où l'usure affecta rapidement les caractères d'une véritable plaie sociale.

Tout y conspira en effet pour aboutir à ce résultat (²) : absence de production, mépris du travail, prêts faits exclusivement à la consommation, avidité des créanciers, mesures maladroites de l'autorité publique, destruction effrénée de richesses par la guerre et le luxe, cruauté de la législation civile à l'égard des débiteurs insolvables, etc. etc. (³).

Les philosophes ne pouvaient manquer, dès lors, d'anathématiser une semblable institution, source de tant de maux et de misères. Ainsi s'explique le mot bien connu de Caton l'Ancien, que Cicéron nous a rapporté : « *Quid fænerari? Quid est hominem occidere ?* » Ce qui n'empêchait pas d'ailleurs Caton de prêter à 48 p. 100 et de laisser mourir de faim le Sénat de Salamine !

Au moment où le christianisme fait son apparition dans le monde, les maux sont à leur comble, la ruine est générale, et l'usure, véritable gangrène, dévore la société romaine en décadence. Aussi les Pères de l'Eglise s'empressent-ils d'engager les fidèles à s'abstenir d'un trafic aussi dangereux et à pratiquer la parole évangélique : « *Mutuum date nihil inde spe-*

(¹) Bohm-Bawerk, *op. cit.*, p. 17.

(²) V. le tableau de cette société dans le *Dictionnaire d'Economie politique* de Léon Say, Paris, Guillaumin, 1891, vº *Intérêt.* — Cpr. Pareto, I, p. 314 (note) et le récit qu'il fait des horreurs de l'usure à Rome.

(³) V. Ashley, *Histoire des doctrines économiques de l'Angleterre*. Paris, Giard et Brière, 1900, II, p. 461. — Cpr. Bohm-Bawerk, *op. cit.*, I, p. 17.

rantes ». Tous ceux de l'Eglise grecque comme ceux de l'Eglise latine, saint Basile, saint Jérôme, saint Grégoire de Nysse, saint Grégoire de Naziance, saint Jean Chrysostôme, saint Augustin, saint Ambroise s'élèvent en termes pleins de noblesse et d'énergie contre l'intérêt et les usuriers ([1]).

Au moment où nous sommes arrivés, le problème de l'intérêt n'a pas fait un grand pas. A cette question que nous avons posée tout à l'heure — Pourquoi l'emprunteur peut-il offrir un intérêt ? — aucune réponse n'a été fournie. Durant plus de dix siècles, une opinion unique est développée et se fait jour, chez les penseurs et les philosophes de l'antiquité grecque et latine, chez les Pères de l'Eglise, les seuls qui se soient occupés de la question : condamnation absolue de l'intérêt du prêt. Remarquons-le tout de suite, ce sont moins des préoccupations d'ordre théorique qui font interdire le prêt à intérêt, que la considération des effets désastreux qu'il occasionnait dans la pratique ordinaire de la vie. L'interdiction du prêt s'établit moins sur une conviction réfléchie et appuyée sur une analyse rigoureuse du phénomène de l'intérêt, que sur un désir, fort légitime assurément, de voir régner plus de justice, de douceur et de bonté parmi les hommes, de les détacher de l'âpreté au gain, de la soif des richesses et de leur inspirer le mépris des biens de ce monde ([2]). En somme jusqu'au x⁰ siècle, par suite de la situation économique, il se pose non pas un problème théorique

---

([1]) V. G. Platon, *La démocratie et le système fiscal*. Paris, Giard, 1899, *passim*, — Cpr. Bohm-Bawerk, *op. cit.*, I, p. 22, 23.

([2]) C'est en se fondant sur des considérations analogues que Tolstoï, le célèbre romancier russe, condamne l'intérêt comme une institution monstrueuse et inhumaine. — V. notamment *La Puissance des Ténèbres*. Cette opinion s'explique d'ailleurs comme l'opinion des Pères, si l'on considère le milieu social des villages russes. L'usurier de village y est comme en Autriche, dans l'Europe centrale et dans l'Inde, un véritable génie malfaisant (Ashley, *op. cit.*, II, p. 514).

et scientifique de l'intérêt, mais un problème politico-social,
mais plus encore peut-être un problème moral.

Le moyen-âge qui commence n'apporte pas un milieu économique plus favorable aux prêts à la production.

Les invasions des Barbares ont suspendu presque complètement le commerce qui joue durant quelques siècles un rôle
tout à fait insignifiant dans l'activité sociale. Du xiie au xive siècle, moment où se constitue la doctrine canonique de l'intérêt, le champ qui s'ouvre au placement du capital est très
peu étendu. Les guildes de commerce naissent à peine dans
les grandes villes ; les guildes de métiers apparaîtront encore
plus tard. Le capital social n'a qu'un champ d'application
très étroit. Dans l'agriculture et l'industrie, l'habileté professionnelle est de beaucoup l'élément le plus important.

La vie rurale est une vie économique sans échange. Nous
sommes au beau temps de la « natural wirthshaft » ou économie
naturelle, dans laquelle la terre est donnée pour des services,
les services pour la terre et les produits échangés contre les
produits sans intervention de monnaie. La seule occupation
est l'agriculture (¹).

Dans ces conditions, la plus grande partie des prêts étaient
faits à la consommation. Lorsqu'on empruntait de l'argent,
c'était ordinairement pour faire face à quelque catastrophe
imprévue ou à quelque dépense improductive.

Les emprunteurs étaient : un paysan traversant un moment
de famine, un pieux chevalier partant pour la croisade. Les
monastères s'endettaient souvent aussi pour la construction
des églises, conséquence de la renaissance religieuse du
xe siècle. Dans des cas comme ceux-ci, il semblait injuste

(¹) V. Ashley, *op. cit.*, 1, p. 77 et s., 102, 196.— Cpr. K. Bücher, *Études d'histoire
et d'économie politique*. Bruxelles, Paris, 1901, chap. II, p. 59 et s., p. 65 et s. —
V. aussi, Pigeonneau, *Histoire du commerce de la France*, 1, p. 91 et s.

qu'une personne, ayant de l'argent, dont elle-même ne pouvait tirer un usage productif, fît un gain aux dépens des besoins ou de la piété d'autrui (¹).

D'autre part, les prêteurs étaient des gens peu estimables. Les Juifs, qui avaient à ce moment le monopole des trafics d'argent, étaient de véritables tyrans qui abusaient sans pitié de leur situation, comptant sur la protection des rois qui leur devaient beaucoup généralement. Pouvant se livrer en toute sécurité à leur négoce, ils encaissaient des profits énormes : les exemples abondent (²).

La législation, enfin, sans avoir la sévérité et la rigueur des anciennes dispositions contre les débiteurs insolvables, était néanmoins assez rigide.

Dans un pareil milieu, il ne faut pas s'attendre à rencontrer une doctrine favorable à l'intérêt, si nous nous rappelons qu'à ce moment les écrivains et les penseurs susceptibles de s'occuper de la question sont surtout des gens d'Église, les successeurs des Pères, les Canonistes.

Les deux idées de « juste prix » et d' « usure » sont intimement mêlées dans leur enseignement et dominent toute leur philosophie au sujet de l'acquisition des richesses. Le prêt à intérêt est donc, comme dans les périodes antérieures, absolument interdit.

Mais cette fois, pour justifier cette défense, on fournit d'abondantes raisons. Le phénomène de l'intérêt, en tant qu'il se présente sous la forme d'intérêt « stipulé », est l'objet

---

(¹) V. Ashley, *op. cit.*, I, chap. I, § 5, et notamment p. 197. — Cpr. Bücher, *op. cit.*, p. 70, 72, 73.

(²) Carlyle signale le cas d'un vieil abbé de Saint-Edmundsbury, qui avait mal géré les affaires du couvent. Il emprunta 27 livres à un juif, pour relever la « camera » en ruine. Au bout de quelques années, la dette, avec les intérêts composés, s'était élevée à 400 livres. — V. Ashley, *op. cit.*, I, p. 197. —. Pigeonneau, *Histoire du commerce de la France*, I, p. 104 et s.

d'analyses délicates et non sans profondeur. Sans doute, le problème, ici encore, se pose comme un problème politico-social, comme un problème moral; mais l'intérêt est étudié dans sa nature interne ([1]).

La doctrine des scholastiques, telle qu'elle résulte pour nous de leurs écrits, ou du moins de ceux des plus grands et des plus célèbres d'entre eux, Alexandre de Hales, Duns Scot, Albert le Grand, Gilles de Rome, et surtout saint Thomas d'Aquin, a été violemment attaquée dans le cours de l'histoire. On est allé jusqu'à accuser les canonistes de naïveté sans égale. Ces attaques nous paraissent aujourd'hui absolument injustifiées, et si l'on a pu porter de semblables jugements sur leur doctrine, c'est qu'on a voulu l'examiner eu égard à un milieu économique et social, radicalement différent du milieu économique et social du moyen-âge.

Mais si on la rapproche du milieu où elle est née et s'est développée, elle apparaît comme la doctrine légale, et, on peut ajouter, comme l'expression morale des conditions économiques. Elle implique que l'argent n'a pas encore le caractère de capital de production et possède celui d'objet particulier de consommation ([2]).

En un mot, elle convient à la condition économique de l'Europe occidentale, bien qu'au milieu de l'activité commerciale des villes, il est parfois des cas où elle parut être un fardeau.

([1]) V. les éléments essentiels de l'argumentation des canonistes dans Bohm-Bawerk, *op. cit.*, I, p. 24 et s. — Cpr. Ashley, *op. cit.*, *passim*, et notamment II, p. 515 et s. — V. Brants, *Les théories économiques du XIIIe et du XIVe siècles*. Paris, Louvain, 1895.

([2]) L'argent est une chose consomptible, comme une mesure de blé. On n'a pas l'idée, au moyen-âge, du pouvoir général d'acquisition de l'argent, parce que la notion de valeur d'échange fait défaut. La pensée est dominée, par ce que Lassalle appelle le « particularisme du moyen-âge ». Sur tous les points, V. Ashley, *op. cit.*, I, p. 200, II, p. 515, 456 et s.

Ce qui le montre bien, c'est qu'elle conserve une autorité incontestée jusqu'au milieu du xive siècle. Or, il est assez difficile de supposer que la prohibition de l'usure eût été maintenue par l'opinion publique, officiellement établie par les statuts et eût eu force de loi devant toutes les cours de justice, comme elle l'eut certainement, s'il se fût rencontré des cas nombreux dans lesquels elle eût empêché réellement des entreprises commerciales légitimes ou arrêté le progrès des manufactures (¹).

Mais à partir du xive jusqu'à la fin du xviiie siècle se dessine un mouvement de décadence et de désagrégation lente, mouvement qui aboutit à un abandon définitif de l'interdiction de l'intérêt. A ce moment, le problème est définitivement posé d'une manière rigoureuse et dans toute son ampleur devant la science économique.

Dès la moitié du xive siècle, le milieu économique commence à se transformer sous l'influence de causes diverses qui s'enchaînent et se pénètrent mutuellement. Le monde occidental entre dans cette phase de l'évolution sociale caractérisée par l'introduction de la monnaie et le développement des échanges, la création des marchés (²), l'accroissement des besoins, l'augmentation du nombre et de l'importance des villes, la formation des métiers et des grandes corporations : guildes de marchands et d'artisans, etc., etc. En un mot, les produits ont de plus en plus le caractère de marchandises au lieu d'être, comme auparavant, surtout des

---

(¹) Ashley, op. cit., I, p. 199.

(²) Les grandes foires sont déjà en décadence en France. V. Pigeonneau, Histoire du commerce de la France, I, p. 225 et s. Leur grand développement emplit surtout le xiiie siècle. V. Pigeonneau, op. cit., I, p. 211 et s. Leur disparition et leur décadence implique que les voies de communications se sont développées, que les relations sont devenues plus faciles et plus rapides entre les négociants. Pigeonneau, ibid., p. 205.

objets de consommation absorbés par le producteur lui-même; au lieu d'être considérés seulement comme des valeurs d'usage, ils sont de plus en plus regardés comme des valeurs d'échange; le profit commercial, industriel ou agricole fait son apparition. L'argent commence à avoir le caractère de capital, il commence à représenter une force dont l'emploi peut faire espérer à son propriétaire d'en obtenir un revenu autrement que par les prêts de consommation. Les occasions de placement à la production deviennent très nombreuses.

Dans un pareil milieu, la doctrine canonique ne pouvait se maintenir telle quelle et l'Eglise ne pouvait songer à conserver son ancienne prohibition du prêt à intérêt, au moins d'une manière absolue.

Elle continue, il est vrai, à fonctionner encore, en vertu de la vitesse acquise. Elle subit le sort de toute doctrine importante, qui, par suite de la constitution même de la société et de la nature de l'esprit humain, acquiert un certain poids qui prolonge son influence, même lorsqu'elle a cessé de s'adapter aux circonstances (¹).

D'autre part, la prohibition ne gênait guère le commerce, qui avait à sa disposition des procédés simples et commodes d'emprunter, telles que la constitution de rente, la *comenda*, qui étaient nés spontanément dans ce milieu nouveau, parce qu'ils correspondaient à des nécessités qui s'y faisaient sentir (²); ces procédés, l'Eglise les avait minutieusement analysés, pour savoir s'ils ne cachaient pas un prêt défendu, et les avait en quelque sorte passés à la pierre de touche de sa doctrine de l'usure [qui demeurait le point central de son enseignement économique] et les avait finalement approuvés.

(¹) G. Tarde, *Les lois de l'imitation*, p. 235.
(²) Ashley, *op. cit.*, I, p. 469 et suiv.; II, p. 520 et suiv.

En outre la prohibition et les restrictions pouvaient avoir encore leur utilité, si l'on songe que la plus grande partie de la population de l'Europe occidentale continue à être engagée dans les vieilles occupations agricoles, et qu'une déclaration disant que la rémunération du prêt d'argent était légitime et libre l'aurait livrée à la merci du spoliateur. Comme le fait en effet remarquer Karl Marx, pour chaque petit producteur, la conservation ou la perte de ses moyens de production dépend de mille circonstances dont chacune peut être une cause d'appauvrissement, et une occasion pour l'usurier d'entrer en scène comme parasite. Il suffit que le petit paysan perde une vache pour qu'il tombe pour ne plus en sortir dans les griffes du trafiquant de l'usure (¹).

Dans ces conditions l'Eglise, qui s'était donné pour tâche d'empêcher la domination du pauvre par le riche, ne pouvait abolir sa prohibition sans abdiquer une partie de son rôle moral et social (²).

Quoi qu'il en soit, la doctrine de l'Eglise ne tarde pas à entrer en décadence pour aboutir vers la fin du xvıᵉ siècle a admettre presque toutes les conséquences du prêt (³). Ce sont

(¹) Karl Marx, *Le Capital*, vol. III, t. II, p. 171.

(²) Si l'on en croit Büsch, l'Eglise aurait eu, à maintenir sa prohibition, un intérêt moins platonique. — V. Büsch, cité par Marx, *ibidem*, p. 189.

(³) Le *Trinus contractus*, après des résistances, finit par être admis. Les rentes qui n'étaient admises que sous forme de *census realis*, c'est-à-dire reposant sur une chose ou un droit frugifère, sont admises même sous forme de *census personalis*, c'est-à-dire reposant sur le crédit, l'habileté de l'individu. Les opérations des Monts-de-Piété, qui étaient nés en Italie, et de là s'étaient répandus par le monde, furent déclarées licites. L'Eglise portait ainsi atteinte à sa doctrine de l'« interesse », car ces établissements qui prêtaient sur gages exigeaient une légère rémunération mais payable dès l'instant du prêt. — La doctrine de l'interesse avait d'ailleurs été déjà profondément altérée par l'extension donnée aux deux « titres légitimes » le *damnum emergens* et le *lucrum cessans*. Au début, en effet, il faut faire la preuve qu'un dommage a été causé au prêteur par l'indisponibilité de l'argent; mais au xvᵉ siècle on se contente d'une probabilité et même d'une simple présomption si le prêteur est un commerçant; de plus, elle n'exige qu'un temps très court de gratuité du

les théologiens, tels que Angelus de Clavasio, Gabriel Biel et son élève le célèbre professeur d'Ingolstadt, Eck, John Mayor, Novarrus, Laurentius et saint Antonin de Florence qui lui portent les derniers coups.

La conclusion à tirer de cette évolution se montre bien dans la définition que le Concile de Latran (1515) donne de l'usure, à savoir que : « l'usure consiste à rechercher un gain » dans l'usage d'une chose qui n'est pas productive en elle-» même (comme l'est un troupeau ou un champ) sans tra-» vail, sans dépense ou sans risque » [1]. Ce qui signifie bien que la « distinction morale tendit de plus en plus à devenir » une distinction entre une demande excessive et une demande » modérée plutôt qu'entre le prêt gratuit et le prêt non gra-» tuit » [2].

En somme, l'Eglise admet pratiquement et même théoriquement le prêt dans toutes ses conséquences quand le prêt a un caractère commercial, ou bien quand le prêt est fait à la consommation, pourvu que l'intérêt soit modéré. Dans ces conditions, nous pouvons conclure que pour les canonistes, comme pour les Pères de l'Eglise, soit au début, soit pendant le plein épanouissement de leur influence, soit à la fin, soit pour la philosophie antique, le problème de l'intérêt ne s'est posé que comme un problème politico-social. Tout d'abord nous avons vu les penseurs de l'antiquité et les Pères de l'Eglise condamner l'intérêt parce qu'il était devenu une plaie : solution politico-sociale. Les canonistes du XIIIᵉ siècle défendent à leur tour l'intérêt parce qu'il peut fonder la domination du riche sur le pauvre : solution politico-sociale encore. Enfin, pour

prêt. Sur tous ces points Ashley, *op. cit.*, II, *passim* et notamment p. 535 et suiv. p. 471, etc.

[1] Concile de Latran (1515); Ashley, *op. cit.*, II, p. 534.

[2] Ashley, *ibidem*.

les canonistes du xvi⁰ siècle, l'usure n'est pas en soi détestable et contraire à la parole de Dieu, mais son abus peut devenir un instrument d'oppression. C'est là toute la doctrine de l'usure au sens moderne de l'expression; question politico-sociale au premier chef.

Si donc, au pourquoi que nous avons posé nous n'avons pas encore trouvé de réponse, parce que le véritable problème de l'intérêt n'a pas encore été abordé, l'évolution de la doctrine canonique va cependant orienter maintenant la pensée économique dans le bon chemin.

Malgré les concessions très larges qu'elle avait été amenée à faire en considération des besoins que révélait la pratique de la vie, l'Eglise maintenait la prohibition de l'usure, au moins d'une manière théorique (¹), car on n'avait pu abandonner encore ces deux idées qui forment la base de l'argumentation de l'Eglise, à savoir que le *mutuum,* ou prêt proprement dit, est, au point de vue juridique, un transfert de propriété et que l'argent est stérile. Ce sont ces deux arguments surtout, qui n'avaient pas encore reçu de contradictions théoriques, qu'on va maintenant discuter, et cette discussion va amener la position véritable de la question qui nous occupe. Théologiens réformateurs, comme Mélanchton et Calvin; juristes, comme Dumoulin et Saumaise, etc.; penseurs et philosophes, comme Locke, Bentham, etc.; les Physiocrates enfin, entrent en scène. « Après s'être convaincus de la » nécessité de l'intérêt du prêt, ils se mirent à réviser les » fondements théoriques de l'interdiction qui le frappait » (²). Dumoulin, en remontant au droit romain, montre que la nature juridique du *mutuum* n'est pas un transfert de

---

(¹) Décision de Grégoire XIII, Ashley, II, p. 539.
(²) Böhm-Bawerk, *op. cit.,* I, p. 32.

propriété ([1]). Saumaise réfute aussi cette notion juridique du *mutuum* dans son petit pamphlet intitulé : *Dia-
triba de mutuo, mutuum non esse alienationem* (1646)([2]).

Enfin, au principal de ces arguments, à cet argument
fameux d'Aristote qui avait traversé les âges et qui était
fondé sur la croyance à la stérilité naturelle de l'argent, ils
faisaient une réponse commune : l'argent est naturellement
stérile, mais il est fécond économiquement. L'emprunteur est
donc bien fondé à offrir un intérêt et le prêteur à l'exiger,
parce que le propriétaire de l'argent, en s'en servant d'une
manière convenable, peut le faire fructifier, peut lui faire
produire un revenu. — « De même qu'on peut rendre une
maison productive en en louant l'usage contre une somme
d'argent, dit Calvin, bien que les toits et les murs soient
incapables de créer une seule pièce de monnaie, de même
on peut empêcher l'argent d'être stérile en ne le laissant
pas inactif, en l'employant à acheter un fonds de terre productif » ([3]).

Dire que l'argent est stérile, ne signifie rien, dit Dumoulin.
Un champ non plus ne produit rien par lui-même, il faut
lui appliquer du travail et du capital, et grâce aux efforts de
l'homme, l'argent, lui aussi, rapporte des fruits considérables ([4]).

On ne peut pas dire que l'argent est stérile ajoute Saumaise, car alors tout est stérile, sans parler du champ qui
serait improductif sans le travail des hommes. D'ailleurs, il est
facile de démontrer que tout est fécond et productif. Quoi de

---

([1]) Ashley, II, p. 537. — Cf. Bohm-Bawerk, I, p. 36.

([2]) Bohm-Bawerk, I, p. 42.

([3]) Calvin. V. Bohm-Bawerk, *op. cit.*, I, p. 32 et s. — Cf. Ashley, *op. cit.*, II,
p. 542.

([4]) Dumoulin, *Tractatus contractuum et usurarum, redituumque pecunia
constitutorum*, n. 530.

plus stérile, semble-t-il, qu'un malade? Il ne peut se traî-
ner, ni se mouvoir et pourtant il est la source d'un revenu
pour son médecin. Une chose cependant est plus stérile
encore que la maladie, je veux dire la mort. Et néanmoins,
elle est productive pour les plieurs et fossoyeurs, pour le
curé même qui accompagne le mort en chantant jusqu'à sa
dernière demeure. Le blé est productif de deux manières,
soit qu'on l'enfouisse dans la terre, soit qu'on le prête. Pourquoi une maison pourrait-elle être regardée comme plus
productive qu'une somme d'argent que j'ai prêtée? Il n'y a
d'argent véritablement stérile que l'argent inoccupé, celui qui
ne rapporte aucun intérêt (¹).

Mais ce sont les Physiocrates qui, les premiers, apportent
un système défini. Pour eux, le problème de l'intérêt est lié
à leur conception générale de la production; il est un problème de production. Le fondement de leur doctrine est suffisamment connu pour que nous n'ayons pas à y insister
longuement. Pour eux, le travail agricole est le seul productif.
Dans la valeur totale des biens produits annuellement par
les agriculteurs, « il y a d'abord le montant des valeurs qui
» ont été consommées par la classe occupée à produire cette
» récolte et pour les travaux faits en vue de cette production.
» La culture, qui exige des avances qui doivent être renouve-
» lées chaque année et dont la valeur doit se retrouver dans
» le produit, il faut que la classe des cultivateurs prélève sur
» la production qu'elle fait renaître annuellement les riches-
» ses nécessaires pour la rembourser de ses avances pour
» entretenir les richesses d'exploitation. Mais ce prélèvement
» une fois opéré, il reste quelque chose, une valeur nouvelle
» qui a été créée par le travail agricole; c'est le produit net » (²).

(¹) Salmazius, *De usuris*, ch. VIII, p. 198 et s.
(²) Truchy, *Le libéralisme économique dans les œuvres de Quesnay*, Revue
d'Economie politique, 1899, p. 931 et suiv.

Non seulement le travail agricole fournit un revenu net, mais c'est le seul qui le fournisse; les travaux des artisans et des commerçants sont stériles.

Le travail des artisans ne peut pas fournir de revenu net, car l'œuvre nouvelle produite se résout en deux éléments : matières premières ou instruments dont la valeur reparaît sous une forme nouvelle, sans doute, mais nullement accrue, et travail dont la valeur est représentée par celle des subsistances nécessaires à l'ouvrier et à la famille pendant qu'il travaille. La valeur de ces dernières ne fait elle aussi que reparaître dans le produit. En maints endroits de l'œuvre de Quesnay cette démonstration est faite. Citons simplement ce passage : « On nous demandera sans doute si un artisan qui » vend son ouvrage, un cordonnier, par exemple, qui vend » une paire de souliers, vend et la matière première avec » laquelle il a formé la paire de souliers et son travail dont la » valeur est déterminée par celle de la dépense en produc- » tions ou marchandises nécessaires pour la subsistance et » l'entretien de sa famille et de lui-même, pendant le temps » du travail employé à faire la paire de souliers ; on voit là » qu'il n'y a que consommation et point de production » (¹).

Pas plus que la classe des artisans, la classe des marchands n'est productive de revenu net. « Le commerce, dit Quesnay, » est l'échange d'une production qui a une valeur vénale » contre une autre production de valeur égale, échange où il » n'y a, par conséquent, étant considéré en lui-même, rien à » perdre ni rien à gagner pour l'un ni pour l'autre des con- » tractants » (²).

(¹) Quesnay, Réponse au mémoire de M. H. sur les avantages de l'industrie et du commerce et sur la fécondité de la classe prétendue stérile, etc., dans *OEuvres économiques et philosophiques de Quesnay*, édit. A. Oncken, Francfort et Paris, 1888. — Passage cité par Truchy, *loc. cit.*, p. 933.

(²) Quesnay, *Du commerce*. Premier dialogue entre M. H... et M. N... dans

Il y a donc une différence essentielle entre le travail de l'agriculteur et les autres espèces de travaux. Le travail agricole, seul, donne une plus value, sous forme d'excédent de valeur du produit sur la valeur des éléments en matière et travaux qui ont coopéré à sa formation.

Cela étant, l'intérêt exigé pour le prêt de l'argent, dit Quesnay, est fondé en droit sur le rapport de conformité qu'il a avec le revenu des biens fonds... Le taux de l'intérêt de l'argent est donc, comme le revenu des terres, assujetti à une loi naturelle qui limite l'un et l'autre... La quantité de revenu que l'on peut acquérir par l'achat d'une terre n'est ni arbitraire ni inconnue. C'est une mesure manifeste et limitée par la nature, qui fait la loi au vendeur et à l'acheteur et nous allons prouver que, dans l'ordre de la justice, c'est cette même loi qui doit régler le taux de l'intérêt ou du revenu de l'argent placé en constitution de rentes perpétuelles dans un royaume agricole... car l'intérêt de l'argent doit être, moyennant un circuit plus ou moins long, payé par le revenu des terres; il s'ensuit que cet intérêt ne doit pas être plus haut que la proportion de revenu que donnent les terres en raison du capital de leur acquisition (¹).

Donc, pour Quesnay, l'intérêt de l'argent a pour source, pour justification à la fois et pour limite, la possibité d'obtenir un revenu net en lançant son capital dans une entreprise agricole.

Pour Turgot, comme pour Quesnay, toutes les formes de l'intérêt s'expliquent comme des conséquences nécessaires de ce fait qu'on peut échanger un capital contre un fonds de

Œuvres écon. et philos. de Quesnay, édit. Oncken, p. 450, passage cité par Truchy, loc. cit., p. 933.

(¹) Quesnay, Observations sur l'intérêt de l'argent dans Œuvres, édition Oncken, p. 399 et suiv. — Cpr. Walras, Éléments d'économie pol. pure, 37ᵉ leçon, p. 335 et suiv.

terre rapportant un revenu net, une plus-value capitaliste.

Il y a une certaine analogie entre les Physiocrates et les écrivains dont nous avons ci-dessus brièvement analysé l'argumentation, ceux qui, depuis Calvin, avaient défendu l'intérêt du prêt contre la doctrine canonique et les subtilités de certains jurisconsultes. Comme eux, les Physiocrates répondent à notre question : il y a un intérêt de prêt parce qu'il existe un profit net du capital. Mais nous trouvons chez les Physiocrates quelque chose de plus. Comme le fait remarquer M. de Bohm-Baverk, les prédécesseurs des Physiocrates « ne voyaient pas dans ce fait la cause unique de l'intérêt du » prêt, mais rapprochaient de lui la possibilité de tirer profit » du capital dans le commerce, l'industrie, etc. Turgot, par » exemple, place ce fait seul à la base de sa théorie. Les » prédécesseurs de Turgot ne s'étaient servis du fait en » question que pour expliquer l'intérêt du prêt, tandis que » Turgot explique par lui le phénomène total de l'intérêt du » capital. Turgot forme donc avec de vieux matériaux une » doctrine nouvelle : la première théorie générale de l'intérêt » du capital » (¹).

Au moment où nous sommes arrivés, le problème de l'intérêt est posé dans toute son ampleur, sous toutes ses formes et dans toute sa rigueur scientifique. Pourquoi le capital produit-il intérêt, parce que la production agricole où il est employé fournit un revenu net, une plus-value capitaliste. Mais, pour arriver à poser ainsi la question et à la voir dans son ensemble à la fois et dans toutes ses parties, une bien longue étape a été parcourue, bien des discussions ont été soulevées, bien des controverses ont surgi. L'histoire de la marche dans le temps de cette question est d'ailleurs l'his-

---

(¹) Bohm-Baverk, *op. cit.*, I, p. 78.

toire de la plupart des grandes questions, l'histoire aussi de
la plupart des progrès humains. Comme le fait remarquer
M. de Böhm-Bawerk « en règle générale, non seulement
» notre connaissance des choses mais encore les problèmes
» que nous nous posons à leur sujet se développent progres-
» sivement. Il nous arrive très rarement de voir toute l'éten-
» due d'un phénomène et la totalité des cas particuliers qu'il
» peut présenter dès la première fois qu'il fixe notre atten-
» tion et d'en faire l'objet d'une étude complète. Le plus sou-
» vent, c'est un phénomène isolé particulièrement frappant
» qui attire sur lui l'attention ; on arrive seulement peu à peu
» à reconnaître que d'autres faits moins frappants sont du
» même ordre, et à les faire rentrer eux aussi dans le pro-
» blème » (¹). Dans les sciences physiques, c'est ce que nous
pouvons constater, par exemple, en ce qui touche les phénomènes électriques. On peut hardiment affirmer qu'on n'est pas en
possession des éléments suffisants pour permettre aux savants
d'entrevoir l'ensemble des phénomènes. Loin de les diriger,
les savants sont dirigés par eux. L'électricité ressemble à une
fée malicieuse qu'on ne mène pas, mais qui nous mène d'un
doigt mystérieux de merveilles en merveilles, on ne sait
où (²).

Cela s'est passé pour le phénomène de l'intérêt, et là, l'erreur ou la courte vue est plus excusable. L'esprit a été solli-
cité tout de suite par le phénomène presque unique qui existait
à ce moment, le prélèvement de l'intérêt du prêt et cela sans
travail, sans peine du côté de l'heureux possesseur du capital
et aussi surtout par les iniquités que ce prélèvement soule-

(¹) *Ibidem*, p. 13.

(²) Les découvertes scientifiques dues à l'emploi exclusif de la déduction sont en
nombre très restreint. Dans les arts mécaniques, on n'en pourrait pas citer peut-
être une seule. — Cf. Pareto, *Cours*, II, p. 188.

vait sur son passage. Par suite, deux problèmes se posent : l'un, très peu important, est un problème scientifique — qu'est-ce que l'intérêt du prêt? l'autre, très important, est un problème politico-social dont la solution fut l'interdiction du prêt. Ceci se passait, nous l'avons dit, dans une société caractérisée par une vie économique sans échange et ce fut, à quelques exceptions près, le cas de l'antiquité et du moyen-âge. Mais, au fur et à mesure que la civilisation faisait des progrès, que les découvertes se multipliaient, que l'évolution économique dégageait les sociétés nouvelles des formes anciennes de la *natural wirthshaft,* de nouveaux phénomènes apparaissaient qui sollicitaient à nouveau l'attention des penseurs. Alors surgit une opposition entre la vieille interdiction issue du problème politico-social et les besoins nouveaux. Elle aboutit à la défaite de la première et, ce qui nous importe, elle permit de poser définitivement devant la science le problème total de l'intérêt. En somme, le trait principal de cette évolution c'est qu'on a mis bien longtemps avant d'apercevoir l'ensemble même du problème et que c'est par un problème politico-social qu'on est arrivé au problème scientifique.

II. *Deuxième hypothèse.*

Tout ce qui précède nous a amenés à la seconde des deux manières par lesquelles un homme peut se procurer un revenu à l'aide de son capital. Jusqu'ici nous ne nous sommes occupé que d'une de ces deux manières, nous n'avons guère posé la question que d'un seul côté, nous nous sommes demandé pourquoi le possesseur d'un capital fongible ou non fongible est en droit de réclamer un intérêt de celui auquel il a transmis ce capital. Nous avons abouti à cette double réponse : 1° que le capitaliste est en droit de réclamer un intérêt parce qu'il est propriétaire de son capital; 2° que l'emprunteur peut parfaitement offrir et payer cet intérêt parce qu'il peut obtenir une plus-value plus ou moins grande en lançant ce capital dans une entreprise agricole. C'est là la réponse des Physiocrates. Mais la production agricole n'est pas la seule qui fournisse un revenu net, comme le pensaient ces derniers. Leurs successeurs ont eu tôt fait de démontrer que les autres branches de la production, telles que les entreprises industrielles et commerciales, fournissaient elles aussi une plus-value capitaliste. Ce fait est trop connu pour que nous y insistions plus longuement.

Mais le problème de l'intérêt n'est pas résolu de ce fait qu'on a répondu à cette question de savoir pourquoi le créancier retire un intérêt net perpétuel de son capital et ce, sans le moindre effort, en disant qu'il pourrait retirer un revenu en utilisant lui-même son capital. Cette réponse ne va pas de soi. Il reste, en effet, à se demander pourquoi il existe une plus-value capitaliste.

Ce n'est plus le cas maintenant d'un capitaliste qui, pour une raison ou pour une autre, ne fait pas lui-même valoir son capital et le met à la disposition d'un autre plus audacieux ou mieux préparé que lui. Nous sommes en présence d'un entrepreneur travaillant avec son propre capital ou avec celui d'autrui ou partie avec le sien, partie avec du capital emprunté, cela d'ailleurs n'a pas d'importance au point de vue auquel nous nous plaçons. Nous suivons en effet maintenant l'emploi du capital. Cet emploi peut être divers dans ses formes, comme nous l'avons déjà exposé; mais ces formes ont toutes un caractère commun. Le capital y est consommé productivement, c'est-à-dire que ses forces utiles sont accouplées avec des forces ou des éléments venus d'ailleurs et leur contact, leur réunion, leur combinaison donnent naissance à

Dugaiçon 5

un produit. C'est ce produit qui est la source de la plus-value
capitaliste de la même manière que le produit agricole des
Physiocrates était la source du revenu net. Mais pourquoi en
est-il ainsi? Il en est ainsi, a-t-on répondu, et cela régulièrement, car s'il en était différemment, si le produit achevé ne
présentait pas régulièrement plus de valeur que le faisceau
des forces productives dont la combinaison lui a donné naissance, l'emprunteur ou le possesseur du capital se garderait
bien de l'utiliser.

Mais, on le comprend sans peine, répondre ainsi n'est pas
résoudre la question, ou la résoudre d'une façon vraiment
trop naïve. Il reste en effet à se demander pourquoi « l'em-
» ploi productif du capital laisse ordinairement entre les
» mains de l'entrepreneur un excédent proportionnel à l'im-
» portance du capital employé... pourquoi la valeur des biens
» produits avec l'aide du capital est régulièrement plus
» grande que celle des matières premières employées à leur
» fabrication. La question est donc : pourquoi existe-t-il
» constamment un tel excédent de valeur ou une telle plus-
» value » (¹)? Si l'on voulait figurer d'une manière frappante
la position de la question on pourrait employer la formule
bien connue de Karl Marx.

$$A - M - ..... P..... - M' - A'$$

A et M représentent le faisceau des forces économiques
lancées dans la production d'abord (A) sous la forme monnaie, ensuite (M), sous la forme marchandise (matières premières, machines, travail, etc.); P représente le moment où
ces forces se combinent pour donner naissance au produit M'
lequel reconverti en argent donne une valeur A' normale-

(¹) Bohm-Bawerk, op. cit., I, p. 95.

ment et régulièrement plus grande que A, valeur du capital initial.

Conclusion. — En résumé, le problème de l'intérêt comprend une double question à résoudre ; il faut expliquer le fonctionnement du capital au sens individuel et du capital au sens social.

Dans le premier cas, l'intérêt apparaît comme la cause et l'instrument de rapport entre deux classes bien distinctes d'individus : les capitalistes et les entrepreneurs. Ici nous voyons fonctionner le capital simplement dans l'ordre de l'échange. Il n'y a pas transformation, destruction, amalgamation du capital avec d'autres forces ; il y a un simple déplacement de capital. Nous nous trouvons ici dans une phase distincte du procès d'ensemble de la production sociale et indépendante de lui, la phase circulation, passage du capital d'une main dans une autre, de la main du capitaliste dans la main du producteur. Nous n'avons, par suite, ici, qu'à étudier un rapport juridique entre deux volontés, prêteur et emprunteur, et à nous demander quel est le fondement économique de ce rapport. Les Physiocrates avaient cru découvrir ce fondement dans l'existence du revenu net agricole, mais nous venons de voir que cette réponse ne pouvait nous satisfaire car elle constituait elle-même une chose indémontrée, un véritable problème. Quel est donc le fondement économique de l'intérêt net fixé dans les rapports entre l'offre et la demande ? Quel est en un mot le fondement économique de *l'intérêt stipulé* du capital ou « intérêt du prêt », telle est notre première question.

Mais, nous l'avons vu, le capital ne reste pas longtemps dans la sphère de la circulation, il ne tarde pas à entrer en fonction. De capital au sens individuel qu'il était seulement et qu'il ne cesse d'ailleurs pas d'être, il devient en outre capital au sens social, il devient l'âme même de la production. Dans cette mystérieuse fonction du capital productif, dans cette mystérieuse fusion de forces hétérogènes, la plus-value est créée. C'est à cette plus-value que M. de Bohm-Bawerk donne le nom de « intérêt originaire du capital » ou plus simplement de « intérêt du capital » ([1]). Quel est maintenant le fondement économique de l'intérêt ainsi compris, telle est la seconde question.

Le problème de l'intérêt étant ainsi nettement posé, il faut maintenant le résoudre. Ce sera l'objet des explications qui vont suivre. Observons que toute explication unique du phénomène de l'intérêt, si l'on s'en tient à une explication unique, devra rendre compte de l'une et de l'autre face du problème. Au contraire, on pourra avoir une explication spéciale pour chacune de ces formes de l'intérêt.

Nous examinerons successivement quatre modes d'explication :

1° La théorie de la productivité ;

2° La théorie de l'abstinence ;

3° L'explication socialiste ;

4° La théorie de M. de Bohm-Bawerk.

[1] Bohm-Bawerk, *op. cit.*, I, p. 9. M. V. Pareto emploie d'autres expressions. Il distingue le loyer de l'épargne du loyer du capital. « Ils (les économistes) n'ont pas suffisamment bien distingué le loyer de l'épargne de celui du capital ». *Cours d'écon. pol.*, I, p. 310. — Cf. Walras, *Éléments d'économie politique pure* p. 421.

DEUXIÈME PARTIE

Les théories.

CHAPITRE PREMIER

LA THÉORIE DE LA PRODUCTIVITÉ

La « productivité » du capital est une idée très ancienne. C'est au nom de cette idée que les adversaires des canonistes combattirent leur interdiction du prêt à intérêt; c'est également au nom de cette productivité que l'Église, elle-même, en vint à l'autoriser précisément dans les cas où l'emprunteur pouvait retirer un gain de l'emploi dans la production du capital emprunté. Plus tard cette idée devait avoir un autre but et devenir le fondement même d'une explication scientifique de l'intérêt.

Lorsque le problème de l'intérêt fut nettement posé devant la science et qu'il commença à devenir l'objet de discussions sans nombre, on put d'autant plus facilement se rattacher à cette explication qu'elle « copiait » en quelque sorte « la nature », selon le mot de M. Leroy-Beaulieu, puisque l'expérience coutumière démontrait que la production, où le capital intervenait comme élément, laissait dans les mains de l'entrepreneur une plus-value souvent proportionnelle à l'importance de ce capital et à la durée de son emploi. Il était dès

lors évident, à première vue, que l'intérêt avait quelque chose
à voir avec l'intervention de cet élément dans l'œuvre de production, intervention qui se manifestait par ce rendement
plus considérable, par cette « productivité ». « Dans ces con-
» ditions, dit M. de Bohm-Bawerk, rien ne devait sembler
» plus logique que d'établir une relation entre l'existence de
» ce surplus, et celle d'une force productive contenue dans
» le capital. Il eût fallu un miracle pour empêcher l'inter-
» vention de la théorie de la productivité » (¹).

Si l'on tient compte de la nationalité des économistes qui
forment la majorité de ses protagonistes, on peut affirmer
qu'elle est une théorie bien française. Depuis Calvin jusqu'à
nos jours, elle a été acceptée par le plus grand nombre d'auteurs, et, quoiqu'elle soit aujourd'hui bien discréditée, beaucoup lui sont obstinément demeurés fidèles. Il n'est pas possible de citer la grande quantité de noms qui se rattache à
cette explication de l'intérêt, et d'ailleurs tous les auteurs
n'ont pas une conception absolument identique. Ils repro-
duisent, il est vrai, le fonds même de la théorie, mais y ajoutent quelques variantes, portant surtout sur les motifs que
l'on donne à la prétendue productivité du capital.

On peut citer en France, outre Jean-Baptiste Say qui est
pour ainsi dire le fondateur de la théorie, M. Leroy-Beaulieu,
M. Cauwès, etc. ; en Angleterre Lord Lauderdale, Malthus, etc. ; en Allemagne, Roscher, Thünen, Glaser, etc.

Il ne peut venir à notre pensée d'examiner en particulier
la conception propre à chacun de ces théoriciens.

D'une part, en effet, il y a trop de différences entre leurs
opinions et l'examen détaillé de chacune d'elles dépasserait
de beaucoup le cadre de cet ouvrage.

(¹) Bohm-Bawerk, *op. cit.*, I, p. 177.

D'autre part, une semblable besogne pourrait donner prise au reproche que MM. F. Walker et Alf. Marshall ont adressé à M. de Bohm-Bawerk, tout d'abord, au lieu de rechercher avec tolérance et bienveillance ce que les auteurs ont réellement pensé et tâché d'exprimer « d'avoir plutôt cherché à retourner contre eux l'insuffisance de leurs exposés et leurs erreurs d'expressions » ou encore d'avoir donné trop de relief à certains éléments d'explication et mis, au contraire, en retrait certains autres existant également dans la pensée de ces auteurs » (¹).

Enfin c'est une œuvre déjà faite et magistralement faite par M. de Bohm-Bawerk. C'est le cas de regretter d'être venu trop tard dans un monde trop vieux.

Le mieux est, pensons-nous, de dégager des éléments divers que nous avons à notre disposition et des études déjà faites, l'idée de la productivité, une productivité en soi, avec ses traits caractéristiques essentiels et la réfuter telle quelle. C'est la pensée qui va nous diriger dans les développements qui vont suivre.

La première impression qui se dégage de cet ensemble de doctrines, c'est que l'on se place à un point de vue assez étroit, le point de vue unique de la production. L'idée d'une « productivité » quel que soit d'ailleurs le sens que l'on donne à ce mot, ne saurait être invoquée pour expliquer entièrement, en effet, le phénomène de l'intérêt. On n'examine tout d'abord qu'un des éléments du problème, l'emprunt, le débiteur, et on néglige l'autre : le prêt, le créancier. D'autre part, on laisse de côté une partie très considérable des usages de l'épargne, le prêt à la consommation. Il serait absurde de parler de « productivité » pour un transfert de

(¹) V. Bohm-Bawerk, op. cit., Préface, p. x.

biens qui aboutit le plus souvent à une véritable destruction
de richesses, et c'est avec juste raison qu'on a eu coutume, dans
le courant de l'histoire, de le qualifier de « stérile » ou
« d'improductif ». Au moyen-âge et dans l'antiquité, nous
l'avons vu, cette forme de prêt était extrêmement répandue
et l'on sait les conséquences qu'elle eut tant dans le domaine
des faits qu'au point de vue de l'évolution des doctrines
économiques sur l'intérêt.

De nos jours, le prêt à la consommation a considérablement diminué d'importance au moins relative, mais il n'est
pas cependant à dédaigner, une grande partie des emprunts
publics contractés par la plupart des Etats modernes n'aboutissant souvent, en définitive, qu'à une destruction de forces
économiques.

Voilà déjà qui serait de nature à faire surgir quelques
doutes sur la valeur d'une explication fondée sur une idée
aussi étroite.

Mais il convient de se rendre un compte plus exact de ce
qu'est, au juste, cette productivité, de ce qui se cache sous ce
mot, et du rôle que l'idée peut jouer dans une explication
scientifique de l'intérêt.

*
* *

Depuis les premiers économistes, il est de tradition constante de distinguer trois facteurs originaires et distincts de la
production : la nature, le travail, le capital. Cette division
tripartite, commode en réalité pour l'exposition des phénomènes économiques, ne tarda pas à cacher des préoccupations
d'une autre nature. Les économistes avaient en même temps
reconnu trois sources distinctes de revenus : le salaire, la
rente foncière et l'intérêt. Puisque, d'une part, trois agents
collaboraient à l'œuvre de production, et puisque, d'autre part,

trois revenus distincts en sortaient, il devait naître de cette double constatation l'idée d'attribuer à chacun de ces revenus une source spéciale, un support particulier dans chacun de ces trois facteurs.

En ce qui concerne le salaire et la rente foncière, le travail et la nature apparaissent comme des éléments originaires et indépendants de la production ; dès lors, il semblait naturel que leurs représentants, les propriétaires fonciers et les travailleurs, reçussent la rente et le salaire comme prix de leur collaboration.

Dans le fleuve annuel des produits, deux bras se détachent pour aller alimenter ces deux réservoirs distincts de force productive.

Mais le capital, lui aussi, collabore à l'œuvre commune et l'importance de son rôle n'est pas niable. Un troisième bras du fleuve annuel des produits est capté par lui, et le lit est à sec ; tous les produits, tous les bénéfices ont été distribués.

Trois sources donc alimentent la production, et leurs trois possesseurs s'en partagent le résultat, de là l'idée très nette et très simple que chacun de ces éléments crée lui-même son revenu. Le travail donne naissance à sa rémunération, le salaire, de même le capital « produit » aussi son intérêt.

Il pourrait en être ainsi peut-être, si le produit matériel lui-même était partagé entre ceux qui ont collaboré à sa production. Il en serait ainsi, à coup sûr, si une semblable opération était possible en fait. Ainsi se réaliserait tout de suite ce « droit au produit intégral » à la fois du travail, de la nature, du capital. Alors tous les facteurs coopérants seraient sans doute contents et satisfaits, et la répartition se ferait sans soulever des protestations, des luttes et des haines, et le problème social serait, du même coup, avancé grandement vers sa solution.

Mais cette opération est impossible, et précisément parce qu'elle est impossible pour des raisons qui apparaissent d'une manière évidente et que nous exposerons plus tard, c'est la valeur du produit qui est partagée, la valeur telle qu'elle se réalise sur le marché, telle qu'on présume, qu'on suppose qu'elle se réalisera.

Dès lors, si l'on affirme que le capital crée son revenu, c'est affirmer par là même que la production crée de la valeur et que le capital, élément indispensable de cette production, produit lui-même sa part de cette valeur.

Il convient donc d'élucider successivement les deux points suivants :

1° Si la production crée la valeur;

2° Quel est le rôle du capital dans la production.

I. *Production et valeur.*

La première constatation que nous pouvons faire, sauf à en fournir la preuve plus loin, est que la valeur ne sort pas de la production comme un fleuve de sa source.

Produire, et c'est là le sens ordinaire de ce mot, ce n'est pas créer, c'est-à-dire faire surgir des choses du néant par un décret d'une volonté toute-puissante, mais c'est, avec la matière qui nous est fournie par la nature, créer des formes nouvelles, des combinaisons connues ou inconnues de substance, de couleur, de ligne, etc. Plus simplement, produire, c'est, dit M. Houdard, faire tout ou partie de ce qui est nécessaire pour mettre les biens à portée d'être utilisés. La production amène donc la naissance de « produits », c'est-à-dire de choses utilisables mises à la portée de gens qui en ont besoin (¹).

(¹) Houdard, *Premiers principes de l'Économique*, p. 57.

Mais, en aucun cas, elle ne saurait produire de la « valeur », car c'est un rapport qui s'établit en dehors du producteur, grâce à un jeu très compliqué d'actions et d'influences que nous aurons plus tard à déterminer.

Enfin la production est la condition nécessaire indispensable, mais non suffisante pour l'existence de la valeur (cette
dernière n'existe pas en soi). Pour qu'il y ait production de
valeur, il faut sans doute qu'il y ait des biens créés; quand
un producteur crée pour un million de francs de biens, il
provoque évidemment la naissance de marchandises pour
une valeur d'un million de francs qui, sans la production,
n'auraient pas vu le jour. Cela semble prouver que la valeur
provient de la production. Cette proposition est certainement exacte, mais seulement dans un autre sens que celui
dont il s'agit ici. Elle est vraie en ce sens que la production
est *une* des causes de l'apparition de la valeur, mais elle
n'est pas vraie si elle signifie que la production en est *la*
cause, en d'autres termes, que toutes les causes détermi-
nantes de la valeur résident dans les rapports de production [1].

En somme, le capital pas plus que le travail ne crée la
valeur. Ils créent tous deux, avec l'aide de la nature, des
biens économiques utilisables, et ces derniers, une fois créés,
tirent leur valeur de l'état des rapports économiques. C'est
cette valeur réalisée ou escomptée qui est la base de la répartition entre les facteurs coopérants.

II. *Le rôle du capital dans la production.*

Le capital est, par lui-même, une matière inerte, incapable
ble d'ajouter quoi que ce soit à la masse; il ne produit rien

[1] V. Bohm-Bawerk, *op. cit.*, I, ch. VII.

par lui-même. Quelques capitaux, comme les bêtes de somme,
les arbres à fruits, etc., qui sont des capitaux, semblent
donner cette illusion. Mais demander pourquoi ils produisent
ne comporte pas de réponse, tout au moins dans la science
économique qui n'a pas à la fournir. Se demander pourquoi
un mouton fait des petits moutons, pourquoi un poirier produit des poires, n'est pas du ressort de l'Economie politique.

Au demeurant, si l'on va au fond des choses, il n'y a pas
de différence entre la façon de collaborer à la production,
qu'il s'agisse de la terre, du travail ou du capital sous toutes
ses formes et il n'y a pas de raison de distinguer, au point
de vue purement scientifique, ces trois agents de la production. Ils ne sont appelés à agir que parce qu'ils sont des
réservoirs de formes particulières de l'énergie ou de la force,
intelligence, germination, mouvement, lumière, chaleur,
électricité, etc.

Tous ces biens sont produits au moyen d'autres biens qui
sont des réservoirs de ces forces et l'homme les utilise en
raison de leurs qualités spécifiques.

L'homme qui récolte des fruits naturels, qui se livre à la
cueillette, se sert de lui-même, de sa personne, dont il utilise l'intelligence à découvrir les fruits et de sa machine corporelle dont il emploie les membres suivant leur fonction,
pour se transporter d'un lieu dans un autre et s'emparer des
fruits en question... Le pêcheur emploie, pour prendre le
poisson, sa personne et sa machine corporelle et des engins,
lignes et filets, appâts, etc., suivant les qualités particulières
qui les rendent propres à découvrir le poisson, à le saisir et
à le conserver.... Le fabricant utilise sa propre personne et
ses commis, ouvriers et toute son usine, avec ce qui la constitue, bâtiments, machines, outils, matières premières, animaux, matériel roulant, etc., en vue de créer des meubles,

des outils, des tissus, des machines, des livres, combinant l'action de toutes ces choses, suivant leurs qualités et propriétés spéciales.(¹)

Quoi qu'il en soit, cette distinction déjà séculaire entre les trois agents de la production est trop commode pour que nous ne la conservions pas, ces réserves une fois faites, et nous allons nous demander comment le capital concourt à la production et quel est son mode de fonctionnement.

Les théories sur le capital sont aussi innombrables que celles qui ont vu le jour pour expliquer le phénomène de la valeur, innombrables aussi sont les formules de son mode d'action, les manifestations de la « productivité ».

Certains pensent, par exemple, que le capital est un facteur originaire et indépendant de la production (²).

Le capital, selon d'autres, collabore à la production en permettant au producteur de se servir des forces naturelles qui lui auraient échappé sans lui.

Le capital, dit par exemple Strasburger, produit des valeurs en obligeant les forces naturelles à fournir le travail que l'homme aurait dû accomplir lui-même (³).

Le capital agit dans l'œuvre productive grâce au travail emmagasiné, cristallisé en lui (Marx et les socialistes).

Le capital, dit-on encore, collabore à la production en faisant le travail que feraient d'autres ouvriers, en remplaçant des travailleurs.

Le profit provient, dit lord Lauderdale, de ce que « le ca-

(¹) Adolphe Houdard, *Premiers principes de l'Économique*, Paris, Guillaumin, 1889. Chapitre II, Analyse du phénomène de la production, p. 61 et s. M. Houdard nie l'utilité au point de vue purement économique de la distinction entre le capital, le travail et la terre, p. 72 et s.

(²) V. Bohm-Bawerk, *op. cit.* Les théories naïves de la productivité, p. 147 et s. Il cite un nombre considérable d'auteurs.

(³) Cité par Bohm-Bawerk, *op. cit.*, I, p. 235.

» pital supplée à une certaine quantité de travail que la main
» de l'homme aurait dû fournir, ou bien de ce qu'il fournit
» lui-même une certaine quantité de travail que les efforts
» personnels de l'homme ne sont pas aptes à fournir » [1].

« Le temps, observe M. Leroy-Beaulieu, qu'épargne l'usage
» du capital, est beaucoup plus considérable en général que
» le temps qui a été employé à le former et dans cet écart
» consiste la productivité même du capital... Non seulement
» il épargne le temps, mais il rend même possibles certaines
» œuvres qui, sans lui, quelque temps qu'on y eût consacré,
» n'eussent jamais été réalisables » [2].

Enfin, pour clore ici ces citations qu'on pourrait multiplier
à l'infini, les machines, dit M. Garnier, qui ne se contente
pas d'une formule unique, « permettent de faire concourir à
» la production les forces de la nature; elles font des travaux
» que les hommes ne pourraient faire; elles font plus vite et
» mieux une partie de celui qu'ils savent faire; elles permet-
» tent d'obtenir plus de produits avec moins de travail-
» leurs... » [3].

Il y a une part incontestable de vérité dans chacune de ces
explications. Mais il nous semble que chaque étude ne nous
présente qu'un côté de la question. Il est certain, en effet,
que dans tous les cas le capital économise du travail, comme
le pensaient lord Lauderdale et Glaser; qu'il permet de se
servir des forces naturelles qu'on ne pourrait employer sans
lui, comme l'écrit par exemple Strasburger; qu'avec le capital on produit plus, plus vite et mieux, qu'avec le travail
seul.

Mais ces constatations paraissaient tellement évidentes que

[1] Cité par Bohm-Bawerk, op. cit., I, p. 180.
[2] Leroy-Beaulieu, Traité, I, p. 209.
[3] Premières notions d'économ. polit., 5e édit., p. 44.

personne n'avait eu l'idée de pousser plus avant l'analyse du rôle du capital et l'on s'était contenté de formules banales, comme celles que nous avons indiquées (¹).

Cela ne pouvait satisfaire l'esprit subtil de M. de Bohm-Bawerk, qui aime en tout des définitions précises, des situations clairement définies, sans ambages ni équivoques, des théories fermes et achevées. Celle qu'il nous offre, comme toutes celles dont il est l'auteur, présente ces caractères, elle est en outre finement ingénieuse et d'une rare élégance.

Elle forme, pour ainsi dire, le point d'arrivée d'une curieuse évolution, qui commence peut-être avec Stanley-Jevons et qui est continuée par cette série d'économistes, qui forme dans l'histoire des doctrines économiques ce que l'on appelle l'école autrichienne.

L'idée fondamentale du capital et de son rôle ne pouvait manquer d'attirer l'attention de savants qui semblent s'être donné pour tâche de rénover les notions primordiales de la science économique.

L'idée essentielle qui domine cette évolution, c'est l'idée de l'influence du temps sur la formation du capital et son emploi dans la production.

C'est, comme nous l'avons dit, Stanley-Jevons qui paraît être le premier à avoir signalé en première ligne le temps comme élément du capital.

Comme le remarque M. de Bohm, l'éminent économiste anglais s'est dégagé du mysticisme de la « force productive » du capital. Pour lui, le rôle économique des capitaux consiste dans le fait qu'ils nous permettent de faire des avances de travail. Ils nous aident à sortir des difficultés qu'on rencon-

(¹) V. une courte histoire des théories sur le capital dans les *Princip'es of economics* du professeur Marshall, I, p. 148, 149, notes. — Les Physiocrates, Adam Smith, Hermann, Walras, Newcomb, Stanley-Jevons, Knies, Nicholson, etc.

tre au cours du laps de temps qui sépare le début de la fin
d'un travail. Il y a une infinité de perfectionnements dans la
fabrication des biens dont « l'introduction entraîne nécessai-
» rement une prolongation du laps de temps qui sépare le
» moment de la dépense de travail de celui où l'ouvrage est
» achevé ». Toutes les améliorations proviennent de l'usage
du capital et le fait de les rendre possibles constitue la
grande, pour ne pas dire l'unique utilité de celui-ci ([1]).

L'idée fut reprise par les théoriciens de l'école autrichienne ([2]) et c'est à son représentant bien connu, M. de
Bohm-Bawerk, qu'est revenu l'honneur de la dogmatiser et
d'en montrer les conséquences les plus profondes.

La théorie a été développée dans l'ouvrage cité : *Kapital
und kapitalzins* ([3]).

La production, dit-il en substance, a pour but l'adaptation des éléments qui existent dans la nature aux besoins de
l'homme.

L'homme ne crée pas, au sens philosophique du mot,
il juxtapose, il associe les biens que fournit la nature, il
crée « des formes particulières de la matière permettant
de diriger à l'avantage de l'homme les forces naturelles
qu'elles contiennent » ([4]). Il y a donc deux forces originaires
de la production : la nature et l'homme, c'est-à-dire le
travail.

L'ensemble des éléments utilisés peut se diviser, en outre,

([1]) Cité par Bohm-Bawerk, *op. cit.*, II, p. 144, 145 et aussi pages suivantes.

([2]) V. notamment F. Menger, Contribution à l'étude du capital, dans la *Revue
d'économie politique*, 1887, p. 577 et s.

([3]) Deuxième partie « Theorie positive des kapital », non encore traduite en
français (la première partie « Histoire critique des théories de l'intérêt » est seule
traduite). La *Revue d'économie politique*, 1889, p. 102 et s., a publié un long article de M. Bohm-Bawerk qui est le résumé de la « Positive theorie ».

([4]) Bohm-Bawerk, *loc. cit.*, cf. *Histoire critique*, I, p. 287.

en deux groupes : les éléments techniques et les éléments économiques, la différence entre les deux résidant dans ce fait,
que certains biens naturels sont en quantité limitée ; ces derniers sont les éléments économiques (terre, mines, etc.). Les
éléments en quantité infinie sont les éléments techniques,
(air, lumière, chaleur, etc.). La production exige ces deux
espèces d'éléments : éléments techniques (la nature), éléments économiques (les services fonciers) et le travail.

Quant au rôle du capital, on n'en peut donner qu'une
cause physique, la faiblesse et l'impuissance de l'homme à
atteindre certains buts, et une cause psychologique, le principe du moindre effort. « Avec certains détours de production, on peut obtenir plus de résultats que par le chemin
direct, avec la même quantité de forces productives originaires ». Les détours consistent à faire agir des forces physiques
naturelles sur d'autres forces antagonistes, pour arriver à
dompter la dernière résistance qui s'oppose à la satisfaction
du désir ou du besoin. Chaque détour démontre ainsi l'acquisition d'une force auxiliaire plus forte ou plus habile que la
main de l'homme.

Le capital ce n'est donc que ces produits intermédiaires
qui prennent naissance dans ces détours de la production.
Mais le rendement n'en est pas en raison directe du nombre
des étapes. Toute augmentation de rendement a pour revers
nécessaire une prolongation du temps de production, mesurée par celui qui est indispensable pour dompter une nouvelle force physique naturelle plus habile ou plus forte. Il
faut attendre la confection du capital avant de jouir de ses
produits.

Le capital n'est donc pas un facteur originaire et indépendant de la production, il est comme le premier pas fait dans
cette œuvre, une combinaison de la nature et du travail ; il

marque des étapes successives entre lesquelles elle s'accomplit. On ne peut pas, en effet, toujours exécuter une chose d'un seul coup, on la fait en deux, trois ou un plus grand nombre de fois.

Si l'on a distingué donc trois facteurs originaires de la production, c'est purement et simplement, observe M. de Bohm, pour donner un support à l'intérêt.

Le rôle du capital se réduit donc en définitive à ceci, conclut notre auteur :

1° Il est un symptôme et non une cause d'un détour dans la production ;

2° Il devient une cause intermédiaire efficace pour servir à l'achèvement du détour avantageux déjà choisi ;

3° Quelquefois, il devient une cause indirecte, en nous permettant de choisir d'autres détours de production avantageux. Le capital, en effet, ne cesse de s'accumuler, et plus il y a de capitaux, moins il faut faire de détours nouveaux et discipliner de nouvelles forces antagonistes.

En résumé, il y a deux procédés pour arriver à satisfaire nos besoins. Par l'un nous allons directement au but, nous allons, par exemple, étancher notre soif à même la source ou la rivière. Par l'autre, nous faisons volontairement un détour, par exemple nous creusons un tronc d'arbre pour en faire un seau, nous aurons ainsi, pendant un long laps de temps, une certaine quantité d'eau à notre disposition. La production, elle aussi, peut toujours se faire, à la rigueur, par le concours de la nature et du travail, sans capital. Mais l'on obtient des résultats plus avantageux en se procurant des capitaux. Seulement ce dernier procédé exige plus de temps, et plus on met de temps, et plus le capital est parfait et productif. La canalisation, la pompe ou le bélier hydraulique amènent plus d'eau que le modeste seau de bois.

Telle est la conception de M. de Bohm-Bawerk. M. Leroy-Beaulieu, qui ne paraît pas aimer beaucoup les théories nouvelles, à qui il reproche leur subtilité et leur inutilité, tout en faisant de celle-ci le plus grand éloge, tout en disant qu'elle est d'une rare élégance et s'applique à la plupart des capitaux, lui reproche cependant de ne pas contenir toute la vérité. Il estime que si l'on s'en tient à cette conception du capital, on ne peut y faire rentrer ni les locomotives à voyageurs, ni les maisons. « Mais la locomotive à voyageurs,
» le yacht de plaisance, qui sont incontestablement des capi-
» taux et qui satisfont aux besoins de locomotion, de dépla-
» cement qu'ont non seulement les voyageurs d'affaires, pour
» lesquels le voyage est un moyen, mais aussi les simples
» touristes, pour lesquels le voyage, le déplacement est le but
» même, sont-ce là des produits intermédiaires et quel est
» dans ce cas le produit définitif? Et cependant ce sont bien
» là des capitaux... Une maison cesserait aussi, dans cette
» théorie, d'être un capital, car on ne peut pas dire que ce
» soit un produit intermédiaire, etc... La démonstration de
» M. de Bohm-Bawerk, conclut M. Leroy-Beaulieu, s'appli-
» que donc à la généralité des capitaux; non absolument à
» tous » ([1]).

L'objection, à notre sens, ne porte pas. D'abord M. de Bohm n'a eu guère en vue que le capital productif, ainsi qu'il s'en explique d'ailleurs de la manière la plus formelle au début de l'article précité. C'est à ce capital qu'il donne le nom, que nous avons adopté, de capital au sens social. Par conséquent il faut extraire, comme ne tombant pas sous l'objection, la maison, en tant du moins qu'elle sert à l'habitation et le yacht de promenade ou la locomotive à voyageurs.

[1] *Traité*, I, p. 212 et s.

Mais en supposant que l'objection puisse porter, est-elle fondée? D'une façon générale M. de Bohm ne se place que dans une société simplifiée où il est incontestablement plus facile de suivre l'évolution de la production et des détours qu'elle nécessite. Il arrive, en effet, que dans nos sociétés très compliquées, on n'aperçoit pas, avec autant de rigueur ou de netteté, l'élément isolé que l'on veut étudier, mais un peu d'attention ne tarde pas à le découvrir.

Si nous considérons l'exemple de la locomotive à voyageurs, quel est le « produit définitif » que M. Leroy-Beaulieu n'aperçoit pas? Mais c'est précisément la locomotion, le mouvement, le déplacement et ce but peut être atteint d'un très grand nombre de façons. Le plus simple moyen est d'aller à pied, un bâton de touriste à la main. Ici le but est atteint directement avec la nature et le travail. Mais si l'on veut aller plus vite et plus loin, on peut faire un « détour », ce qui paraît au premier abord paradoxal. On peut, si la faune du milieu le permet, et tel un « gaucho » des pampas, arrêter un cheval au lasso, le dompter et le dresser, opérations plus longues et plus compliquées que le fait de se mettre en mouvement soi-même. Et l'on obtient ainsi un « produit intermédiaire », cette « plus noble conquête que l'homme ait jamais faite », singulièrement plus productif de mouvement. Plus abondant encore en déplacement serait le chariot attelé, puisqu'il permettrait au touriste d'emmener sa famille avec lui dans ses pérégrinations, nouveau détour de production qui exige de la peine et du temps.

De détour en détour, nous retrouverions tous les ancêtres, de père en fils, depuis la hotte du portefaix jusqu'au wagon de marchandises; depuis le pousse-pousse des Orientaux, ou la chaise à porteur de nos anciens, jusqu'au « sleeping-car » et à la locomotive de l'Orient-express, depuis la pirogue de l'Indien jusqu'aux steamyachts du tzar Nicolas ou de l'empereur Guillaume.

Pour la maison d'habitation le raisonnement et la filière de détours sont identiques. Avec la caverne du Troglodyte « le logement », produit définitif, caché à M. Leroy-Beaulieu, est pris, si l'on peut s'exprimer ainsi, à même la nature. Puis l'on voit successivement naître « les biens intermédiaires » toujours plus productifs, mais toujours aussi nécessitant plus de temps et de travail, depuis la hutte étroite et sombre du sauvage jusqu'aux gigantesques maisons à vingt étages de la 100ᵉ avenue à New-York; depuis l'humble « isba » du moujick, sans air et sans lumière, jusqu'au somptueux palais de Péterhoff.

Nous nous en tiendrons, en ce qui nous concerne, à la conception à la fois ingénieuse et profonde de M. de Bohm-Bawerk. Le capital, en effet, n'est autre chose qu'un produit intermédiaire né, en principe, dans le processus même de l'œuvre de production. Aujourd'hui, grâce au développement de la division du travail, le capital est créé en dehors de la production où il peut servir comme bien intermédiaire, et fait l'objet d'une fabrication spéciale, soumise à des vicissitudes particulières. Il se présente sur le marché, comme marchandise, comme produit et il est acquis par l'entrepreneur en échange de son épargne ou de celle qu'il a empruntée. Mais si le capital est « productif » il a pour contre-partie une dépense considérable de temps consacrée à sa fabrication.

*
* *

Il résulte de tout ce que nous venons de dire que le mot « productivité », est comme nombre de mots en économie politique, extrêmement compréhensif et susceptible d'un assez grand nombre de significations variées.

Il est tout d'abord un sens populaire en quelque sorte. Nous avons, en effet, déjà remarqué, dans notre première partie, qu'on pouvait faire dans les biens deux parts : l'une composée de biens destinés à la consommation purement et simplement, d'autres, au contraire, qu'on consomme sans doute, mais qui se régénèrent et passent pour une partie plus ou moins grande dans de nouveaux objets. On dit que ces biens-là sont « productifs ». Dans ce cas, cet adjectif serait ajouté au mot bien, pour marquer l'intention de le mettre en opposition avec le bien « consomptible ».

Mais un autre sens du mot productivité apparaît immédiatement à côté de celui-là. C'est ce sens qui découle de la théorie que nous venons d'exposer. Il veut dire que le bien « productif » a la propriété de servir à la fabrication de plus de biens que l'on n'aurait pu en obtenir sans lui. Quand nous disons, par exemple, qu'une machine à faire les clous est un capital productif, nous voulons dire que dans un temps donné, avec la même dépense de travail, nous produisons infiniment plus de clous que nous n'en produirions si nous les faisions à la main, avec la forge, l'enclume et le marteau. C'est là, la productivité physique du capital, ou, comme le dit M. de Bohm-Bawerk, la productivité technique. On pourrait encore l'appeler « quantitative ». Arrêtons-nous un instant sur cette proposition.

Elle se vérifie facilement dans la pratique. Considérons, en effet, les deux premières classes de capitaux au sens social que nous avons énumérées ci-dessus : les outils et les machines. Il y a un exemple devenu classique et dont l'auteur est Roscher. Imaginons un peuple sans propriété privée du sol et sans capital. Ils sont nus, habitent des cavernes et se nourrissent de poissons que la mer laisse à marée basse dans les flaques d'eau de la côte, où on les prend avec la main.

Supposons que tous les travailleurs, les chercheurs de poissons, soient égaux et que chacun prenne et consomme par jour
3 poissons. Supposons maintenant qu'un homme intelligent
réduise sa consommation journalière d'un poisson et que, grâce
à la provision de 100 poissons ainsi constituée, il applique
pendant 50 jours toutes ses forces à la fabrication d'un
canot et d'un filet. A l'aide de ce capital il prendra doré-
navant 30 poissons par jour (¹).

La productivité physique des biens intermédiaires se
manifeste ici en ce que le pêcheur obtient grâce à eux plus de
poissons qu'il n'en aurait capturé sans son aide, 30 au lieu
de 3 ou plus exactement, un peu moins de 30 au lieu de 3,
car les 30 poissons pris maintenant en un jour sont le résultat de plus d'un jour de travail. Pour calculer plus rigoureusement, on doit ajouter au travail de la pêche une partie
du travail consacré à la fabrication du canot et du filet. Si,
par exemple, ces deux outils durent 100 jours, et si leur
fabrication en a exigé 50, les 3.000 poissons pris pendant les
100 jours sont le résultat de 150 journées. Le surplus du
produit dû à l'emploi du capital est donc 3.000 — 450
(150 $\times$ 3) = 2.550 poissons, soit par jour 25 — 3 = 22.

C'est dans cette augmentation de la production que se
manifeste la productivité physique du capital (²).

Le capital a la propriété de servir à la production de plus
de valeur qu'on n'aurait pu en produire sans lui. Les poissons pris avec le filet et le canot ont plus de valeur que ceux
pris à la main; voilà un autre sens du mot productivité.
Nous pouvons l'appeler productivité en valeur ou qualitative.

Mais voici le sens le plus fort du mot productivité. Le
capital a la propriété de servir à obtenir plus de valeur qu'il

(¹) Cité par Bohm-Bawerk, *op. cit.*, I, p. 138.
(²) *Ibidem*, p. 138-139.

n'en possède lui-même. C'est la productivité qualitative proprement dite.

*
* *

L'étude du phénomène de la valeur nous prouvera que la
première de ces deux dernières hypothèses est inadmissible.
La productivité en valeur est un concept manifestement en
contradiction avec les faits (V. *infra*, 3ᵉ partie, chap. II).

La deuxième proposition n'est pas davantage acceptable.

Un point qui demeure établi, c'est que le capital possède
une productivité physique, c'est-à-dire qu'avec son aide et
dans un temps donné, on produit plus que sans lui, ou encore
qu'on obtient autant d'objets, mais avec moins de temps. En
somme, cette propriété du capital peut se présenter à nous
sous un double aspect :

1° Produire plus d'objets dans un même temps.

2° Produire autant d'objets dans moins de temps.

Pour établir donc scientifiquement la proposition qui nous
occupe, il faut démontrer « que ces objets produits en plus
ou le temps économisé ont une valeur telle qu'on puisse en
faire deux parts » (¹) :

1° Une part qui soit la reconstitution de la valeur de la partie du capital usée dans l'œuvre de fabrication.

2° Une certaine plus-value qui soit le produit net de ce
capital.

(¹) M. Leroy-Beaulieu l'admet sans démonstration. Sa doctrine sur l'intérêt est
d'ailleurs absolument inconsistante. Après avoir dit que le capital est productif de
valeur, « qu'il produit plus qu'il n'a coûté », I, p. 215, il s'exprime ainsi au tome II,
p. 87 et s. : « Une autre cause, celle-ci fondamentale, c'est que le capital est pro-
» ductif. Il a pour objet et pour effet de permettre à l'homme de se procurer,
» moyennant une somme déterminée d'efforts, plus de produits ou, ce qui revient
» au même, une quantité équivalente de produits avec un moindre effort... C'est
» dans ce pouvoir qu'est la cause principale fondamentale de l'intérêt » ! Ici la
productivité est purement physique. Laquelle choisir ?

En somme, ce que l'on sait et que l'on ne conteste pas, c'est que l'emploi d'un capital fournit un rendement brut; ce qu'il faut démontrer, c'est qu'il fournit un rendement net. Disons-le tout de suite, c'est pour avoir négligé de faire cette preuve que les théoriciens de la productivité ont abouti à un échec complet. Aussi M. de Bohm-Bawerk, qui a présenté une critique rigoureuse et impitoyable de ces théories, n'a eu nulle peine à en montrer aux yeux les moins prévenus le caractère précaire et l'absence de tout résultat (¹).

La question est généralement bien posée, dit-il. Voici par exemple comment le fait Malthus : « Le profit du capital, » dit-il, est la différence entre la valeur des avances néces- » saires à la production d'un bien et la valeur du produit. » Le taux du profit est le rapport qui existe entre l'excédent » de la valeur du produit fabriqué sur celle des avances » d'une part, et la valeur de ces avances, d'autre part » (²). Mais ce n'est pas tout de bien poser la question, il faut la résoudre. Ce n'est pas tout de dire ou d'affirmer que le profit du capital est ce qui reste de la valeur du produit après qu'on en a soustrait la valeur des avances, il faut expliquer, il faut démontrer pourquoi il en est ainsi. Or c'est ce qu'omet de faire Malthus. Ses successeurs ne furent pas plus heureux que lui.

On peut bien supposer, à la vérité, comme le fait Thünen, sans trop grande exagération, — que dans une société pri- mitive et rudimentaire, pourvue de toutes les aptitudes, de toutes les connaissances et de toute l'habileté des peuples civilisés, mais absolument dépourvue de capitaux et de tout contact avec d'autres peuples qui en seraient munis, — un

---

(¹) V. là-dessus et pour tout ce qui va suivre, de Bohm-Bawerk, *op. cit.*, chapi- tre VII, *Les théories motivées de la productivité*, p. 178 et s.

(²) Cité par Bohm-Bawerk, *op. cit.*, I, p. 186 et s.

capital peut fournir, outre la valeur de sa propre reconstitution, une plus-value qui est le profit net du capital.

Il n'y a rien de choquant, observe M. de Bohm, à admettre
qu'un chasseur armé d'un arc et de flèches soit en mesure
d'abattre chaque année quarante pièces de gibier de plus
qu'il n'en abattrait sans armes, et encore d'économiser assez
de temps pour entretenir en bon état et même pour renouveler son arc et ses flèches, si bien que son capital possède à
la fin de l'année autant de valeur qu'au début. Mais, il faut
le reconnaître, il ne peut en être ainsi que dans des exemples
isolés empruntés à des sociétés comme celle de Thünen (1).

Même dans ces sociétés là, certaines causes peuvent rendre
l'hypothèse absolument inadmissible.

D'après la théorie de l'utilité finale que nous exposerons
ci-dessous, le capital qui se trouve en exemplaire unique doit
avoir une valeur absolument considérable. Ajoutons d'ailleurs qu'il ne peut pas avoir une valeur plus grande que
celle de son rendement brut, mais peut parfaitement égaler
ce dernier (2).

On peut imaginer que la concurrence entre fabricants
d'armes devienne assez forte pour abaisser leur prix au-dessous de cette valeur extrême.

En somme, conclut M. de Bohm, je vois trois rapports possibles « entre la valeur du capital et celle de son produit :
» ou bien la valeur du capital s'élève jusqu'à celle de son
» produit, ou bien la valeur du produit s'abaisse par suite
» de concurrence, jusqu'à celle du capital; ou bien enfin la
» part du produit revenant au capital reste supérieure à la
» valeur du capital » (3). Ce dernier rapport demeure admis

(1) Bohm-Bawerk, I, p. 214.
(2) Bohm-Bawerk, I, p. 214.
( ) Bohm-Bawerk, I, p. 215.

comme évident chez tous les théoriciens de la productivité, ou découle d'exemples sujets à caution d'où l'on tire des généralisations hâtives et hasardées ; le rapport demeure donc une hypothèse indémontrable.

Le capital, en définitive, est bien la cause d'un surplus technique dans la production ; mais de ce surcroît de biens on ne peut déduire un excès de la valeur des produits achevés sur celle des éléments producteurs dont ils sortent.

Au surplus, si cette productivité technique pouvait être considérée comme l'élément causal de l'intérêt, il y aurait une certaine relation entre elle et le taux du profit. Plus la productivité augmenterait et plus le taux devrait s'élever. Or, c'est tout le contraire qui se produit. Les biens intermédiaires croissent constamment en puissance effective. Un navire à vapeur est plus productif qu'un navire à voile, un chalutier qu'un pêcheur au filet, un métier à tisser mû par la vapeur ou par l'électricité plus qu'un métier à la main, un fusil à répétition plus qu'un arc et des flèches, une pompe à vapeur qu'une pompe à bras. Néanmoins, nous avons assisté depuis de longues années à une baisse continue et régulière du taux de l'intérêt.

*
* *

A la conception de la productivité en dépit des vigoureuses attaques de M. de Bohm-Bawerk, se rattache une tentative toute récente d'explication de l'intérêt : celle de M. Landry [1]. L'idée de la productivité est, chez lui, à la vérité, un peu différente de l'idée classique ; c'est « cette loi qui veut que dans nombre d'entreprises on puisse obtenir un produit supplémentaire *plus utile* que la dépense ou le surcroît de dépense con-

[1] A. Landry, *L'intérêt du capital.* Paris, Giard et Brière, 1904.

senti ne serait utile si on le consentait pour accroître la consommation immédiate » ([1]).

L'intérêt découle en général de la productivité. Il y a une
productivité technique du capital. D'autre part, pour tous
les emplois où le capital est techniquement productif, il n'y
a pas assez de ces capitaux que leurs propriétaires peuvent
avancer sans aucune gêne. Dès lors, les avances techniquement productives ne seront pas toutes faites; et celles qui
seront faites seront économiquement productives (c'est-à-dire
productives de valeur plus grande que leur propre valeur);
elles rapporteront des intérêts ([2]).

Pour que l'intérêt des capitaux productifs apparaisse, dit
encore M. Landry, il faut qu'une condition se trouve réalisée,
à savoir qu'il ne soit pas indifférent aux hommes d'entrepren -
dre des productions instantanées ou d'en entreprendre qui
demandent du temps, que du moins toutes les avances techniquement productives ne puissent pas être faites sans aucun
sacrifice de la part des capitalistes. La rareté du capital est
la condition indispensable de l'apparition de l'intérêt, mais
cette rareté étant posée, c'est la productivité du capital —
dans bien des cas — qui pousse à capitaliser; c'est celle qui
donne naissance à l'intérêt ([3]).

Cette explication, quelques efforts qu'ait faits M. Landry
pour échapper à cette objection ([4]), contient, à notre avis, le
germe de mort de toutes les théories de la productivité. On
n'aperçoit pas le lien qui doit unir nécessairement, dans
toute explication de l'intérêt, la productivité technique à la
productivité économique — d'ailleurs indémontrable — du

([1]) P. 146.
([2]) P. 217.
([3]) P. 84 et suiv.
([4]) Chap. II, §§ 32 à 38.

capital. Et cela tient en outre à une analyse défectueuse chez
M. Landry de la notion fondamentale de valeur (¹).

Au demeurant, M. Landry ne se contente pas d'une explication unique. L'idée de la productivité est décomposée de
telle façon que six raisons expliquent pourquoi le capital produit son revenu (²) (c'est la première face du problème). Si
l'on demande ensuite pourquoi le prêteur peut exiger l'intérêt (c'est la deuxième face du problème), c'est que les capitaux qui peuvent être avancés sans demander de rémunération sont rares et cette rareté est aussi décomposée en quatre
raisons (³). En sorte que si l'on veut savoir combien pour les
cas individuels fournis par l'expérience il y a d'explications
possibles de l'intérêt, il y en a 62 × 17 soit 1054.

III. *Conclusion.*

En résumé, ce qui est partagé, ce qui constitue la base de
la répartition entre les divers éléments collaborants de la
production, ce n'est pas le produit lui-même, c'est sa
« valeur ». C'est donc sur le terrain de la valeur que doit en
définitive se poser le problème de l'intérêt, et c'est là qu'il
convient de chercher sa solution. Or, la valeur ne sort pas
de la production comme le fleuve sort de sa source, comme
le blé sort de la terre. C'est là, en effet, un préjugé ancien,
introduit dans la science économique par les Physiocrates
avec leur conception de la « productivité exclusive de l'agriculture » demeuré vivace malgré les attaques dont il fut
l'objet dans la suite. L'industrie, le commerce, pas plus que
l'agriculture, ne produisent de la valeur, mais donnent nais-

---

(¹) V. *passim* et notamment p. 72.
(²) Chap. III, p. 39 et suiv. Pourquoi le capital obtient un intérêt.
(³) Chap. II, p. 63 et suiv. Pourquoi le capital exige un intérêt.

sance à des formes particulières de la matière, à des incarnations particulières de l'énergie, susceptibles d'assurer la satisfaction des besoins humains.

La valeur leur vient ensuite de la forme même des rapports économiques, notamment des relations entre producteurs et consommateurs.

Quant à la productivité du capital, elle se réduit en définitive, comme celle des Physiocrates, à une productivité purement physique ou technique ; elle n'aboutit qu'à un rendement brut.

S'ensuit-il cependant que l'intérêt n'ait rien à compter avec elle ? Incontestablement non. Comme le proclame M. de Bohm-Bawerk lui-même, qu'on ne peut soupçonner de tiédeur à l'égard de cette théorie, l'intérêt a quelque chose à voir avec le rendement plus considérable de la production capitaliste. Nous verrons plus bas l'usage qu'il fait de cette idée dans sa propre explication.

Une chose demeure bien certaine, quoi qu'il en soit ; c'est la productivité des capitaux qui détermine, dans une certaine mesure, la demande de ces éléments de production. Nous serons amenés à constater un peu plus tard que l'entrepreneur a le choix souvent, pour ses coefficients de production, entre une augmentation, soit de la main-d'œuvre, soit des biens instrumentaux et que son attitude est déterminée, à l'égard de ces deux éléments compétiteurs, par leur prix sans doute, mais conjugué avec leur productivité technique relative.

CHAPITRE II

LA THÉORIE DE L'ABSTINENCE [1]

Cette théorie fut sinon inventée par l'Anglais Senior, du moins édifiée par lui en système cohérent. Depuis, elle a été acceptée plus ou moins pleinement par un nombre assez considérable d'auteurs, parmi lesquels nous pouvons citer : James Mill, Mac Culloch, Cairnes, Bastiat, Rossi, Molinari, J. Garnier, Cauwès, Schæffle et Wagner, le professeur Marshall, etc.

Comme pour la théorie de la productivité, nous laisserons à M. de Bohm-Bawerk le soin d'exposer et de réfuter en détail chacune des formules que la théorie a trouvées chez les auteurs qui l'ont admise. Nous nous contenterons d'analyser l'idée même de l'abstinence, de rechercher la part de vérité qu'elle contient et ce qu'on en peut utiliser pour la solution du problème de l'intérêt.

L'idée de la productivité se plaçait surtout au point de vue de la demande des capitaux. C'est parce que le capital rend des services qu'on se préoccupe de l'obtenir ; c'est parce que grâce à lui le coton, par exemple, peut être filé et tissé plus aisément qu'avec la main seule, ou que l'eau peut être conduite avec plus d'abondance ou de rapidité au point où l'on en a besoin, qu'avec la main aidée d'un baquet ou d'un seau.

L'idée de l'abstinence, au contraire, se place du côté de

---

[1] V. Bohm-Bawerk, *op. cit.*, IX, chap. I, La théorie de l'abstinence, p. 344 et suiv., et chap. X, Les théories du travail, p. 374 et suiv., et aussi t. II, l'Appendice.

l'offre du capital, ou plutôt de l'épargne, que les entrepreneurs transformeront en capitaux, soit par des relations d'échange avec d'autres entrepreneurs, en achetant ou en louant à ces derniers, outils, machines, matières premières, soit en produisant eux-mêmes ces moyens et objets de production, comme font certaines compagnies de navigation, qui fabriquent elles-mêmes leurs bateaux dans leurs chantiers et ateliers.

L'une n'envisage que l'emprunt à la production, celle-ci que le prêt, l'une que l'intérêt du capital, celle-ci que le loyer de l'épargne, l'une que les efforts, l'action des capitaux, celle-ci que les efforts et les peines des capitalistes.

En examinant la théorie de M. de Bohm-Bawerk, nous avons vu comment naissait le capital au sens social, comment se formaient outils et machines. Nous avons pu constater que c'était le travail, empruntant à la « nature » la matière de son action, et vivifié par l'esprit d'invention, qui lui donnait naissance. Mais ce que nous avons observé là, c'est sa formation technique ou physique, ce que nous avons constaté seulement, ce sont les efforts des spécialistes inventeurs ou constructeurs. Nous avons, en définitive, abstrait la production et les divers processus qui s'y greffent du milieu économique où elle se manifeste, nous nous sommes placé dans une société rudimentaire et primitive.

Mais il y a d'autres éléments nécessaires à la formation des capitaux que le travail, la nature et l'esprit d'invention. L'exemple célèbre de Roscher que nous avons cité au chapitre précédent les met pleinement en lumière. Si le sauvage ingénieux dont il parle ne s'était pas privé de consommer les trois poissons de sa pêche quotidienne pendant cent jours et n'avait mis de côté, chaque jour, un poisson (ce qui lui donne à la fin cinquante jours de loisir complet), il eût été dans

l'impossibilité absolue de réaliser son invention. Les biens
que l'on s'est abstenu de consommer, et qui sont nécessaires
pour atteindre les premiers résultats du capital que l'on
forme, sont donc un élément indispensable de son existence.

Si nous transportons dans nos sociétés modernes l'exemple
si clair de Roscher, que voyons-nous?

Ceux qui forment les capitaux, les entrepreneurs, ne sont
pas ceux qui font, en général, le sacrifice dont parle l'économiste allemand. La division du travail et le progrès économique ont permis de faire concourir à cette œuvre la plupart des hommes, les plus humbles comme les plus opulents.
Cette contribution se manifeste non plus par la prestation de
poissons économisés, ou pour mieux dire de ces approvisionnements de consommation dont parle Stanley-Jevons et qui
permettent aux inventeurs et à leurs aides, les travailleurs,
d'attendre jusqu'à la fin du procès entrepris, mais sous forme
de monnaie. C'est là l'épargne proprement dite, et si, en
définitive, chacun peut concourir à la formation du capital
social, c'est par son intermédiaire.

Ce que les particuliers constituent aujourd'hui, ce ne sont
pas des « capitaux », c'est purement et simplement de l'épargne, condition ultérieurement indispensable à la formation
des moyens et objets de production, mais non élément unique de cette formation.

L'épargne est le résultat d'un choix que nous faisons entre
une consommation immédiate et une consommation différée.
Comme les hommes aiment en général mieux les biens présents que les biens, dont ils doivent jouir seulement dans
l'avenir, ce choix implique un sacrifice, une peine. C'est cette
peine que l'on nomme abstinence (d'autres disent « attente »,

Dugarçon   7

waiting), et c'est elle qui explique, dans la pensée des théoriciens que nous avons nommés, le phénomène de l'intérêt. Celui-ci n'est autre chose que la rançon de cette peine, l'indemnité pour ce sacrifice, la rémunération de cette attente.

A cette peine s'ajoutent les efforts faits pour accumuler, conserver et gérer cette épargne, en un mot, pour la transformer en « placement ». Nous avons vu que ce travail trouvait déjà son indemnisation dans cette partie du faux intérêt que nous avons appelée « frais d'administration ».

En résumé, l'abstinence est la source de l'épargne. C'est le « placement » qui la transforme en « capital individuel »; ce sont l'entrepreneur et la production qui la transforment en « capital social ».

*
* *

Il y a longtemps que cette idée de l'abstinence de l'épargnant a aiguisé la verve moqueuse des socialistes, a suscité les coups de boutoir d'un Marx ou les fines railleries d'un Lassalle.

Pour éviter ce conflit dans l'âme du capitaliste, dit le premier, du penchant à l'accumulation et du penchant à la jouissance, Malthus proposait le moyen de diviser le travail entre le capitaliste qui exploiterait la plus-value et une classe de riches oisifs, propriétaires fonciers, magistrats, hauts fonctionnaires, tous associés du capitaliste dans ce partage de la plus-value, qui dépenseraient. La dispute fut interrompue par la révolution de Juillet, et on vit régner en France le Saint-Simonisme et le Fouriérisme, tandis qu'en Angleterre florissait l'Owénisme. Senior propose une doctrine destinée à sauver la société. « Cette doctrine fut révélée au monde, dit Marx, par M. W. Senior juste un an avant qu'il découvrit, à Manchester, que d'une journée de travail de douze heures, c'est la douzième et dernière heure seulement qui fait naître le profit, y compris l'intérêt. Pour moi, déclarait-il solennellement, je substitue au mot « capital », en tant qu'il se rapporte à la production, le mot « abstinence ». Rien qui vous donne comme cela une idée des « découvertes » de l'économie politique vulgaire! Elle remplace les catégories économiques par des phrases de Tartufe, voilà tout. Quand le sauvage, nous apprend Senior, fabrique des arcs, il exerce une industrie, mais il ne pratique pas l'abstinence. Ceci nous explique parfaitement pourquoi et comment, dans un temps moins avancé que le nôtre, tout en se passant de l'abstinence, on ne s'est pas passé d'instruments de travail. Plus la société marche en avant, plus elle exige d'abstinence, notamment de ceux qui exercent l'industrie de s'approprier les fruits de l'industrie d'autrui. Les conditions du procès se transforment tout à coup en autant de pratiques d'abstinence du capitaliste, supposé toujours que son ouvrier ne s'abstienne point de travailler pour lui...

» Si le blé non seulement se mange, mais se sème, abstinence du capitaliste; si l'on donne au vin le temps de fermenter, abstinence du capitaliste! le capitaliste se dépouille lui-même quand il « prête » ses instruments de production aux travailleurs, en d'autres termes, quand il les fait valoir comme capital, en leur incorporant la force ouvrière, au lieu de manger tout crus, engrais, chevaux de trait, coton, machines à vapeur, chemin de fer, etc., ou, d'après l'expression naïve des théoriciens de l'abstinence, au lieu d'en dissiper la valeur en articles de luxe.....

» Bref le monde ne vit plus que grâce aux mortifications de ce moderne pénitent de Wichnou, le capitaliste... La simple conservation d'un capital exige un effort constant pour éviter de le consommer. Il faut donc avoir renoncé à toute huma-

nité pour ne pas délivrer le capitaliste de ses tentations et de
son martyre de la même façon qu'on en a usé récemment
pour délivrer le planteur de la Géorgie de ce pénible dilemme :
faut-il joyeusement dépenser en champagne ou en articles de Paris tout le produit net obtenu à coups de fouet de
l'esclave nègre, ou bien en convertir une partie en terre et
nègres additionnels » (¹).

Après Senior, c'est à Roscher que s'attaque Marx : « Maître
Wilhelm Thucidyde Roscher est vraiment impayable ! Il découvre que si la formation d'une plus-value et l'accumulation
qui en résulte sont dus aujourd'hui « à l'épargne et à l'abstinence » du capitaliste, ce qui l'autorise à exiger des intérêts,
« dans un état de civilisation inférieure, au contraire, ce sont
les faibles qui sont contraints par les forts à économiser et
à s'abstenir ».

» A s'abstenir de travailler, ou à économiser un excédent de
produits qui n'existe pas ? Ce qui entraîne les Roscher et
consorts à traiter comme raison d'être de la plus-value les
raisons plus ou moins plausibles par lesquelles le capitaliste
cherche à justifier son appropriation de toute plus-value
créée, c'est évidemment, outre une ignorance candide, l'ap-
préhension que leur cause toute analyse consciencieuse et
leur crainte d'arriver, malgré eux, à un résultat qui ne satisferait pas la police.

» Senior avait découvert, contrairement à la doctrine de
Ricardo, suivant laquelle la valeur est déterminée par le
temps de travail, que le profit provient du travail du capitaliste et l'intérêt de son abstinence. La bourde était vieille,
mais le mot nouveau. Maître Roscher l'a assez bien traduit et
germanisé par le mot « Enthaltung » qui a le même sens.

(¹) K. Marx, *Le capital*, I, ch. XXIV, § 3. Division de la plus-value en capital
et en revenu. *Théorie de l'abstinence,* p. 259 et suiv. — Notamment p. 261.

Ses compatriotes moins frottés de latin, les Wirth, les Schulze et autres Michel, l'ont vraiment encapuchonné. L'abstinence « Enthaltung » est devenue *renoncement* « Entsagung » ([1]).

Après l'ironie un peu lourde et brutale de Marx l'étincelante malice de Lassalle ([2]).

Il nous montre les grands banquiers avec leurs femmes et leurs filles à l'opéra et se demande s'ils ont le « visage amaigri par les privations ». « Le profit du capital, s'écrie-t-il, est le salaire de l'abstinence. Heureux, inestimable mot ! Les millionnaires européens sont des ascètes, des derviches indiens, des saints canonisés. Ils se tiennent sur une colonne, la mine pâle, le corps penché, le bras tendu pour présenter le plateau dans lequel ils recueillent le salaire de leurs privations. Au milieu d'eux et les dépassant tous, on voit Rothschild, le chef des pénitents et des abstinents. Tel est l'état social, comment ai-je fait pour le méconnaître ? »

*
* *

Ce qu'il y a de vrai dans les attaques de Marx et de Lassalle et ce qui a fait leur succès et leur retentissement, observe M. de Bohm-Bawerk, c'est que l'existence et l'importance de l'intérêt ne correspond pas toujours à l'existence et à l'importance de la privation. On obtient souvent de gros intérêts sans une abstinence appréciable. Par contre, on reçoit fréquemment de faibles intérêts pour une privation très pénible. Le franc qu'un domestique économise péniblement pour le mettre à la caisse d'épargne rapporte, au point de vue absolu comme au point de vue relatif, des intérêts moindres que ceux des millions facilement épargnés qu'un financier fait rapidement fructifier à la Bourse. Ce sont là,

([1]) Karl Marx, *Le capital*, I, p. 98, note 1, 1re colonne.
([2]) Lassalle, *Capital et travail*.

ajoute M. de Bohm-Bawerk, des phénomènes peu en accord avec une théorie qui considère l'intérêt comme étant toujours le salaire de l'abstinence ([1]).

Cette réfutation ne satisfait pas, à bon droit pensons-nous, l'auteur de l'*Histoire critique*.

Si l'on admet, dit-il, que les frais ou sacrifices déterminent la valeur des biens, nous savons que, quand les diverses parties de l'offre sont amenées sur le marché à des prix inégaux, c'est toujours celui jusqu'auquel il faut monter pour assurer le ravitaillement du marché, qui détermine le prix général et uniforme qui s'y pratiquera. Il arrive alors, comme pour le phénomène de la rente, que les producteurs ayant amené leurs marchandises, avec des frais moindres que les cours, sont comparativement plus rémunérés que leurs concurrents moins avantageusement placés. « La disproportion entre les intérêts prélevés par les millionnaires et la ridicule privation qu'ils ont dû s'imposer peut être très frappante, mais pour le théoricien, elle n'est pas plus étonnante qu'un autre fait bien connu » ([2]).

M. de Bohm fait donc une analyse profonde de la pensée de Senior et parvient à découvrir que l'économiste anglais a commis une erreur de logique et a compté deux fois, en mettant en ligne de compte à la fois comme exigeant chacun une rémunération particulière, d'une part, le travail nécessaire à la formation du capital et, d'autre part, l'abstinence qui consiste à ne pas consommer les éléments qui lui sont indispensables. La formation du capital exige des capitalistes un sacrifice réel consistant dans la remise de la jouissance,

---

([1]) Bohm-Bawerk, *op. cit.*, I, p. 353.

([2]) Dans la 1re édition allemande de « *Gœschischle und Kritik*, l'auteur accordait assez de valeur à l'objection des socialistes ; les observations de Loria, de Macfarlane, de Marshall, lui ont fait modifier sa pensée sur ce point. V. Bohm-Bawerk, *op. cit.*, I, p. 354 (note).

sacrifice qui forme, à côté du travail, un élément indépendant des frais de production.

Or affirmer cela est contraire aux lois de la logique. Il faut
voir avec quelle habileté et quelle lucidité, avec quelle floraison d'exemples ingénieusement choisis, M. de Bohm-Bawerk fait apparaître cette erreur au fond des raisonnements
de Senior et de ses successeurs (¹).

* * *

En somme, quoi qu'il en soit, l'abstinence et l'intérêt demeurent deux phénomènes conjugués.

D'une part, l'abstinence est liée à l'intérêt en ce que ce
dernier est devenu l'un des plus puissants stimulants de la
capitalisation.

De telle sorte que si l'on peut dire avec raison que l'intérêt
est, dans un certain sens, la conséquence de l'abstinence, puisqu'il est la conséquence de l'épargne, il en est devenu aussi
une cause efficiente (²). C'est incontestablement à l'intérêt que
la société est redevable en partie de l'accumulation formidable de ses réserves.

Il n'est que trop juste de constater que bien des gens épar-
gneraient encore si l'intérêt n'existait pas, tout comme beaucoup travailleraient encore, même sans salaire, et tout comme
le capital se formerait encore si l'intérêt tombait à un taux
plus bas (³).

(¹) Bohm-Bawerk, op. cit., I, p. 347 et s., II, p. 207 et s.

(²) Il y a là un ensemble d'actions et de réactions, un exemple d'interdépendan-
ces de phénomènes analogues à ceux que nous rencontrerons plus d'une fois au
cours de cet ouvrage.

(³) M. Landry s'est livré à une analyse rigoureuse des causes qui peuvent déterminer les hommes à épargner, même sans attendre aucun intérêt et aucune
plus-value. C'est toutes les fois que nous devons nous attendre à une diminution
de nos ressources ou à une augmentation de nos besoins. Il y a là une précision
ingénieuse et nouvelle de l' « instinct de prévoyance ». — V. pour les développements Landry, L'intérêt du capital, chap. II, § 18 et s.

Il y a donc intérêt, parce qu'il y a eu une épargne constituée, parce qu'il y a eu abstinence. Mais on ne peut pas conclure que cette dernière est la « cause » de l'intérêt. Nous
aboutissons ici à des conclusions analogues à celle à laquelle
nous avons été amené au chapitre précédent.

De même que la valeur ne sort pas de la production, comme
le blé sort de la terre, de même l'intérêt n'est pas issu de
l'abstinence, à la façon d'un fleuve qui sort de sa source, une
conséquence de son principe. S'il est indispensable qu'il y ait
production de biens pour que naisse le rapport de valeur, de
même il est indispensable qu'il y ait des richesses épargnées
pour que le phénomène de l'intérêt se manifeste. Dès lors, si
la valeur a quelque chose à voir avec la production matérielle du bien qui amène la naissance des choses utiles, l'abstinence, qui fait naître l'épargne, a aussi quelque chose à faire
avec le phénomène de l'intérêt.

En un mot, de même que la production est une condition
nécessaire et indispensable de l'apparition de la valeur, de
même l'abstinence est la condition nécessaire de l'épargne,
par suite de l'intérêt.

Mais ce n'est pas la condition unique; il faut aussi le capital et l'esprit d'invention. La théorie de l'abstinence, comme
la théorie de la productivité, traîne après elle une part considérable de ce préjugé que la valeur sort de la production.
Seulement, au lieu de rechercher l'origine de la valeur plus
grande des produits auxquels conduit la production à l'aide
du capital, dans les incidents techniques de la mise en action
de ce dernier, elle a reculé d'une façon très intéressante et
très ingénieuse le problème, en cherchant cette origine dans
les incidents techniques qui accompagnent sa formation. Et
voilà pourquoi elle a aussi manqué son but.

CHAPITRE III

LA THÉORIE SOCIALISTE [1]

Le « Capital » de Marx est le livre saint du socialisme moderne ; il a, des ouvrages sacrés, l'incohérence, l'obscurité et les contradictions. Au reste, les analogies entre le socialisme moderne et les religions et en particulier avec le Christianisme primitif sont assez nombreuses et frappantes. M. Novicow en a indiqué les principales et les plus importantes [2]. Pendant que la secte s'organise (pour en citer une qui nous intéresse plus particulièrement en ce moment), sa doctrine s'élabore. De nombreux écrits se mettent à circuler. Il n'y a plus qu'à choisir parmi eux le livre qui a la notoriété la plus grande, une notoriété plus particulière, le livre « canonique », le livre sacré. De même que l'Eglise chrétienne, au IIe et au IIIe siècles, choisit parmi les nombreux évangiles qui circulaient, ceux dits de Mathieu, de Marc, et de Jean et les déclara seuls inspirés par Dieu, de même, de nos jours, le socialisme choisit les écrits de Karl Marx et affirme qu'ils forment la vraie doctrine économique.

[1] On l'appelle aussi théorie de l'exploitation. — V. Bohm-Bawerk, *op. cit.*, II, p. 1 et s.

[2] J. Novicow. Le Christianisme primitif et le Socialisme moderne, *La Revue* (ancienne. Revue des Revues), janvier 1904, p. 21 et s.

C'est donc d'après le « Capital » que nous examinerons la doctrine socialiste de l'intérêt; c'est d'ailleurs dans ce livre qu'elle a acquis toute son ampleur (¹).

§ I. *Exposition.*

Pour Marx, l'intérêt stipulé du prêt a sa raison nécessaire et suffisante dans l'existence de la plus-value capitaliste dont il constitue une part importante. La masse totale du profit se divise en deux parts, l'intérêt et le profit de l'entrepreneur. Pour exposer complètement la théorie marxiste de l'intérêt, il faut donc envisager :

1° La production de la plus-value;

2° Sa répartition.

(¹) Le premier volume du « Capital », le seul qui ait revêtu sa forme dernière de la propre main de Karl Marx, parut à Berlin en 1867. Les autres volumes furent écrits, après la mort du maître, par son ami Friedrich Engels, sur les notes manuscrites que Marx avait laissées et dont la maladie et la mort (1883) avait interrompu la rédaction définitive. Le deuxième volume, conforme au premier pour la doctrine, est intitulé *Le Capital, Critique de l'Economie politique,* avec en sous-titre, livre II, *Le Procès de circulation du capital;* il parut à Berlin en 1885. Il a été traduit en français à l'Institut des sciences sociales de Bruxelles par MM. J. Borchardt et H. Vanderrydt, et publié par la maison Giard et Brière (Paris, 1900). Le IIIe volume, assez peu conforme aux deux premiers, est intitulé comme eux, *Le Capital, Critique de l'Economie politique,* mais porte en sous-titre, livre III, *Le Procès d'ensemble de la production capitaliste.* Il a paru en allemand en 1894, et a été traduit en français comme le IIe volume, à Bruxelles, par les mêmes auteurs, et publié à Paris, en deux tomes, chez les mêmes éditeurs, le tome I en 1901 et le tome II en 1902. Dans la préface du IIIe volume, Engels annonçait qu'il travaillerait, quand il le pourrait, à la publication du IVe volume consacré à l'histoire des théories de la plus-value. La mort l'a empêché de mettre ce projet à exécution. C'est par les soins de Karl Kautsky, le conservateur en chef de la pure doctrine marxiste, que la dernière œuvre du maître verra le jour.

Les citations que nous serons amené à faire de l'œuvre de Marx, nous les ferons en ce qui concerne le premier volume, d'après la traduction française de J. Roy, (Maurice Lachâtre, éditeur, 1872), faite sur la première édition allemande; en ce qui concerne les autres volumes du *Capital,* d'après la traduction française de l'Institut des sciences sociales de Bruxelles que nous avons mentionnée ci-dessus.

I. *Production de la plus-value capitaliste.*

Une querelle non encore vidée entre les Marxistes et les Rodbertistes existe sur le point de savoir lequel de Marx ou de Rodbertus a eu la priorité dans la découverte du principe de la plus-value. D'après « une accusation qui, lancée d'abord sourdement par quelques voix isolées, a pris de la consistance après la mort de Marx et a été posée en Allemagne comme fait acquis par des socialistes de la chaire et des socialistes d'Etat, Marx aurait plagié Rodbertus » (¹).

Engels proteste contre une semblable accusation dans la préface de l'édition allemande (Traduct. Bernstein et Kautsky, de la *Misère de la Philosophie,* réponse à la *Philosophie de la Misère,* de Proudhon). Il s'élève de nouveau contre elle dans la préface du volume II du « Capital » (²).

Il pose tout d'abord la question, qui se réduit, comme nous l'avons indiqué, à celle de savoir lequel des deux de Marx ou de Rodbertus a trouvé, le premier, l'idée et l'explication de la naissance de la plus-value. Engels affirme, d'une part, que Marx ne connaissait, au moment où fut conçue la *Critique de l'économie politique,* aucun écrit de Rodbertus. D'autre part, ajoute-t-il avec juste raison, à quoi bon reprocher à Marx de prendre à Rodbertus ce qui est au long et au large dans Ad. Smith et Ricardo ?

On a souvent montré combien Karl Marx devait à leurs théories, mais on a surtout coutume de rattacher à ces deux grands penseurs de la Grande-Bretagne, l'invention de la théorie ramenant la valeur des biens au travail, doctrine qui forme la base principale du système marxiste.

(¹) Engels, préface du vol. II du *Capital,* p. vi.

(²) D'après Anton Menger, Marx et Rodbertus auraient emprunté leurs théories les plus importantes à des écrivains antérieurs, anglais et français et en particulier à Thompson. — V. Bohm-Bawerk, *op. cit.,* II, p. 6 et 7.

« L'humanité capitaliste, dit Engels, qui produit de la plus-value depuis des siècles, est arrivée, petit-à-petit, à en concevoir l'origine. La première explication découle de l'observation immédiate de la pratique commerciale; la plus-value est une somme ajoutée à la valeur du produit. Cette théorie fut celle de l'école mercantile et bien que déjà James Stuart fît remarquer que l'un doit nécessairement perdre ce que l'autre gagne, elle se maintint assez longtemps, surtout auprès des socialistes » (¹).

Smith et Ricardo devaient réagir contre cette tendance. C'est ce qu'affirment Marx et Engels.

On connaît les phrases très courtes en lesquelles Smith a posé le prétendu principe de la valeur due au travail.

« Le vrai prix de toute chose, dit-il, ce que toute chose coûte vraiment à celui qui désire l'acquérir, c'est la peine et la difficulté de son acquisition. Ce que toute chose vaut réellement pour celui qui, l'ayant acquise, désire l'aliéner ou l'échanger contre autre chose, c'est la peine et la difficulté qu'elle peut épargner ou rejeter sur d'autres » (²).

« Dans l'état primitif et grossier de la société qui précède l'accumulation des capitaux et l'appropriation de la terre et du sol, — dit encore Ad. Smith, — les rapports existant entre les quantités de travail nécessaires à la production des divers objets *semblent* avoir été l'unique circonstance capable de servir de base à l'échange de ceux-ci. Si dans une tribu de chasseurs, par exemple, il faut deux fois plus de travail pour tuer un castor que pour abattre un cerf, un castor doit *naturellement* coûter deux cerfs. Il est naturel que le produit ordinaire de deux jours ou de deux heures de travail vaille deux fois plus que celui d'un jour ou d'une heure » (³).

(¹) Préface du IIᵉ volume du *Capital*, p. IX.
(²) *Richesse des nations,* liv. I, chap. V.
(³) *Richesse des nations,* liv. I, chap. XVI.

Ces simples propositions, fait observer M. de Bohm-Bawerk, ne prouvent pas grand'chose, touchant le phénomène de la valeur. D'une part, en effet, elles sont contredites par d'autres. Par celle-ci, par exemple : « dans l'agriculture, la nature travaille avec l'homme et les produits de cette dernière, quoique ne coûtant rien, ont autant de valeur que ceux de l'ouvrier le mieux rémunéré » (¹). D'autre part, on chercherait en vain à ces affirmations une démonstration quelconque. Le premier passage renferme tout autre chose qu'un principe fondamental, scientifiquement établi. Il n'est pas évident par lui-même, il n'est appuyé d'aucune preuve, il affecte la forme vague d'un simple dicton et renferme même une contradiction (²). Le second passage n'est pas plus probant.

En somme, Smith a énoncé comme un axiome, sans aucune démonstration, que le travail est le principe de la valeur.

Ricardo reprend et développe les propositions contenues dans la *Richesse des nations*, à l'état de germe plutôt qu'à l'état de théorie définie, mais il le fait d'une manière telle qu'on ne peut le considérer, non plus, comme ayant fait du travail le principe général exclusif de la valeur des biens.

Il débute en effet, dans ses *Principles*, fait remarquer encore M. de Bohm, par cette explication formelle : La valeur d'échange des biens provient de deux sources : leur rareté et la quantité de travail nécessaire à leur production. Certains biens, par exemple les statues et les tableaux rares, tirent exclusivement leur valeur de la première source. C'est seulement la valeur des biens qu'on peut reproduire indéfiniment qui est déterminée par la quantité de travail nécessaire à leur production.

« Je considère le travail, dit-il, comme la source de toute

(¹) *Ibidem*, liv. II, chap. V.
(²) Bohm-Bawerk, *op. cit.*, II, p. 84.

valeur et sa quantité relative comme la mesure qui règle, presque exclusivement, la valeur relative des marchandises » (¹). On sait à l'aide de quel processus dialectique Ricardo en est arrivé à cette conclusion. C'est au cours de ces raisonnements qu'il édifia sa fameuse théorie de la rente foncière.

Cependant, pour les biens qu'on peut reproduire indéfiniment et qui, pour Ricardo, constituent l'immense majorité, il se voit obligé de faire une nouvelle restriction : il doit admettre que leur valeur n'est pas exclusivement déterminée par le travail, et que le laps de temps qui s'écoule, entre les avances de travail et la réalisation du produit final, joue aussi un rôle important (²).

Ricardo, ces réserves une fois faites, considère donc que la valeur des marchandises est déterminée par la quantité de travail réalisée en elles, et il en déduit que la quantité de valeur, que ce dernier ajoute à la matière, est partagée sous forme de salaire et de profit entre les ouvriers et les capitalistes.

Si l'on en croit Marx, Smith aussi aurait su quelle était la source de la plus-value. Voici quelques passages que Marx cite lui-même et commentés par lui, qui ne laisseraient guère de doute à cet égard.

« Aussitôt qu'il y aura des capitaux accumulés dans la main de quelques particuliers, certains d'entre eux emploieront naturellement ces capitaux à mettre en œuvre des gens industrieux, auxquels ils fourniront des matériaux et des subsistances, afin de faire un profit sur la vente de leurs produits ou sur ce que le travail de ceux-ci ajoute de valeur aux matériaux... La valeur que les ouvriers ajoutent à la matière se résout alors en deux parties, dont l'une paie leurs salaires et

---

(¹) Ricardo, *Principles of political Economy*, chap. I, sect. II.
(²) Bohm-Bawerk, *op. cit.*, II, p. 81.

l'autre les profits que fait l'entrepreneur sur la somme des
fonds qui lui ont servi à avancer les salaires et la matière à
travailler...

   » Dans tous les métiers, dans toutes les fabriques, la plupart
des ouvriers ont besoin d'un maître qui leur avance la matière
du travail, ainsi que leurs salaires et leur subsistance jusqu'à
ce que leur ouvrage soit tout à fait terminé. Ce maître prend
une part du produit de leur travail ou de la valeur de ce travail ajouté à la matière à laquelle il est appliqué, et c'est
cette part qui constitue son profit » (1).

   En somme, la théorie de la plus-value était connue dans
ses éléments fondamentaux longtemps avant Marx et l'on avait
exposé que la plus-value consistait dans cette partie du produit
du travail qui est prélevée sans qu'on en paie l'équivalent. Les
socialistes trouvèrent que ce partage se faisait sur une base
injuste et cherchèrent des procédés plus ou moins utopiques
pour écarter cette iniquité. C'est alors, dit Engels, qu'inter-
vint Marx. « Il se mit en opposition directe avec ses précur-
seurs. Où ceux-ci avaient trouvé une solution, il vit un problème... Pour savoir ce qu'était la plus-value, il dut rechercher ce qu'est la valeur et faire avant tout la critique de la
théorie de Ricardo » (2).

* *
*

   Ricardo, ou tout au moins Smith, s'étaient contentés d'affirmer, comme un axiome à peu près évident par lui-même, que
le travail était la source de la valeur, sans faire suivre cette
proposition d'une démonstration formelle. Marx, au contraire,
s'est efforcé d'en fournir une.

(1) Ad. Smith, *Richesse des nations*, liv. I, chap. I et VIII. cité par Engels, préface du IIe vol. du *Capital*, p. x et xi.
(2) Engels, préface au IIe vol. du *Capital*, p. xviii.

On connaît le procédé purement logique, exclusivement
dialectique, qu'il a employé. C'est là une constatation singu-
lière pour un penseur qui a systématisé la conception matérialiste de l'histoire, de voir dégager la loi de la valeur, non
des faits eux-mêmes, mais de phénomènes purement men-
taux, d'un enchaînement rigoureux de syllogismes.

Le point de départ est l'analyse de la circulation des marchandises ([1]). Cette dernière ne crée pas la valeur. L'échange
fait simplement passer des valeurs identiques d'une main
dans une autre et réciproquement. Aucun des coéchangistes
ne perd ni ne gagne et l'opération peut se représenter sous
la forme d'une équation : x quintaux de blé $= y$ hectolitres
de vin.

« Dès lors pour que deux marchandises de nature et de
proportions différentes arrivent à valoir l'une autant que l'autre, il faut que toutes les deux contiennent en quantité égale
une substance commune commensurable ».

Quel est ce je ne sais quoi de commun, cet élément auquel
les deux choses sont réductibles en tant que « valeur
d'échange » ? Ce ne peut être une propriété naturelle, puisque
ce sont précisément les propriétés naturelles qui différencient
les marchandises. Ce n'est pas non plus l'utilité, car un
diamant, par exemple, d'une utilité si infime, ne pourrait s'é-
changer contre un nombre considérable d'hectolitres de blé.

« Hormis l'utilité, les marchandises n'ont qu'une seule autre
propriété commune, elles sont toutes les produits du travail
humain, leur création a nécessité une dépense de force humaine. La force-travail de l'homme est la force unique qui
crée les valeurs, et les marchandises ne sont réputées valeurs
que parce qu'elles contiennent du travail humain ».

([1]) K. Marx, *Le Capital*, I, chapitre I, § I, c. II, p. 13 à 18.

Comme le travail se mesure par sa durée, le temps de travail est donc la mesure de cette valeur.

Mais il y a travail et travail. Celui qui forme la substance de la valeur des marchandises est du travail égal et indistinct, une dépense de la même force, le travail moyen, normal « social ». « La valeur des marchandises est constituée, en définitive, par le quantum de travail socialement nécessaire à leur production, c'est-à-dire celui qu'exige tout travail exécuté avec le degré moyen d'habileté et d'intensité et dans des conditions qui, par rapport au milieu social donné, sont normales » (¹).

En un mot, la substance de la valeur c'est le « travail », la mesure de sa quantité c'est la « durée du travail ».

*
* *

C'est de cette loi de la valeur ainsi déduite logiquement que Marx va faire découler sa théorie de la plus-value. Comme Ricardo et Ad. Smith, il fait dépendre la valeur du travail, mais s'il s'en était tenu là, c'était ne rien expliquer du tout, car il eût fallu ensuite rechercher la source de la valeur du travail lui-même, ce qui revenait à s'enfermer dans un véritable cercle vicieux. Ce reproche ne peut atteindre Marx, qui fonde la valeur du produit sur la quantité de travail. Il ne parle pas et avec raison de la valeur du travail, cette expression étant pour lui un non-sens. Ce qui a une valeur, ce qui se vend, ce qui s'achète, c'est ou bien le produit du travail, ou bien la force de travail, laquelle est elle-même un produit particulier du travail. La force de travail ou la puissance de travail est « l'ensemble des facultés physiques ou intellectuelles qui existent dans le corps d'un homme, dans sa per-

(¹) Le *Capital,* I, p. 15, col. 1.

Dugarçon   8

sonnalité vivante et qu'il doit mettre en mouvement pour produire les choses utiles ».

Si l'on ne peut donc parler de la valeur du travail, pas plus qu'on ne peut parler du poids de la pesanteur, ou de la température de la chaleur, on peut en revanche se demander quelle est la valeur de la force de travail.

*
* *

La circulation des marchandises ne crée aucune valeur, la somme de valeurs qu'on y jette ne peut s'y augmenter. La formule M—A—M montre qu'elle se décompose en deux actes distincts, vente et achat, argent — marchandises — argent. Un laboureur vend du froment pour 100 francs et achète des vêtements pour pareille somme.

A côté de cette formule il en existe une autre, A—M—A, l'inverse de la première, achat puis vente. C'est par exemple le tisserand qui achète du fil et revend de la toile. C'est de cette forme de circulation que naît le capital. Tout argent, dit Marx, qui dans son mouvement décrit le dernier cycle A—M—A se transforme en capital, devient capital, et est déjà par destination capital. Le mouvement A—M—A aboutit en somme à un échange d'argent contre argent par l'intermédiaire d'une marchandise (¹).

La différence la plus caractéristique entre les deux mouvements c'est que dans la forme M—A—M les deux termes ont la même forme économique : des valeurs d'usage de qualité différente, mais de même valeur. Dans la forme A—M—A, les deux termes ont aussi la même forme économique, ils sont argent l'un et l'autre et représentent tous les deux de la valeur, mais cette dernière n'est pas égale dans les deux. La véritable formule est donc A—M—A'(A' > A). Dans la première formule,

(¹) Marx, *Capital*, I, chap. II, chap. IV, chap. V.

M et M peuvent être inégaux par accident, tandis que A et A'
sont nécessairement inégaux. En effet, le tisserand ne s'amu-
sera jamais à revendre la toile au même prix qu'il a acheté
le fil. Ce n'est donc que par accident qu'il en est autrement.

Le dernier terme A' ne se distingue qu'en quantité de A,
et est immédiatement prêt à devenir le premier terme d'un
deuxième mouvement circulatoire. En un mot, et pour résumer la différence capitale entre la circulation simple de l'argent et la circulation capitaliste, la première aboutit à une
consommation, la seconde à un mouvement nouveau et sans
limite. Comme support de cet argent, le possesseur devient
capitaliste et il a pour but, non la thésaurisation, mais l'accroissement de sa richesse en circulation. Dans la forme
M—A—M, l'argent fonctionne comme monnaie, c'est-à-dire
comme une forme intermédiaire d'échange entre les valeurs.
Dans le mouvement A—M—A', l'argent et la marchandise fonc-
tionnent comme forme de la valeur, et cette valeur elle-même
s'accroît par sa propre vertu, et pond pour ainsi dire des
œufs d'or. La valeur capital a besoin d'une forme où elle
puisse se reconnaître; cette forme, c'est l'argent. C'est sous
cette forme argent qu'elle commence, continue et termine son
procédé de génération spontanée. Dès lors la définition du
capital peut résulter de ces explications. C'est de l'argent qui
pond de l'argent, monnaie qui fait des petits.

La formule A—M—A' est donc la formule du capital tant
industriel que commercial, elle se résume en style lapidaire
en A—A', argent qui vaut plus d'argent, valeur qui est plus
grande qu'elle-même.

*
* *

Ce qui distingue la circulation du capital de la circulation
simple, c'est en somme un ordre de succession inverse des
deux mêmes phases opposées; mais cet ordre inverse, com-

ment peut-il produire de si singuliers effets, transformer l'argent en capital, c'est-à-dire en argent capable d'engendrer de la plus-value? Notre possesseur d'argent qui n'est encore capitaliste qu'à l'état de chrysalide, doit d'abord acheter des marchandises à leur juste valeur, puis les vendre ce qu'elles valent et cependant, à la fin, retirer plus de valeur qu'il n'en avait avancé. Si nous examinons l'acte A—M, nous voyons qu'il y a un simple échange d'équivalents, que par conséquent la marchandise n'a pas plus de valeur échangeable que l'argent converti en elle. Si nous envisageons maintenant le deuxième acte M—A', la revente, la marchandise passe tout simplement de sa forme naturelle à la forme d'argent. L'accroissement ne peut provenir de l'argent, car il ne fait que réaliser le prix des marchandises qu'il achète ou qu'il paie. La plus-value doit donc venir de M.

Il doit donc y avoir sur le marché une marchandise dont la valeur usuelle possède la vertu particulière d'être source de valeur échangeable, de sorte que la consommer est réaliser du travail et par conséquent créer de la valeur. Or cette marchandise existe et c'est la force de travail.

Cette dernière a, en effet, pour valeur, la quantité de travail qu'exige sa production, c'est-à-dire la valeur des choses de première nécessité qu'il faut pour la produire, la développer, la maintenir et la perpétuer (¹). Le capitaliste l'achète librement à cette valeur. Et c'est maintenant, par la consommation de cette force de travail, en dehors de cette sphère bruyante où tout se passe à la surface et aux regards de tous, dans ce laboratoire secret de la production, que va s'accom-

---

(¹) C'est là cette fameuse « loi d'airain » des salaires. Formulée la première fois par Turgot, elle a été acceptée par l'école classique anglaise, à qui Marx l'a empruntée. Les collectivistes l'ont aujourd'hui à peu près abandonnée. — V. Gide, *op. cit.*, p. 452, note.

plir ce mystère d'iniquité, dont Marx va soulever les voiles :
la naissance de la plus-value.

* *

Le procès de production capitaliste aboutit à trois choses :

1° Conservation d'une valeur ;

2° Reconstitution d'une valeur ;

3° Création d'une valeur nouvelle (la plus-value).

C'est, en définitive, dans la possession du capital, dans la
possession des moyens et objets de production dont l'ouvrier
a été séparé au cours des siècles, que se trouve la source de
la plus-value.

Mais il faut ici distinguer ce que Marx appelle le capital
« constant » et le capital « variable ». Marx a substitué, en
effet, ces deux nouveaux termes aux anciennes expressions de
capital fixe et de capital circulant.

Le capital constant, c'est la partie du capital qui se transforme en moyens et objets de production, c'est-à-dire en
matières première, en matières auxiliaires, instruments de
travail. Ces biens ne produisent aucune plus-value et trans-
mettent simplement au produit autant de valeur qu'ils en
perdent, sans pouvoir jamais lui en ajouter plus qu'ils n'en
possèdent eux-mêmes. De là leur nom de capital constant (¹).

(¹) Le capital constant se divise en deux parties : le capital fixe et le capital
circulant. Une partie, en effet, du capital avancé (outils, machines), une fois entrée
dans le procès de production n'en sort plus ; elle y est fixée. La valeur qu'elle trans-
fère est en raison de sa durée totale. Une valeur partielle du moyen de production
circule par fractions, l'autre partie demeure fixée. En somme, le capital constant
transmet sa valeur graduellement, petit à petit, par doses successives. L'autre
partie du capital constant (capital circulant), transmet sa valeur tout d'un coup et
doit se renouveler au fur et à mesure. Le capital fixe dure donc plus que le capital
circulant ; une fraction en reste toujours dans la sphère de la production. Sa valeur
est avancée en une fois et s'en va graduellement. Enfin les éléments du capital
fixe persistent pendant toute la durée de son fonctionnement, tandis que les élé-

Pendant que le travail productif transforme les moyens de production en éléments formateurs d'un nouveau produit, leur valeur est sujette à une espèce de métempsychose. Elle va du corps consommé au corps nouvellement formé. Mais cette transmigration s'effectue à l'insu du travail réel. Le travailleur ne peut pas ajouter un nouveau travail, créer par conséquent une valeur nouvelle, sans conserver des valeurs anciennes, car il doit ajouter ce travail sous une forme utile, et cela ne peut avoir lieu sans qu'il transforme des produits en moyens de production d'un produit nouveau, auquel il transmet par cela même leur valeur. La force de travail, le travail vivant a donc la propriété de conserver la valeur en ajoutant de la valeur (chap. VIII).

Le capital variable, c'est la partie du capital argent transformée en force do travail. Elle change de valeur dans le cours de la production. Elle reproduit son propre équivalent et de plus un excédent, une plus-value qui peut elle-même varier et être plus ou moins grande. Cette partie du capital se transforme sans cesse de grandeur constante en grandeur variable.

Supposons maintenant, avec Marx, qu'il faille six heures de travail pour produire la quantité moyenne de choses nécessaires chaque jour à un travailleur. Si ces six heures de travail moyen équivalent à une quantité d'or de 5 francs, c'est à ce prix qu'il vendra sa force de travail au capitaliste. Ce dernier, en achetant la force de travail de l'ouvrier et en la

---

ments du capital circulant se renouvellent. — Marx, *Capital*, II, chap. VIII. — Cf. *Capital*, I, chap. VIII. — Les Economistes, ajoute Marx, ont à tort assimilé capital fixe à capital constant, et capital circulant à capital variable. La distinction entre ces deux termes fut nettement et très justement posée par les Physiocrates. Dans l'œuvre de Quesnay cette différence apparaît sous la forme de distinction entre les avances primitives et les avances annuelles. Ce furent Ad. Smith et Ricardo qui la faussèrent et l'erreur s'est depuis transmise à leurs successeurs. — Marx, *Capital*, II, chap. X et XI.

payant à sa valeur, a acquis le droit de consommer et d'employer la marchandise achetée; il a donc acquis le droit de s'en servir durant toute la journée. S'il fait travailler le fileur, par exemple, 12 heures, ce dernier produira pendant les 6 premières heures son salaire ou la valeur de sa force de travail, et pendant les 6 autres du « surtravail » qui se réalisera en une plus-value. En déboursant 5 francs, le capitaliste réalisera ainsi une valeur de 10 francs. La plus-value n'est donc, en définitive, que du travail extorqué à l'ouvrier, du travail non payé.

Le capital argent, qui veut devenir productif, doit donc se diviser en deux parties, de telle sorte que l'une achète de la force de travail T qui est l'élément personnel de la production, et que l'autre paie les moyens et objets de production, Pm (matières premières, machines, etc.) Alors seulement le capital monétaire se transforme en capital productif, ce qu'on exprime par la formule A—M (T+Pm).

La force de travail et les moyens de production sont maintenant en présence. La circulation s'arrête et ici commence le procès de production, l'action et la réaction des éléments personnels et matériels. Le résultat final c'est que cette combinaison donne naissance à un produit qui devrait être égal exactement aux forces productives dépensées T et Pm, mais qui, en fait, donne cette valeur augmentée d'une plus-value, pl, qui n'est autre chose que le travail non payé ou surtravail. La formule ci-dessus se complète donc de la manière suivante :

$$A—M (T+Pm)\ldots P\ldots =(P+pl).$$

Les points indiquent qu'il y a arrêt dans la circulation. Il y a consommation, combinaison des éléments personnels et matériels qui donnent naissance à un produit P, lequel représente (T+Pm+pl).

La marchandise M' issue du procès de production, va entrer dans la circulation. Mais cet M' est plus grand que le premier M et on peut y distinguer deux parts, une part M qui est l'équivalent de (T+Pm) et une autre part m qui est la plus-value qui sort de la production capitaliste. De même dans la somme d'argent, prix de vente de cette marchandise M' (soit A' cette valeur) nous trouvons deux parts, une part A qui est le prix de la vente de l'élément M=(T+Pm) et une autre part a qui est le prix de la plus-value m.

Ainsi se complète la formule qui donne l'image de la circulation complète du capital-argent :

$$A—M (T+Pm)....P.... M' (T+Pm)+m)—A'(A+a)$$
ou plus simplement A—M....P....M'—A'.

* *

Mais alors une grosse difficulté surgit et c'est précisément celle que Marx aura en vue dans le troisième volume du *Capital*. Ici commencent les contradictions et peut-être l'abandon de la loi de la valeur comme base fondamentale de la théorie de l'exploitation.

De tout ce qui précède, il découle nécessairement que la masse de la plus-value pouvant être produite avec un capital donné n'est pas proportionnelle à l'importance du capital total, mais à la partie variable de celui-ci, puisque, par définition, sa partie constante ne peut donner de plus-value. Dès lors, quand des capitaux égaux ont des compositions inégales en capital constant et variable, ou, comme dit Marx, des « constitutions organiques » différentes, la plus-value est inégale.

Soient, par exemple, deux capitaux égaux de 10.000 fr. l'un A, emploie 6.000 fr. de capital variable, l'autre B, 4.000 fr.

Si nous supposons que « le taux de la plus-value » ([1]), c'est-à-
dire le rapport de la plus-value à la partie variable du capital
transformée en force de travail vivant est de 10 p. 100, le
capital A donnera 600 fr. de plus-value, le capital B, 400 fr.
seulement. Ces sommes, rapportées au capital total 10.000
donnent comme « taux de profit », c'est-à-dire comme rapport
de la plus-value au capital total employé, pour A, 6 p. 100,
pour B, 4 p. 100.

Or cette conclusion est en contradiction avec les faits. Des
capitaux égaux, quelle que soit leur composition organique,
donnent dans la pratique des profits égaux, et des capitaux
inégaux qui emploient des quantités égales de travail humain
donnent en général des profits inégaux. Il y a donc une contradiction entre ce qui est et ce qui devrait être d'après la théorie marxiste.

Marx l'avait déjà reconnue dans le premier volume, mais il
la considérait seulement comme « apparente » et se réservait
d'en fournir ultérieurement une explication. On l'a attendue
neuf ans. « Mais, dit M. de Bohm-Bawerk, le long délai à l'aide
duquel Marx semblait vouloir échapper à ce fatal dilemme a
pris fin le jour où le troisième volume a paru (1894). Celui-ci
contient une explication détaillée de la difficulté, explication
qui, à vrai dire, ne constitue pas une solution. C'est bien
plutôt une confirmation de la contradiction et un abandon
déguisé et inavoué de la doctrine contenue dans le premier
volume » ([2]).

Il s'agissait donc de démontrer, en définitive, que, dans un
état idéal d'équilibre de la production, le travail socialement
nécessaire coïncide avec le coût de production.

([1]) « On appelle taux de la plus-value l'expression du rapport de la plus-value au
capital variable et taux du profit l'expression du rapport de la plus-value au capital
tout entier ». K. Marx, Le Capital, III, p. 19.

([2]) Bohm-Bawerk, op. cit., II, p. 108.

On ne peut évidemment pas chercher, dans des causes accidentelles, l'élément qui contrebalance l'influence de l'inégalité des constitutions organiques. Ces contre-forces (la différence de hauteur des salaires, les différences d'intensité et de durée du travail, la durée du temps de circulation), dont l'action est indéniable, ne peuvent cependant se rencontrer que par un pur effet du hasard et leur influence est transitoire et irrégulière (¹).

Le taux de la plus-value ne peut donc tendre à l'équilibre que si des marchandises se vendent, les unes au-dessus, les autres au-dessous de leur valeur constituée par le quantum de travail socialement nécessaire.

Marx reconnaît qu'il en est ainsi dans la vie pratique, que les marchandises se vendent à un « prix de production » qui contient, outre l'équivalent des salaires payés et des moyens de production employés, le profit moyen pour le capital investi. Mais il se refuse à voir là une contradiction avec la loi de la valeur exposée dans les prémisses.

Il suppose un capitaliste qui a cinq capitaux de composition organique différente (²).

$$I = 80\ c. + 20\ v. \quad (c = \text{capital constant et } v = \text{capital variable}).$$
$$II = 70\ c. + 30\ v.$$
$$III = 60\ c. + 40\ v.$$
$$IV = 85\ c. + 15\ v.$$
$$V = 95\ c. + 5\ v.$$

Ces capitaux sont engagés dans des branches de production différentes, mais ils donnent tous un taux de plus-value de 100 p. 100, soit respectivement 20, 30, 40, 15 et 5 fr. cette plus-value.

(¹) *Le Capital*, vol. III, I, 1ʳᵉ partie. — V. aussi Winiarsky, *Revue d'écon. pol.*, 1897, p. 425 et suiv.

(²) *Le Capital*, III, p. 161.

Le capital constant passe chaque année dans le produit, mais pour partie seulement, soit respectivement 50, 51, 51, 40, 10. On peut former dès lors le tableau suivant, exprimant la valeur des marchandises qui est, on le sait, égale au capital constant usé, plus le capital variable augmenté de la plus-value (¹) soit :

$$I = 50 \text{ c.} + 20 \text{ v.} + 20 \text{ pl.} = 90 \text{ (pl.} = \text{plus-value)}.$$
$$II = 51 \text{ c.} + 30 \text{ v.} + 30 \text{ pl.} = 111$$
$$III = 51 \text{ c.} + 40 \text{ v.} + 40 \text{ pl.} = 131$$
$$IV = 40 \text{ c.} + 15 \text{ v.} + 15 \text{ pl.} = 70$$
$$V = 10 \text{ c.} + 5 \text{ v.} + 5 \text{ pl.} = 20$$

Ce que les marchandises coûtent au capitaliste (le prix de production) est formé seulement par le capital constant usé plus le capital variable.

$$I = 50 \text{ c.} + 20 \text{ v.} = 70$$
$$II = 51 \text{ c.} + 30 \text{ v.} = 81$$
$$III = 51 \text{ c.} + 40 \text{ v.} = 91$$
$$IV = 40 \text{ c.} + 15 \text{ v.} = 55$$
$$V = 10 \text{ c.} + 5 \text{ v.} = 15$$

Les « taux du profit » sont respectivement 20, 30, 40, 15, 5 p. 100. D'où le tableau général (²).

Capitaux	Plus-value	Taux du profit	Capital usé	Valeur	Prix de revient
I = 80 + 20	20	20 0/0	50	90	70
II = 70 + 30	30	30 »	51	111	81
III = 60 + 40	40	40 »	51	131	91
IV = 85 + 15	15	15 »	40	70	55
V = 95 + 5	5	5 »	10	20	15
Total........	110				

Le capitaliste vendra ses marchandises à n'importe quel prix pourvu que la plus-value, qu'il a seule en vue, ne change

(¹) *Ibidem*, p. 160.
(²) *Capital*, III, p. 163.

pas et soit toujours égale à 110. Il peut donc, pour la vente, répartir cette plus-value, par portions égales, sur chaque produit, autrement dit ajouter à chaque coût de production la moyenne entre les diverses plus-values, soit $\frac{110}{5} = 22$. D'où encore le tableau :

	Valeur	Prix de vente	Différence entre valeur et prix de vente
I =	50 c. + 20 + 20 = 90	50 + 20 + 22 = 92	+ 2
II =	51 c. + 30 + 30 = 111	51 + 30 + 22 = 103	— 8
III =	51 c. + 40 + 40 = 131	51 + 40 + 22 = 113	— 18
IV =	40 c. + 15 + 15 = 70	40 + 15 + 22 = 77	+ 7
V =	10 c. + 5 + 5 = 20	10 + 5 + 22 = 37	+ 17
Totaux........	422	422	

Le capitaliste est donc libre de vendre soit au coût de production, soit à la « valeur », pourvu que sa plus-value soit sauvée, pourvu qu'il réalise, dans un cas comme dans l'autre, 422 unités.

Ce que peut faire un capitaliste qui a plusieurs capitaux investis, la société, considérée comme personne morale, peut le faire. Une partie des marchandises se vendent donc les unes au-dessus, les autres au-dessous de leur valeur, mais ces écarts se compensent, s'annulent mutuellement, si bien que la somme des prix payés pour toutes les marchandises échangées est égale à la somme de leurs valeurs. Pour l'ensemble de toutes les branches de la production, la loi de la valeur se présente donc comme constituant une « tendance dominante » (¹). La coïncidence de la valeur et des coûts de production est abandonnée par Marx pour chaque marchandise, elle se retrouve cependant si on considère l'ensemble

(¹) V. Böhm-Bawerk, op. cit., II, p. 111, note. En attendant la publication du IIIᵉ vol., Conrad Schmith avait essayé de reconstituer la partie manquante du système. Il l'a fait au moyen du même artifice dialectique que Marx. Le rapprochement est curieux.

du marché. Le rapprochement des plus-values individuelles, du capital total existant, donne le taux du profit moyen que les producteurs ajoutent, pour ainsi dire instinctivement, aux frais de production pour obtenir le prix de vente.

Telle est l'explication. Nous verrons ultérieurement ce qu'elle vaut. Si l'on s'en tient à tout ce qui précède, la plus-value n'est donc en définitive qu'un vol fait au travail, une valeur créée gratuitement par lui et dont profite le capitaliste.

II. Répartition de la plus-value.

Maintenant que nous connaissons le mécanisme de la production de la plus-value capitaliste, nous pouvons passer à sa répartition.

Une somme d'argent ([1]), qu'elle existe en espèces ou en marchandises, peut se transformer en capital dans la production et cette transformation fait, d'une valeur déterminée, une valeur capable d'engendrer d'elle-même. Cet argent, devenu capital, rapporte du profit en permettant au capitaliste d'extraire des ouvriers du travail non payé, de s'approprier du surproduit et de la plus-value.

Supposons que le « taux du profit » moyen annuel soit de 20 p. 100. Appliquée comme capital dans les conditions ordinaires par un capitaliste d'une intelligence moyenne et d'une activité suffisante, une machine d'une valeur de 100 fr. donnera un profit de 20 fr. Un homme qui dispose de 100 fr. détient donc la puissance d'en faire 120. S'il cède son argent à un autre qui l'applique comme capital, il lui transmet la puissance de produire 20 fr. de profit et de recueillir aussi une plus-value qui ne lui coûte rien, pour laquelle il ne paie pas d'équivalent.

([1]) Marx, *Le Capital*, IIIe vol., I, p. 374 et suiv., chap. XXI.

Si cet autre lui remet, pour ce service, 5 fr. par an, c'est-à-dire une fraction du produit qu'il recueille, il lui paie la valeur d'usage de 100 fr., la valeur d'usage de leur fonction comme capital. Cette fraction du profit constitue l'intérêt, qui n'est donc que la partie du profit que celui qui fait fonctionner le capital paie au propriétaire de ce dernier au lieu de la garder lui-même.

La formule de l'argent circulant comme prêt est la suivante : A — A — M — A' — A'. Dans la forme A A', l'argent ne fait que passer des mains du prêteur X à celles de l'emprunteur Y qui va le faire valoir. Il part sous forme de A et revient sous forme de A', c'est-à-dire de A augmenté de l'intérêt Δ A.

« C'est donc comme capital-marchandise que l'argent circule dans la production et le capitaliste est vendeur de marchandise comme l'acheteur est acheteur de marchandise. Mais il est capital-marchandise par rapport à la marchandise pure et simple. L'argent ne passe que temporairement de celui qui le possède à celui qui le fera valoir comme capital. Ni remis en paiement, ni vendu, simplement prêté, il doit faire retour au bout d'un certain temps, à celui qui l'a émis, à l'état de capital réalisé, c'est-à-dire augmenté de plus-value. Le prêt est la forme que choisit le possesseur du capital pour l'aliéner, ce qui ne veut pas dire que le prêt ne puisse pas être la forme adoptée par d'autres transactions qui n'ont rien à voir avec la reproduction capitaliste » (c'est le cas de prêts à la consommation par exemple).

*
* *

L'intérêt. — L'existence de l'intérêt dépend non de ce qu'un profit est réalisé, mais de ce que la somme prêtée est capable d'en produire une lorsqu'elle est bien employée. Il est nécessairement une partie du profit. Ce dernier ne peut pas être gardé tout entier par l'emprunteur, sinon il ne paierait rien pour l'usage de la valeur qui lui a été transmise, et il se bornerait à restituer l'argent, simplement comme de l'argent, et non comme un capital réalisé, un capital devenu $(A_e + \Delta A)$.

L'intérêt étant une partie du profit, il a pour limite maxima le profit lui-même. Il n'y a pas de minima. Lorsque l'intérêt est une part constante du profit, il varie proportionnellement à celui-ci.

Deux causes principales agissent cependant pour que le taux de l'intérêt tende à la baisse indépendamment des variations du taux du profit.

1° L'augmentation de la richesse nationale qui augmente le nombre des prêteurs.

2° Le développement du crédit.

En somme, il n'existe pas de taux naturel de l'intérêt. La loi de l'offre et de la demande fixe ce taux qui est variable suivant les cas. Le taux de l'intérêt se rapporte au taux du profit, comme le prix courant d'une marchandise à sa valeur. Les capitalistes d'argent apportent leur monnaie au marché et les capitalistes producteurs l'achètent; d'un côté, l'offre; de l'autre, la demande.

Le taux du profit procède de causes tout autres.

1° De la plus-value produite par l'ensemble du capital;

2° Du rapport de la plus-value au capital total;

3° De la concurrence, tout au moins de l'action des capitaux engagés dans les différentes sphères de la production, s'efforçant de participer à cette plus-value en raison directe de leur importance.

Si l'intérêt a un taux plus fixe que le taux du profit qui apparaît comme nébuleux, cela tient à ce que le capital, sous forme d'argent, est offert comme marchandise et que son prix comme celui de toutes les marchandises est un prix de marché.

L'intérêt n'est donc, en apparence et en réalité, qu'une partie du profit, c'est-à-dire de la plus-value que le capitaliste industriel ou commercial, employant du capital emprunté, doit payer à celui qui le lui a prêté. Il garderait tout le profit s'il ne mettait en œuvre que du capital lui appartenant.

C'est l'existence de deux catégories de capitalistes : les capitalistes d'argent et les capitalistes industriels, qui explique qu'une partie du profit se transforme en intérêt et c'est la concurrence entre les deux catégories qui en détermine le taux.

En somme, le capital portant intérêt se trouve comme *propriété* en opposition avec le capital industriel comme *fonction*.

Ce n'est pas avec le salaire que le profit d'entreprise entre en antagonisme, mais avec l'intérêt du capitaliste. Le bénéfice et l'intérêt ne s'opposent que l'un à l'autre.

« Aux yeux du capitaliste producteur, l'intérêt apparaît comme le fruit de l'appropriation du capital, le produit du capital en soi, éloigné du procès de production, ne travaillant pas, ne fonctionnant pas. Par contre, le profit d'entreprise est le fruit du capital en activité, activité qu'il fait sienne par rapport, par opposition à l'oisiveté du capitaliste d'argent, qui ne prend aucune part au procès de production. Le partage quantitatif du profit brut se résout en un partage qualitatif, une part revenant au capital en fonction, l'autre au capital en repos, en soi. Le profit échoit au capital en fonction, l'autre échoit à la simple propriété du capital » (p. 414).

Cette division qualitative en intérêt et profit net existe, que le capital soit emprunté ou non. Tout capitaliste fait deux parts du profit brut : l'une revenant à titre d'intérêt au propriétaire, l'autre revenant comme profit d'entreprise à celui qui le met en œuvre. Si le capitaliste opère avec un capital qui lui appartient, il considère qu'il y a deux personnes en lui, l'une qui possède le capital et l'autre qui le met en œuvre (¹) (p. 414-415). Quelle que soit la forme du partage de la plus-value, quel que soit le rapport de l'intérêt et du profit net, il ne faut pas perdre de vue que l'une comme l'autre partie de la plus-value ont la même nature, la même origine et les mêmes conditions d'existence.

* *

Le profit. — La partie de la plus-value qui excède l'intérêt ne pourrait-elle être considérée comme le salaire de l'entrepreneur ?

Diriger l'exploitation de la force de travail, contrôler la production n'est pas une sinécure, avoue Marx (p. 419). Le capitaliste exploitant est évidemment un travailleur, mais on a trop exagéré son rôle.

1° Il doit diriger la production, conserver l'unité des travailleurs ; il y a là un travail productif au premier chef.

2° Il doit contrôler la production, et ce rôle de contrôleur est d'autant plus grand qu'est plus aigu l'antagonisme qui existe entre l'ouvrier et les possesseurs des moyens de production. L'ouvrier doit être surveillé comme l'esclave antique et la production capitaliste aboutit à ce résultat singulier et paradoxal : que l'ouvrier doit travailler davantage pour payer les efforts que le directeur met en œuvre pour augmenter le degré d'exploitation de la force ouvrière ! (²).

(¹) Si l'on demande comment il se fait que le capitaliste qui emploie son capital, divise son profit en profit brut ou net, en profit net ou intérêt, cela provient de deux causes : 1° le capitaliste ne travaille pas en général avec son capital seul ; 2° le capital productif d'intérêt et l'intérêt sont déjà des formes historiques connues quand la production capitaliste intervient.

(²) Le pouvoir des conseils de contrôle des sociétés est encore une forme d'exploitation du travail, car ces conseils ne font rien et sont grassement payés.

Marx, donc, distingue soigneusement le salaire de direction du bénéfice proprement dit. Cette division se trouve d'ailleurs de jour en jour réalisée dans la pratique.

1° Dans les coopératives de production ouvrière par le paiement des directeurs par les ouvriers.

2° Dans les sociétés par actions où le travail de direction est indépendant de la possession du capital. Le salaire de direction fait alors partie du capital variable.

Ainsi donc, conclut Marx, l'évolution aidant, la véritable nature du profit a été nettement posée. Il fut bien établi que le capital producteur exploite le travail et que le produit de cette exploitation se divise, lorsque le capital est emprunté, en intérêt et profit d'entreprise, celui-ci représentant l'excédent du profit sur l'intérêt.

§ II. *Réfutation* (¹).

« La critique du livre de Karl Marx n'est plus à faire, écrit M. Paréto. Elle existe non seulement dans les monographies spéciales qui ont été publiées sur ce sujet, mais encore et surtout dans les perfectionnements apportés, en économie politique, à la théorie de la valeur » (²). Notre besogne va être de ce fait singulièrement diminuée et facilitée. Nos explica-

---

(¹) Vilfrédo Paréto, Préface au *Karl Marx* de la *Petite Bibliothèque économique* (Guillaumin). Du même auteur : *Les systèmes socialistes*, II, p. 323 et suiv.; *Les systèmes scientifiques*, *La conception matérialiste de l'Histoire*. — Leroy-Beaulieu, *Le collectivisme, examen critique du nouveau socialisme*, Paris, Guillaumin, 1892. — Bohm-Bawerk, *op. cit.*, II, p. 70 et suiv. et la note page 70 contenant une bibliographie, puis *postea*, p. 269 et suiv. — Bernstein, *Socialisme théorique et socialdémocratie pratique*, trad. Alex. Cohen, Stock, Paris, 1900. — Winiarsky, art. cit., *Revue d'Écon. pol.*, 1897. — M. Bourguin, *Revue pol. et parlem.*, 1901, 4 articles, p. 18, 69 et suiv., *La valeur dans le système collectiviste*, insérés dans son livre nouveau *Les systèmes socialistes et l'évolution économique*. Paris, Colin, 1904.

(²) Paréto, préface au *Karl Marx*, p. 1.

tions porteront seulement sur deux points. Il nous semble, en effet, que pour réfuter une semblable théorie, et cette méthode est d'ailleurs valable pour la réfutation de toute autre, il faut se livrer à une double opération, à une double investigation. Il faut d'abord déterminer la valeur du processus dialectique employé, rechercher les erreurs qui ont pu s'y glisser, et s'il en existe, montrer les fautes commises dans l'enchaînement logique des idées. Un semblable procédé est ici de mise ou nulle part ailleurs.

Mais ce n'est pas tout. Une théorie ne mérite véritablement ce nom que si elle est pleinement d'accord avec les faits, que si elle donne une explication parfaitement adéquate de la réalité. Convaincue de renfermer de graves erreurs logiques dans l'ensemble des raisonnements sur lesquels elle est fondée, convaincue de présenter, en outre, des désaccords considérables avec la réalité, une théorie est définitivement jugée. Voyons ce qui en est de la théorie de Marx.

I. *La doctrine marxiste et la dialectique.*

Marx lui-même, en traitant de la destinée des théories, écrivait : « L'aimée de Moor ne doit mourir que de la main de Moor ». De même, ajoute Bernstein, les erreurs d'une doctrine ne peuvent être considérées comme élaguées que lorsqu'elles sont reconnues par des adhérents mêmes de la doctrine [1]. Il faut donc en croire Bernstein lui-même quand il affirme que la doctrine de Marx renferme des lacunes, des erreurs et des contradictions, et qu'elle a besoin qu'on y rétablisse l'unité et l'accord de la théorie à la pratique [2].

Une part considérable de ces erreurs est due à l'emploi

[1] Bernstein, *op. cit.*, p. 33.
[2] *Ibidem*, p. 32.

abusif que Marx a fait de la dialectique hegelienne. « De quelque façon, dit Bernstein, que les choses se comportent dans la réalité, dès que nous quittons le domaine des faits démontrables par l'expérience, et que nos pensées vont au-delà, nous arrivons dans le monde des idées déductives, et si alors nous suivons les lois de la dialectique, nous retombons, avant de nous en apercevoir, dans le piège de « l'auto-développement de l'idée ». C'est ici qu'est le grand danger de la dialectique hegelienne... Cette dernière constitue l'élément perfide dans la doctrine marxienne, le piège, l'obstacle qui barre le chemin à toute appréciation logique des choses » [1].

Une autre raison des erreurs de Marx et des sophismes qu'il a employés pour écarter les obstacles qui gênent le développement de sa théorie, tels que : élimination des causes, application de conséquences logiquement déduites, d'un fait à un autre fait absolument différent, réside dans ceci : bien que le « Capital », observe M. Paréto, soit l'œuvre la plus étendue de Marx, c'est dans le « Manifeste du parti communiste » que l'on trouve le point central et le « Capital » n'est qu'un appendice destiné à déblayer le terrain des objections qu'on pourrait faire à la doctrine, en se fondant sur l'économie politique. Cette idée fait comprendre l'impression que donne la lecture du « Capital ». Le manque d'unité y est évident, l'auteur « voit clairement le but qu'il veut atteindre, » mais il ne voit pas aussi nettement la route qui y conduit. » Il en essaie plusieurs; quand il voit que l'une de celles-ci » le conduit à des résultats en dehors de la réalité, il prend » une autre route, souvent opposée à la première, sans se sou- » cier le moins du monde des contradictions qui peuvent en » résulter » [2].

[1] *Ibidem*, p. 37 et 46.
[2] Paréto, *Systèmes socialistes*, II, p. 331. — Cpr. p. 353 et 354.

La base fondamentale de tout le système, la théorie de la valeur, va nous révéler l'existence de ces sophismes et de ces singuliers procédés de dialectique.

Observons tout d'abord qu'une autre cause encore de ces erreurs logiques consiste dans ce fait que Marx considère la valeur d'échange et la valeur d'usage comme une qualité intrinsèque des marchandises, inhérente à elles. Nous nous expliquerons longuement là-dessus dans un des chapitres suivants. (V. III° partie, chap. 1).

Marx veut donc prouver, tout d'abord, que ce qu'il y a de commun, entre deux ou plusieurs marchandises qui entrent en rapport d'échange, est le fait que ces marchandises sont le produit du travail humain.

Mais il a bien soin de limiter les opérations de l'échange entre les « marchandises », auxquelles il donne un sens moins étendu qu'au mot « bien », et qui représentent des produits du travail par opposition aux biens naturels. Il exclut donc de ces opérations tous les biens ayant une valeur échangeable, mais qui ne sont pas le produit du travail humain, tels que la terre, le sol, le bois des forêts vierges, la force hydraulique, les mines de charbon, etc. C'est donc pécher déjà mortellement contre la méthode, car pas mal des biens sus-mentionnés appartiennent à la catégorie des éléments les plus importants de la richesse et de l'échange [1]. Ce n'est pas aussi grossièrement que pourrait le faire supposer cette courte analyse que Marx exclut ainsi les biens naturels. Il le fait au contraire avec une habileté consommée, en glissant sur les points épineux, grâce à un artifice de mots, au moyen de cette dialectique rapide dont il est coutumier et qui est vraiment admirable de dextérité, de telle sorte que

[1] Bohm-Bawerk, *op. cit.*, II, p. 89, 90.

le lecteur non prévenu passe sans se douter qu'il est le jouet d'une illusion.

Voilà donc le travail de gré ou de force, élément commun des marchandises contr'échangées des biens de valeur. Il s'agit maintenant de prouver que cet élément unique crée cette valeur à l'exclusion de tous les autres facteurs communs. Marx y arrive, ou croit y arriver, grâce à un déconcertant procédé de logique que l'on connaît. Il élimine en deux phrases composées de quelques mots les propriétés naturelles qui constituent la valeur d'usage et conclut que le travail est la seule source de la valeur [1]. L'exemple suivant, emprunté à M. Pareto, met le sophisme nettement en lumière [2].

Si A, B, C, dit-il, sont des causes qui produisent un phénomène, il n'est pas difficile de trouver des cas où, A demeurant constant, le phénomène varie, ce qui exclut que A soit la seule cause; mais à cela on répond ou bien en rejetant les causes B, C, dans ce qu'on appelle « les conditions normales » du phénomène, ou bien en n'admettant ces causes que comme circonstances qualificatives de A. Ensuite, ayant ainsi exclu B et C *a priori*, on n'a pas de peine à faire voir que A est la seule cause du phénomène [3].

On pourrait, à l'aide de ce procédé, faire passer à volonté une quelconque des causes B, C au rang de principale en reje-

---

[1] V. *supra*, p. 112.

[2] Pareto, *loc. cit.*, p. XXXII.

[3] Voir un autre exemple très pittoresque imaginé par M. de Bohm-Bawerk : « Dans un théâtre, trois artistes remarquables, un ténor, une basse et un baryton » ont chacun 20.000 fr. d'appointements. Il s'agit de savoir pour quelle raison tous » trois ont le même traitement et je réponds : Au point de vue du traitement, une » bonne voix vaut autant qu'une autre — une bonne voix de ténor autant qu'une » bonne voix de basse ou de baryton — quand elles sont en quantités suffisantes. » Qu'on fasse par conséquent abstraction « pour un instant » de la bonne voix dans » la question du traitement, on arrive alors à cette conséquence que la bonne voix » ne peut pas être la cause commune du haut traitement de nos trois chanteurs ». *Op. cit.*, II, p. 93-94.

tant les autres avec la cause A dans les « conditions normales du phénomène ».

On pourrait par suite, avec tout autant de rigueur logique, en changeant simplement quelques mots, démontrer, avec le propre langage de Marx, que la valeur d'échange dépend de la valeur d'usage ou du capital, ces deux derniers facteurs étant incontestablement des éléments communs aux marchandises échangées. Il n'y aurait aucune incorrection dialectique, de nature bien entendu à être réprouvée par Marx, à écrire par exemple :

« Hormis l'utilité, les marchandises n'ont qu'une seule autre propriété commune; elles sont toutes des produits du *capital;* ou encore, hormis le fait d'être des produits du travail, les marchandises n'ont qu'une seule autre propriété commune, elles sont toutes des *valeurs d'usage* ».

« Une fois sur cette voie, conclut M. Pareto, nous pouvons continuer et montrer que le travail (1er exemple) usurpe une partie de la plus-value créée par le capital » (¹).

D'ailleurs, ce n'est pas seulement dans l'hypothèse de Marx une seule qualité commune qui reste aux marchandises quand on a excepté l'utilité, il y en a un grand nombre d'autres, par exemple : celles d'être rares en comparaison du besoin qu'on a d'elles, ou bien d'être l'objet de l'offre et de la demande, ou bien d'appartenir à quelqu'un, ou bien encore d'être des produits naturels, car elles sont les produits autant de la nature que du travail (²).

En somme et sans plus insister, l'argumentation de Marx repose sur un tissu de sophismes et de pétitions de principes. Et cela est si singulier pour un penseur remarquable comme Marx, que M. de Bohm ne peut s'empêcher de penser que les

---

(¹) Pareto, *loc. cit.*, p. xxxii et xxxiii. — Cpr. Bohm-Bawerk, II, p. 93 et s.
(²) Bohm-Bawerk, *op. cit.*, II, p. 95.

motifs indiqués dans le « Capital » ne sont pas ceux sur lesquels Marx a fondé sa conviction. Cette conviction lui est certainement venue d'ailleurs et son théorème devait être pour lui, en réalité, un axiome. Mais il fallait qu'il le démontrât à ses lecteurs. Or il eût été impossible de l'établir empiriquement et psychologiquement.

    « Marx eut donc recours à des spéculations dialectiques
» d'ailleurs conformes à sa tournure d'esprit et travailla
» sur des notions fondamentales et des prémisses complai-
» santes avec une habileté merveilleuse en son genre,
» jusqu'au moment où il atteignit, sous une forme censément
» déductive, les résultats qu'il avait présupposés et vou-
» lus » (¹).

* *
* *

Un autre singulier procédé de logique, presque à tout instant employé par Marx dans ses constructions dialectiques, est encore le procédé des moyennes. Lorsque, dans une voie où il s'est engagé un peu à l'étourdie, un obstacle qu'il n'a pas prévu l'arrête dans sa course, il l'écarte par une moyenne habilement choisie. Les exemples abondent et l'on n'a que l'embarras du choix.

La valeur des marchandises, conclut Marx, de la manière que nous savons, est déterminée par le quántum de travail cristallisé, matérialisé en elles. Mais il sent qu'on pourrait lui faire, sur ce point, de grosses objections.

D'abord, quoique la quantité de travail fixée dans des objets soit immuable puisqu'elle est un événement du passé, on voit la valeur de ces objets varier sans cesse (²). D'autre part, il est impossible de comparer des travaux différents

---

(¹) *Ibidem*, p. 98. — Cpr. Pareto, *Syst. soc.*, II, *passim*.
(²) Gide, *op. cit.*, p. 65 et 66.

tels que le travail d'un menuisier qui travaille dans un petit atelier et de celui qui opère dans une grande usine avec une machinerie très compliquée. Enfin plus un homme serait paresseux et négligent et plus il « cristalliserait » de travail inutile dans un produit et plus ce produit acquerrait de valeur, résultat évidemment inadmissible.

Ces objections tombent avec la moyenne de Marx. « Le travail qui crée la valeur — dit-il en effet — est du travail égal et indistinct, une dépense de la même force... un travail exécuté avec le degré moyen d'habileté et dans des conditions qui, par rapport au milieu social donné, sont normales » ([1]).

Le tour est joué, mais le mathématicien déterminé qu'est M. Pareto se rebiffe contre l'emploi d'un semblable procédé. C'est se payer de mots, dit-il, que de parler d'une force sociale moyenne ! On ne peut prendre des moyennes que de quantités dont on peut faire la somme ! Or, les quantités dont parle Marx (les travaux individuels) sont des choses hétérogènes qu'on ne peut additionner ([2]).

Il en est de même pour le rapport du travail « simple » au travail « qualifié ». Est-il possible, se demande Marx, qui prévoit ici l'objection qu'on pourrait lui faire à ce sujet, de comparer le travail du charron et du laboureur avec celui du bijoutier-artiste et de l'arpenteur-géomètre ? Il répond par l'invention d'une nouvelle moyenne abstraite : « le travail simple », dépense productive normale du cerveau, des muscles, des nerfs, de la main de l'homme « travail ordinaire qui produit l'or ou l'argent » et auquel les autres travaux sont réductibles. « Le travail complexe (skilled labour ou » travail qualifié) n'est qu'une puissance du travail simple ou

---

([1]) *Le Capital*, I, chap. I, p. 15 (col. 1).
([2]) *Syst. soc.*, II, p. 371.

» plutôt n'est que le travail simple multiplié, de sorte qu'une
» quantité donnée de travail complexe correspond à une
» quantité plus grande de travail simple » (¹).

En somme, conclut ironiquement M. Pareto, « le travail
ordinaire qui produit l'or et l'argent, le travail cristallisé
contenu dans une marchandise, sont de jolies expressions, et
il est vraiment dommage qu'elles ne correspondent à rien du
tout » (²).

Enfin l'emploi le plus remarquable de cet étonnant procédé des moyennes nous apparaît dans le troisième volume
du « Capital ».

Dans le premier volume, la conclusion de Marx était que
la plus-value est rigoureusement proportionnelle à la partie
variable du capital employé. Or, cette proposition se trouve
manifestement en contradiction avec les faits, la plus-value
est au contraire, en général, proportionnelle au capital total
mis en œuvre dans la production. Marx se rallie, en définitive, dans le troisième volume, à cette dernière proposition
qui est en désaccord flagrant avec la première. Comment
éviter le reproche qu'on pourrait lui faire de se contredire ?
Une nouvelle moyenne va encore le tirer d'affaire, mais pour
un instant seulement.

« Sous la pression de la concurrence tous les capitaux tendent à prendre la composition moyenne (en capital constant
et variable) et comme celle-ci est égale, ou à peu près, à celle
du capital social moyen, tous les capitaux, quelle que soit la
plus-value qu'ils donnent, tendent à réaliser dans le prix des
marchandises qu'ils produisent, non pas cette plus-value,
mais le profit moyen » (³). Nous avons vu, ci-dessus, les

(¹) *Le Capital*, I, chap. I, p. 17 (col. 1).
(²) *Syst. soc.*, II, p. 371.
(³) *Le Capital*, III, I, p. 183.

tableaux justificatifs dressés par Marx et qui l'amènent à cette conclusion. Si tous les capitaux ont la même composition, le rapport du capital variable au capital constant est à peu près, dans chaque branche de la production, le même que pour le total du capital social. On exprime donc exactement la même chose en disant que la plus-value, que le capitaliste s'approprie, est proportionnelle au capital variable qu'il emploie, ou bien qu'elle est proportionnelle à la fraction du capital social qu'il met en œuvre. La voie d'eau est bouchée. Mais voici qu'une autre se déclare (¹) et la série des sophismes continue.

Ici le sophisme aboutit en définitive soit à un non sens, soit à une simple tautologie.

La coïncidence de la valeur travail et des coûts de production, dit Marx, se fait, non plus pour les marchandises isolées, mais pour la totalité des marchandises échangées. Il resterait à expliquer comment l'idée de valeur, qui n'est au fond qu'un rapport quantitatif d'échange entre *deux* marchandises, peut s'appliquer à l'ensemble des marchandises d'un pays et comment il peut s'établir un rapport d'égalité entre la valeur totale de toutes les marchandises et l'ensemble des coûts de production. Cette démonstration manque complètement; la contradiction initiale continue donc à subsister. D'ailleurs, ce n'est pas là répondre à la question posée. Marx répudie, en définitive, la loi de la valeur-travail, quand il s'agit de l'échange des marchandises diverses, c'est-à-dire là où le rapport quantitatif de valeur a seulement un sens. « Il soutient cependant que la loi de la valeur est encore vraie pour le produit national tout entier, c'est-à-dire pour un domaine où la question posée, n'ayant plus d'objet, ne peut plus être posée » (²).

(¹) Pareto, *Syst. soc.*, II, p. 358.
(²) Bohm-Bawerk, *op. cit.*, II, p. 113.

Au surplus, il n'y a là, quant au fond, qu'une simple tautologie, ne constituant pas un accroissement réel de nos connaissances » (¹).

II. *Le marxisme et les faits.*

On pourrait, sous cette rubrique, écrire un très gros volume, en se demandant si l'évolution de la société moderne est telle que Marx et Engels l'avaient prédit, si elle est favorable à l'avènement du socialisme, quel rôle la valeur-travail serait amenée à jouer dans l'état de choses nouveau, etc. Mais ce serait faire alors la critique du marxisme, c'est-à-dire d'un système social inspiré de lui, tendant à remplacer l'organisation dans laquelle nous vivons actuellement, avec toutes les complications sociologiques, politiques et économiques et tous les risques qu'une pareille transformation devrait comporter (²).

Notre ambition est plus modeste et notre cadre plus restreint. Nous devons seulement nous préoccuper de confronter sommairement avec la réalité l'explication marxienne de l'intérêt, sans nous préoccuper, ce qui est d'ailleurs en dehors de notre sujet, de ce que vaut, comme système social, le marxisme ou le collectivisme.

Si nous consultons donc l'expérience, celle-ci nous révèle, à n'en point douter, que la valeur d'échange n'est proportionnelle au travail, nécessité par la production, que pour une

---

(¹) *Ibid.*, p. 113, 114.

(²) On peut consulter là-dessus : Leroy-Beaulieu, *Le collectivisme;* Bernstein, *Socialisme théorique et socialdémocratie pratique;* Kautsky, *Le marxisme et son critique Bernstein,* trad. franç., P. V. Stock, Paris, 1900; M. Bourguin, *Rev. pol. et parlem.*, 1901, *La valeur dans le système collectiviste.* Ces idées contenues dans ce long article ont été reprises et développées avec toute l'ampleur désirable dans un livre du même auteur paru tout récemment à la librairie Colin, *Les systèmes socialistes et l'évolution économique,* 1904.

partie des biens, et que, même pour ceux-là, cette proportionnalité est seulement occasionnelle ([1]).

1° Les biens rares échappent à la loi de la valeur, fondée sur le quantum du travail matérialisé en eux. Il est inutile d'insister davantage sur ce point et Ricardo lui-même avait reconnu qu'ils ne rentraient pas dans la règle. Mais il s'était trompé quand il affirmait qu'ils formaient un ensemble peu important, car « la terre, le sol rentrent dans la même catégorie, tout comme les biens nombreux dans la fabrication desquels un brevet d'invention, des droits d'auteur ou un secret technique entrent en jeu » ([2]).

2° Font encore exception, les biens produits avec un travail « qualifié ». Marx, il est vrai, a tenté d'éviter l'objection en inventant le « travail moyen abstrait », auquel les autres travaux sont réductibles.

Mais ce n'est là, on le conçoit sans peine, qu'un tour de force dialectique qui ne touche pas aux faits, et si en réalité un travail qualifié confère plus de valeur à un produit qu'un travail simple, c'est qu'il y a une différence de nature entre les deux travaux. « En bonne théorie, le produit quotidien du » travail du sculpteur reste le produit d'un jour de travail. » Et si le produit d'un jour de travail possède la même va- » leur qu'un autre bien ayant coûté cinq jours de travail, cela » constitue, quoi qu'on puisse imaginer, une exception à la » règle d'après laquelle la valeur d'échange des biens est » déterminée par la quantité de travail qu'ils contien- » nent » ([3]).

3° Sont encore en dehors de la règle marxiste les biens produits avec une dépense de travail mal payé, de ce travail

---

([1]) Bohm-Bawerk, *op. cit.*, II, p. 99.
([2]) *Ibidem*, p. 99.
([3]) *Ibidem*, p. 100, 101.

soumis au « sweating-system », exécuté à la main par des femmes (couture, broderie, tricotage, etc.) ([1]).

4° Une quatrième exception est constituée par ce fait, que des biens contenant une certaine quantité immuable de travail, voient néanmoins leur valeur varier sans cesse : tantôt au-dessus, tantôt au-dessous du point qui représente le coût en travail ([2]).

5° Il y a enfin des biens dont la valeur s'écarte régulièrement et progressivement du niveau déterminé par la quantité de travail incorporé. Un chêne de cent ans vaut évidemment plus que la demi-minute nécessaire pour enfouir le gland dans le sol.

Marx tient compte de ce phénomène dans le troisième volume du *Capital*, ce qui le met par suite en contradiction avec ses prémisses ([3]).

En résumé, une partie des biens n'obéissent pas à la loi de Marx, les autres n'y obéissent ni toujours, ni exactement.

La loi de la valeur-travail aboutirait d'ailleurs, dans la pratique, à des résultats absurdes. Voici, par exemple, un capitaliste qui veut faire remplir un réservoir d'eau pour la distribuer, moyennant finances, à des individus qui peuvent en avoir besoin. Il fait pomper des ouvriers, l'emploi de son capital donne lieu à une plus-value. S'il fait pomper un cheval ou un moteur mécanique, pas de capital variable dépensé à l'achat de travail humain, donc pas de profit.

Survient le troisième volume du « Capital ». Nous avons longuement exposé comment Marx, à l'aide d'un artifice, a essayé d'échapper à la contradiction où il était invinciblement acculé. Nous savons ce que vaut, au point de vue logique, un

---

([1]) Bohm-Bawerk, *op. cit.*, II, p. 101, 102.
([2]) *Ibidem*, p. 102, 103. — Cf. Gide, *op. cit.*, p. 65.
([3]) *Ibidem*, p. 103 et la note.

semblable procédé et le degré de confiance que nous pouvons avoir en lui. Nous avons vu que, en dépit de tout, la contradiction demeurait.

Mais, en s'en tenant aux termes mêmes de la proposition de Marx, est-il vrai que, sous la pression de la concurrence, les capitaux tendent à prendre la composition moyenne en capital constant et capital variable? Rien n'est moins certain. A qui fera-t-on croire, par exemple, que cette proportion tend à devenir la même pour une modiste, ou pour les hauts fourneaux qui produisent la fonte; que la proportion des salaires au reste du capital est la même pour le canal de Suez et pour une entreprise de peintres en bâtiment? Tout le monde sait, ajoute M. Pareto, que, quand les chemins de fer se sont établis, le camionnage s'est développé parallèlement. Y a-t-il quelqu'un qui croie que la composition du capital est la même dans les entreprises de chemins de fer et dans celles du camionnage? Est-ce que la composition moyenne du capital est la même pour la culture forestière et pour la culture de l'olivier, pour les pâturages où paissent un grand nombre de bêtes sous la surveillance d'un seul homme et pour la culture maraîchère? [1]. Si l'on compare encore le capital du commerce de détail d'un petit boutiquier, par exemple, à celui d'un grand magasin, nous voyons que le petit commerce emploie des quantités ridicules de capitaux personnels, tout en vivant d'ailleurs d'une vie absolument misérable.

D'autres assertions de Marx sont aussi en contradiction avec la réalité. Il a emprunté à l'école de Ricardo une croyance à la baisse progressive du taux des profits, mais il en donne une explication originale. Il dresse le tableau suivant :

[1] Pareto, *Syst. soc.*, II, p. 327.

$$\text{Si } c = \;\; 50 \text{ et } v = 100 \text{ on aura } p' = \frac{100}{150} = 66 \; 2/3 \text{ p. } 100$$

$$c = 100 \text{ et } v = 100 \quad \text{»} \quad p' = \frac{100}{200} = 50 \text{ p. } 100$$

$$c = 200 \text{ et } v = 100 \quad \text{»} \quad p' = \frac{100}{300} = 33 \; 1/3 \text{ p. } 100$$

$$c = 300 \text{ et } v = 100 \quad \text{»} \quad p' = \frac{100}{400} = 25 \text{ p. } 100$$

$$c = 400 \text{ et } v = 100 \quad \text{»} \quad p' = \frac{100}{500} = 20 \text{ p. } 100 \; (^1)$$

D'où il résulte que le taux de la plus-value étant le même, et, par suite, le taux d'exploitation de la main-d'œuvre demeurant fixe si le capital constant tend à s'accroître d'une manière plus rapide que le capital variable le taux du profit doit forcément s'abaisser.

Des antagonismes externes tels que la hausse du degré d'exploitation du travail (*Capital*, III, p. 252 et s.); la réduction du salaire au-dessous de la valeur de la force de travail (p. 256); la dépréciation des éléments constants du capital (p. 256); la surpopulation relative, le commerce international (p. 258); l'accroissement du capital par actions (p. 261) et des antagonismes internes, diminution de la puissance de consommation de la masse (p. 267) peuvent l'arrêter, mais seulement d'une manière temporaire. En somme, « le taux du profit » baisse non pas parce que l'ouvrier est moins exploité, mais parce que moins de travail est mis en œuvre par un capital déterminé (p. 268).

Mais puisque la réduction du taux des profits est défavorable aux capitalistes, comment admettre que ceux-ci s'aventurent dans un système de production qui aboutit à ce résultat? Voici l'explication de Marx (²). Il se trouve quelque

---

(¹) *Le Capital*, III, p. 228 : c = capital constant; v = capital variable; p' = taux du profit.

(²) V. *Le Capital*, III, 3ᵉ partie, *Loi tendancielle de la baisse du taux du profit*, chap. XV : *Le développement des contradictions immanentes de la loi*. Notamment p. 282, 288, 289, 290 et s. — Cpr. Marx, 1ᵉʳ vol., chap. XXV, § 2, p. 273 et s.

capitaliste qui s'engage dans cette voie et qui augmente son
capital constant. Cette opération a pour conséquence une
diminution de la valeur des marchandises, puisqu'il y a moins
de travail matérialisé en elles. Mais ces marchandises sont
tout de même vendues au prix du marché, ce qui procure un
bénéfice, une rente à notre capitaliste. Alléchés par cette
perspective, d'autres capitalistes emboîtent le pas au premier
et petit à petit le taux du profit s'abaisse. Mais, dira-t-on,
quand on s'en aperçoit, pourquoi ne pas revenir en arrière ?
On ne le peut pas, répond Marx, car accomplir ce mouvement
rétrograde équivaudrait à hausser le prix des marchandises.
Or la consommation, que les bas prix ont augmentée, se
ralentirait, et le capitaliste a intérêt à vendre plus d'exem-
plaires avec un profit moindre sur chacun d'eux.

L'explication est fort ingénieuse et les faits semblent tout
d'abord donner raison à Marx. Il est incontestable, en effet,
que la production moderne emploie plus de capital constant
que le moyen-âge par exemple. L'intérêt était aussi très élevé
à cette époque ; aujourd'hui il a considérablement baissé.

Mais cette dernière constatation est plus apparente que
réelle. Nous avons vu, en effet, que le faux intérêt était au
moyen-âge un élément considérable de l'intérêt brut. D'autre
part, un fait bien connu contredit absolument la théorie
marxienne. C'est l'existence, à la fin du XVIIᵉ et au commencement du XVIIIᵉ siècle, de taux d'intérêt aussi peu élevés que de
nos jours. La transformation industrielle du commencement
du XIXᵉ siècle modifiant la constitution du capital social, et
créant des capitaux à « composition supérieure » aurait dû
faire baisser l'intérêt et c'est précisément le contraire qui
s'est produit, au fur et à mesure que le capital constant pre-
nait plus d'importance par rapport au capital variable.

Enfin de nos jours, dans les vingt-cinq dernières années

par exemple, où le capital constant s'accroît encore par le développement inouï des machines-outils et des petits moteurs, le taux du profit tend à hausser ([1]).

Conclusion.

Telle est cette fameuse théorie de Marx, une des plus remarquables qui aient jamais vu le jour, si l'on considère surtout le succès prodigieux qu'elle a eu et le nombre considérable de prosélytes qu'elle a faits.

Les économistes et les sociologues n'ont eu aucune peine à démontrer que les bases fondamentales ne soutiennent pas la critique de la logique, du bon sens et de la science. Ils n'ont eu aucune peine à démontrer que si les théories socialistes étaient appliquées en entier, non seulement le bien-être des masses populaires serait insuffisant, mais qu'il serait inférieur à celui du régime individualiste. Malgré ces critiques irréfutables, le socialisme fait de rapides progrès ([2]).

Les socialistes, en effet, ont su habilement poser la question, non seulement sur le terrain scientifique, mais encore sur le terrain du sentiment, où le cœur parle plus que la raison. Ils profitent par suite de cette extraordinaire poussée de sentimentalisme qui a succédé comme un symbole d'apaisement aux périodes troublées de la Révolution et de l'Empire. On croit plus facilement ce que l'on désire, dit-on aussi. Les masses croient à la théorie de l'exploitation parce qu'elle leur promet un adoucissement plus ou moins prochain à leurs souffrances. Elles y croiraient encore si la base théorique était encore plus erronée qu'elle ne l'est réellement ([3]).

([1]) V. Porte, *Entrepreneurs et profits industriels* (Thèse, Grenoble, 1901), p. 117 et s.

([2]) J. Novicow, art. cité, p. 25 et suiv.

([3]) Bohm-Bawerk, *op. cit.*, II, p. 135.

Le socialisme progresse non pas grâce à sa doctrine, mais malgré sa doctrine.

Le succès de la théorie s'explique, en outre, par la vigoureuse dialectique de Marx, qui, malgré les erreurs où elle se meut, impose le respect « ce respect particulier qu'inspire tout homme doué d'une force non commune et qui contribue à augmenter la foi qu'ont les adeptes en leur maître » (¹). Il n'y a pas jusqu'aux obscurités et aux contradictions dont cette œuvre fourmille qui ne lui aient porté bonheur. Les hommes ont, en général, le goût du mystère soit en lui-même, soit pour les satisfactions d'amour-propre qu'il procure à ceux qui l'ont percé à jour (²).

Enfin, il faut bien le reconnaître, les socialistes ont été particulièrement bien servis par la faiblesse des positions prises par leurs adversaires, les théoriciens de l'école optimiste : les Bastiat, les Mac Culloch, les Strasburger.

Quoi qu'il en soit, au point de vue spécial auquel où nous nous sommes placé, la théorie de l'exploitation non seulement est théoriquement inexacte mais encore, dit M. de Bohm-Bawerk, elle doit occuper l'un des derniers rangs parmi toutes les théories de l'intérêt. Si graves qu'aient été les erreurs commises par les représentants de plusieurs autres doctrines, je puis à peine croire, ajoute-t-il, qu'on arrive jamais à trouver chez eux les pires fautes réunies en nombre aussi considérable que dans la théorie de l'exploitation : présomptions étourdies et précipitées, dialectique erronée, contradictions internes, aveuglement au sujet des faits réels. Comme critiques, les socialistes sont forts, mais comme théoriciens, ils sont exceptionnellement faibles (³).

(¹) Pareto, *Syst. Soc.*, II, p. 382.
(²) *Ibidem.*
(³) Bohm-Bawerk, *op. cit.*, II, p. 135.

Néanmoins, malgré ses erreurs, l'œuvre n'aura pas été inutile. Elle aura grandement contribué à débarrasser la science économique de nombre de préjugés profondément enracinés, de nombre de théories de l'école optimiste acceptées jusque-là comme des dogmes intangibles. Elle aura montré que là où on voyait des solutions définitives, il y avait des problèmes à résoudre et cela n'aura pas été un de ses moindres bienfaits. Elle aura eu, en outre, le grand avantage de bien marquer l'antagonisme de forces que révèle la production et de montrer que le capital ne produit pas l'intérêt comme le pommier produit des pommes; que le capital ne produit son revenu que grâce à la forme des rapports sociaux; que l'intérêt est, en somme, l'expression de rapports sociaux et ces rapports ne sont pas uniquement des relations entre le capital et le travail, nous le verrons dans la suite.

CHAPITRE IV

LA THÉORIE DE M. DE BOHM-BAWERK

§ I. *Exposition.*

Les chapitres précédents nous ont montré que ni dans la théorie de la productivité, ni dans la théorie de l'abstinence, ni dans la théorie socialiste que nous venons d'examiner, nous n'avons pu trouver de réponse satisfaisante à la question que nous avons posée au début de notre travail.

Mais nous avons pu constater que, à mesure que nous avancions dans le temps, au fur et à mesure que les phénomènes économiques devenaient plus nombreux et plus complexes, les réponses que nous avons analysées se faisaient aussi plus compliquées et plus précises, serrant toujours la réalité de plus près. Les premiers partisans de la productivité s'étaient facilement contentés d'une observation un peu superficielle des phénomènes et avaient cru trouver la vérité dans une simple constatation de la réalité apparente. Plus tard, les idées se sont précisées, mais, dans cet état, elles n'ont pu néanmoins donner une explication rationnelle du phénomène de l'intérêt.

Avec la théorie de l'abstinence, les réponses se sont encore précisées davantage, mais là encore, il nous a été impossible de trouver l'expression certaine des faits.

Nous avons vu enfin comment la théorie de Marx, quoique étant allée en apparence au fond des choses, au cœur même de la question, devait, si l'on s'en tient à sa valeur spéculative, occuper un des derniers degrés parmi toutes les explications de l'intérêt.

Il était réservé à l'un des représentants les plus remarquables de l'école autrichienne, que nous avons bien souvent nommé, M. de Bohm-Bawerk, de présenter une théorie absolument complète et originale de la question.

Il l'a fait en deux forts volumes dont le titre général est *Kapital und Kapitalzins* et dont la première édition parut à Insbrück en 1884. L'ouvrage est divisé en deux parties dont la première est consacrée à l'histoire critique des théories actuellement connues sur l'intérêt; c'est la partie en quelque sorte destructive de cette œuvre. La seconde en est la partie constructive.

Quant à la méthode qu'il a suivie et à l'esprit qui l'anime, il est assez singulier.

H. Saint-Marc dit en effet de lui : « Si l'école déductive n'avait pas existé, il est à croire que Bohm-Bawerk l'aurait inventée tant elle convient à son esprit, tant il s'y meut à l'aise. Il n'abandonne jamais un principe et le poursuit impitoyablement à travers toutes les circonstances de fait qui peuvent le cacher et le force enfin à produire au grand jour toutes ses conséquences. Aussi habile à pénétrer le système des autres qu'à exposer le sien propre, il les dissèque dans une analyse aiguë qui cherche l'âme et souvent trouve le néant..... Un terme revient souvent dans ses écrits, un terme qui le caractérise lui-même, celui de « casuiste ». Casuiste, en effet, au meilleur sens du mot, avec les finesses déliées des anciens docteurs de Sorbonne, des Pères Jésuites, il force le lecteur à une analyse sévère des notions économiques réputées les plus simples..... Et cependant, ce maître de l'analyse et de la déduction a abouti à un système qui me paraît singulièrement compromettant pour son école..... et tandis que ses critiques des autres systèmes n'ont trouvé que des admirateurs, quand il a exposé sa solution, il a été abandonné par tous et même par ses maîtres » [1].

Ce passage valait la peine d'être cité dans sa totalité, car il résume d'une manière très juste et très fine l'esprit et l'œuvre de M. de Bohm-Bawerk. D'autre part, il nous indique la physionomie et le plan de ce chapitre.

*\
* *

1° *L'histoire critique des théories.* — Elle est renfermée, comme nous l'avons dit, dans la première partie de *Kapital und kapitalzins* et l'auteur l'a intitulée « Gœschishte und Kritik der Kapitalzins Theorien » [2]. Cet ouvrage fit une profonde sensation.

Après avoir nettement posé le problème dans le chapitre Ier et énuméré les causes diverses qui, selon lui, ont longtemps empêché de voir clair dans la question, il se propose de faire une étude critique des diverses opinions émises dans le passé sur cet objet. « J'essaierai, dit-il, d'exposer dans leur ordre historique les tentatives scientifiques qui ont eu pour but de déterminer la nature et l'origine de l'intérêt du capital. J'essaierai aussi de déterminer par un examen critique le degré d'exactitude des diverses opinions émises à ce sujet » (p. 5).

Ce plan, que M. de Bohm-Bawerk se traçait, il l'a pleinement suivi, et il doit y avoir peu d'œuvres destructives ou critiques, embrassant un aussi grand nombre de doctrines,

[1] H. Saint-Marc, *Études sur l'enseignement de l'économie politique dans les Universités d'Allemagne et d'Autriche.* Paris, Larose, 1892, p. 77.

[2] Cette première partie seule est en ce moment traduite en français. — V. *Histoire critique des théories de l'intérêt du capital,* traduite sur la 2e édit. allemande par Joseph Bernard, 2 vol. Paris, Giard et Brière, 1902.

ni un aussi long espace de temps. De tout cet amas assemblé par plus de vingt siècles de pensées et de réflexions, il ne va pas demeurer grand'chose debout.

Aucun écrivain français, italien, allemand, anglais, ne va trouver grâce devant son impitoyable scalpel ; tous vont être minutieusement analysés, patiemment disséqués et finalement convaincus d'erreur ou d'illogisme.

Ce n'est pas que tous les auteurs qu'il critique aient chacun une théorie originale et personnelle ; ils se rattachent plus ou moins à un certain nombre de groupes, une douzaine environ, qui possèdent une doctrine à peu près commune sur les points principaux.

Dans les pages qui précèdent, nous avons insisté longuement sur trois de ces groupes, les plus importants à la vérité, et qui se réclament : l'un de l'idée de la productivité, l'autre de l'idée de l'abstinence, le troisième de l'idée d'exploitation et nous avons emprunté à l'auteur de l'*Histoire critique* nombre de ses arguments.

Nous n'insisterons pas sur le sort de cette brillante bataille, il fut décisif et complet. Mais, si l'on demeure à la fois étourdi et charmé de la hardiesse et de l'habileté merveilleuse de ce prestigieux jouteur, on ne reste pas sans crainte pour l'avenir car ce n'est pas tout de bien détruire, il faut encore rebâtir.

On attendait donc avec impatience la construction que M. de Bohm-Bawerk allait édifier sur ces débris. On l'a attendue cinq ans (¹).

.*.

2° *La théorie positive.* — D'une façon générale, la véritable originalité et le mérite incontestable des théoriciens de

_____

(¹) La deuxième partie de *Kapital und kapitalzins*, « Positive Theorie des Kapital », n'a paru qu'en 1889. Au moment où nous écrivons, elle n'est pas encore traduite en français.

l'École autrichienne consiste principalement dans ce fait qu'elle a nettement posé à la base même de la science économique le principe de l'analyse psychologique. Par certains côtés, elle se rapproche de l'école de Ricardo qui avait pris comme point de départ de ses déductions « l'homo œconomicus ». Mais au lieu de prendre l'abstraction pour la réalité, au lieu de s'en tenir, comme l'école déductive, à l'étude de cet être irréel, imaginé cependant avec tant de raison, l'école autrichienne a pris l'homme ou plutôt les hommes vivant en société, comme but essentiel de ses observations et de ses analyses. Naturellement, si le fond même de la méthode est le procédé analytique, elle ne renonce pas à user de la déduction, mais d'une déduction fondée sur l'expérience. L'analyse psychologique et la déduction constituent la méthode employée par M. de Bohm-Bawerk. L'observation fondamentale, celle qui domine tous les développements qui vont suivre, c'est la considération de l'influence du temps sur l'estimation de la valeur des biens.

Une des erreurs fondamentales de l'école classique anglaise avait été de négliger l'influence du temps dans la plupart de ses raisonnements et notamment dans ses déductions sur la valeur. On verra plus loin l'importance de cette erreur. Aussi ce ne fut pas un mince avantage que l'introduction de cette considération dans l'étude des phénomènes économiques.

Stanley Jevons avait pu être considéré comme ayant le premier (¹) attiré l'attention d'une façon quelque peu systé-

---

(¹) Ce n'est pas que l'idée de l'influence du temps soit une chose absolument nouvelle. L'observation psychologique sur laquelle elle repose a pu être faite dans tous les temps. On connaît la célèbre fable de La Fontaine : « Le pêcheur et le petit poisson » et la maxime qui la termine : « Un tiens vaut mieux que deux tu l'auras ». Bien d'autres maximes consacrent la même idée. D'autres économistes d'ailleurs l'ont formulée.

matique sur l'influence du temps, mais dès 1834, un économiste demeuré à peu près inconnu jusqu'à ces derniers temps,
l'Écossais John Rae, avait émis des vues très remarquables
sur l'importance de ce facteur qui forme, avec l'espace, le
cadre obligé de notre activité économique et sociale.

Cependant il était encore réservé à M. de Bohm-Bawerk de
donner à cette idée toute l'ampleur et toute la précision
qu'elle comportait. C'est lui qui l'a poussée jusqu'à ses conséquences les plus extrêmes et les plus inattendues et en a
fait la clef de voûte de tout son système d'explication de
l'intérêt.

La théorie de Rae pourrait être ainsi résumée dans ses
grandes lignes. Elle explique l'intérêt par l'influence du
temps sur l'estimation des besoins et des biens. Pour des
raisons qui sont en nous : la brièveté et l'insécurité de la vie,
la diminution progressive de notre faculté de jouir et enfin
nos passions momentanées, nous accordons aux joies et aux
besoins actuels et, par suite, aux moyens de provoquer les
unes et de satisfaire les autres, une valeur plus grande
qu'aux joies et aux besoins futurs ainsi qu'aux moyens qui
permettront de les faire naître ou de les satisfaire.

Cela étant, pour que nous nous décidions à faire un sacrifice présent en vue d'une jouissance future, il faut que cette
satisfaction de l'avenir nous indemnise, non seulement du
sacrifice présent, mais encore de l'attente de l'événement
futur. Ce surplus, correspondant à la valeur attribuée au
présent par rapport à l'avenir, n'est autre chose que l'intérêt.

Telle est la doctrine de Rae ([1]).

M. de Bohm-Bawerk, quoique sans la connaître, est parti

([1]) D'après Bohm-Bawerk, *op. cit.*, I, chap. XI et notamment p. 425, 426.

d'un point de départ absolument semblable et a abouti à des conclusions analogues.

D'après lui, toute explication de l'intérêt doit résoudre ces trois questions.

1° Expliquer le revenu qu'on obtient en prêtant un capital en argent, c'est-à-dire le prêt à intérêt, dans le sens le plus restreint du mot ;

2° Le loyer des biens de longue durée (non destinés à la production : maison d'habitation, cabinet de lecture, piano, etc.) qu'on obtient en les prêtant moyennant un prix annuel assez élevé pour laisser un excédent, un revenu net, après en avoir déduit les frais d'entretien ainsi qu'une prime d'amortissement ;

3° L'intérêt du capital lancé dans une entreprise productive dans laquelle on crée un produit dont la valeur laisse, défalcation faite de tous les frais, un excédent, ou plus-value qu'on peut attribuer à la coopération du capital, le « profit du capital » ([1]).

C'est la considération de l'influence du temps sur les estimations des hommes qui va servir à donner la solution de ces trois hypothèses.

Tout d'abord, le loyer de la simple épargne ou des biens économiques durables dépend incontestablement du temps, car le prêt de ces deux sortes de biens n'est pas autre chose qu'une transformation d'un bien présent en un bien futur ; c'est un mode particulier de l'échange.

Un bien présent, en effet, n'est pas identique au même bien, mais considéré dans l'avenir, et ce en quoi il en diffère

---

([1]) *Revue d'Econ. pol.*, 1889, art. de Bohm-Bawerk, *Une nouvelle théorie sur le capital*, p. 119. Dans toute la théorie qui va suivre, il est question seulement d'intérêt net, c'est-à-dire d'intérêt brut dégagé de primes d'entretien ou d'amortissement, de risque ou d'administration, en un mot, défalcation faite du faux intérêt.

c'est précisément sa place dans le temps. M. de Bohm-
Bawerk tient donc pour parfaitement exact que l'intérêt,
comme le pensait Rae, a ses racines profondes dans la différence des valeurs que nous attribuons aux biens présents et
aux biens futurs. Il considère comme également hors de conteste que les facteurs psychologiques introduits par cet économiste ont un rôle très important dans l'estimation de ces
valeurs. Mais, et là est le nœud même de la question, l'importance et les variations du taux de l'intérêt ne sont pas
seulement régis par ces facteurs psychologiques, mais encore
par les phénomènes techniques de la production qui ont déjà
donné naissance à l'idée d'une productivité propre du capital. Ces phénomènes techniques s'associent avec les facteurs
psychologiques pour donner la raison du fait que nous aimons
mieux les biens présents que les biens futurs et l'on peut
ainsi résumer la pensée de l'auteur (¹).

    Trois raisons contribuent à expliquer le fait en question :

    1° Une raison psychologique déjà exposée ; la brièveté et
l'insécurité de la vie, la diminution de notre faculté de jouir,
nos passions et nos intérêts momentanés ;

    2° Une raison économique : les besoins sont actuels et
demandent une satisfaction immédiate. Pour tous ceux qui
ont des besoins présents et ils sont légion, ce n'est pas avec
la certitude même absolue de les voir satisfaits dans l'avenir
qu'on pourra les apaiser. En définitive, il n'existe aucun
moyen de rendre présents les biens futurs, tandis que tous
nous nous acharnons à anticiper nos satisfactions ;

    3° Une raison technique : il convient de rappeler ici les
principales conclusions de M. de Bohm-Bawerk sur la formation et le rôle du capital dans la production. Le capital ne

---

(¹) Bohm-Bawerk, *loc. cit.*, *Rev. d'écon. polit.*, 1889, p. 121.

constitue pas un facteur originaire et indépendant. Avec certains détours habilement choisis, on peut obtenir plus de résultats que par le chemin direct avec la même quantité de forces productives originales. — Le capital est un symptôme et non pas une cause d'un détour dans la production. — Quelquefois, il devient une cause intermédiaire efficace pour servir à l'achèvement de détours avantageux déjà choisis. — Quelquefois, il devient une cause indirecte en nous permettant de choisir d'autres détours avantageux.

En somme et plus simplement, le capital productif n'est pas, selon notre auteur, autre chose que des « produits intermédiaires qui sont nés dans le courant du procès de production et qui sont caractérisés par une productivité « technique » plus ou moins grande V. *supra*, chap. I.

Mais cette production, à l'aide du capital, cette production détournée, tout en rapportant davantage, demande du temps avant d'avoir son plein effet. Celui-là seul pourra donc y recourir qui se trouvera pourvu de biens présents pendant toute la durée des préliminaires et jusqu'au moment du rendement. Pour pouvoir prendre un détour de production qui durera six mois, il faut que ses ressources présentes puissent constituer un approvisionnement au moins pour six mois.

Le producteur aimera donc mieux les biens présents que les biens futurs parce qu'ils lui assureront l'emploi des moyens de production des plus avantageux ([1]). Et voilà précisément l'idée qui relie les facteurs psychologiques aux éléments techniques dont il faut aussi tenir compte pour expliquer le phénomène de l'intérêt. La quantité des biens économiques produits est directement impressionnée par la durée

---

([1]) Bohm-Bawerk, *Rev. d'écon. pol.*, *loc. cit.*, p. 113.

même du procès de production capitaliste ainsi compris, durée qui est elle-même en fonction de l'importance des détours choisis.

En résumé, « chacun a des raisons pour estimer plus les » biens présents que les biens futurs : le pauvre diable parce » que c'est de biens présents qu'il a le plus grand besoin ; le » prodigue, parce qu'il ne songe pas à l'avenir ; le produc- » teur — et qui n'est pas plus ou moins producteur aujour- » d'hui ? — parce qu'ils lui assurent la supériorité des moyens » de production les plus avantageux » (¹).

Appliquons cette idée aux trois hypothèses ci-dessus :

Première hypothèse : intérêt du prêt, loyer d'une somme d'argent épargnée. — C'est l'hypothèse la plus simple, le mode le moins contestable d'échange d'une richesse actuelle contre une richesse de l'avenir. Si un possesseur d'épargne prêtait à un individu 1.000 francs aujourd'hui contre 1.000 francs à recevoir dans un an, il ferait un marché de dupe. Il faut donc ajouter quelque chose au moment de l'échange à la somme à restituer, de façon que les valeurs contre-échangées soient égalisées. Ainsi il faudra, par exemple, rendre 1.050 francs au lieu de 1.000 francs. Ce surplus, c'est l'inté-rêt.

Deuxième hypothèse : le loyer des biens non consompti-bles. — La valeur de ces biens se compose des services isolés, interrompus ou continus, peu importe, qu'il peut fournir. En supposant, pour simplifier, que ces services successifs aient tous la même valeur, un service qui ne rapportera quelque chose que dans un an est un service d'une valeur moindre qu'un service pour l'année présente et ainsi la valeur des services que rendent les biens diminue successivement sui-

---

(¹) *Ibid.*, p. 114.

vant la date plus ou moins éloignée de l'échéance (¹). Il est
facile, à l'aide des mathématiques, de calculer la valeur présente des services d'un bien économique non consomptible,
d'une durée supposée définie, et ceux qui seraient curieux de
voir comment M. de Bohm-Bawerk se joue au milieu de ces
difficultés pourraient se reporter à l'article cité de la *Revue
d'Economie politique*, 1889, p. 119 s.

En somme, le loyer des capitaux durables, tout comme
l'intérêt de l'argent, a sa raison suffisante dans cette idée très
simple que les biens comme les services futurs valent ordinairement moins que les biens et les services présents.

Cette partie de la construction de l'éminent économiste
autrichien a été assez facilement accueillie dans la science
économique, notamment aux Etats-Unis (²). Elle a marqué un
progrès très remarquable en contribuant à appeler l'attention
des économistes sur ce qu'était véritablement le problème
de l'intérêt et sur la solution qu'il comportait.

Mais il n'en a pas été de même pour la solution que M. de
BohmBawerk a donnée à la troisième partie du problème, et
cette dernière a provoqué à de violentes discussions.

Troisième hypothèse. — L'intérêt originaire du capital, ou
profit, paraît bien résulter à la fois du rôle du capital dans
la production et des facteurs psychologiques que nous avons
ci-dessus analysés.

L'intérêt est tout d'abord en rapport avec la grandeur du
capital employé et avec la durée du procès de production.
Si l'entrepreneur a employé 1000 fr. pour acheter travail,
matière première, outils, etc., et si la période de production

(¹) Bohm-Bawerk, *loc. cit.*, *Rev. d'écon. pol.*, 1889, p. 119.
(²) V. Leroy-Beaulieu, *op. cit.*, I, p. 210, note 1. — V. dans le même sens que
M. de Bohm-Bawerk, Ch. Gide, *op. cit.*, p. 409. — Pareto, *Cours*, I, p. 302, 303. —
V. aussi *infra*. — V. en sens inverse Cauwès, *Cours*, III, p. 224. — Pantaleoni,
Principii di Economia pura, 1894, Firenze, 2ᵉ édit., p. 299 et suiv.

dure un an, elle aboutira ordinairement à un produit de
1.050 fr. Cet excédent de 50 fr. représente le profit du capital.

Pour comprendre parfaitement la démonstration qui va
suivre, il faut bien remarquer que, d'après les doctrines autri-
chiennes de la valeur (et c'est là d'ailleurs le point très délicat et un peu obscur de cette œuvre remarquable), la valeur
des biens producteurs est mesurée par la valeur des produits
issus de leur collaboration (1).

Cela étant, les produits d'après lesquels nous estimons le
groupe des moyens de production sont pour le moment des
biens futurs. Ils n'existeront et n'auront leur pleine valeur de
biens présents que lorsque le procès de production sera
achevé.

Voilà pourquoi, si nous estimons le produit futur 1.050 fr.,
nous ne pouvons estimer les éléments de production que
1.000 fr., parce que 1.000 fr. du moment présent valent justement autant que 1.050 fr. de l'année prochaine.

Si donc les entrepreneurs achètent leurs moyens de production, et parmi ceux-ci le travail, à un prix plus bas qu'ils
ne vendront en son temps le produit achevé, ce n'est point
à cause d'une faculté particulière du capital d'engendrer de
la plus-value, ce n'est pas non plus parce qu'ils exploitent
leurs ouvriers, mais simplement parce que tous les biens
productifs, quoique matériellement présents, sont, d'après
leur nature et leur destination économique, des biens futurs
et que la marchandise de l'avenir a toujours moins de valeur
que la marchandise du moment présent.

Mais à mesure que la production s'avance, le bien productif, le capital, passe de l'état de chose du futur à l'état de

---

(1) St-Marc, *Revue d'Econ. pol.*, 1888, p. 118, 119, 125.

produit achevé, de bien de jouissance actuelle possible et acquiert naturellement et progressivement la valeur complète qui est le propre des biens présents. Cet accroissement de valeur, cette plus-value du capital des entrepreneurs étant successive, se partagera entre les divers entrepreneurs, dans les mains desquels elle a passé (¹).

§ II. *Appréciation.*

Que devons-nous penser de cette solution ?

Tout d'abord, on ne saurait trop louer M. de Bohm-Bawerk d'avoir nettement posé le problème de l'intérêt et notamment d'avoir distingué deux choses absolument différentes : l'intérêt stipulé du prêt et l'intérêt originaire du capital, ou, comme d'autres disent, le loyer de l'épargne et l'intérêt du capital proprement dit. Cette confusion a été dans le passé la source de trop d'erreurs (²) pour que nous ne manquions pas de faire ainsi ressortir le service rendu à la science. Elle était d'ailleurs le corollaire de la vieille erreur de l'école classique anglaise, erreur que nous avons mentionnée et qui consistait à confondre le possesseur de l'épargne et l'entrepreneur.

Si nous nous en tenons maintenant au loyer de la simple épargne, et du côté du prêteur seulement, la thèse de M. de Bohm-Bawerk n'est guère soutenable, et il n'est pas absolument exact de dire que l'intérêt s'explique par la préférence des hommes pour les biens présents. On pourrait même assez facilement renverser la proposition et dire que

---

(¹) Bohm-Bawerk, *loc. cit.*, *Revue d'écon. pol.*, 1889, p. 116, 117, 118. — Cf. Bohm-Bawerk, *Histoire critique, passim* et notamment II, p. 42, 43 et 44.

(²) Cette confusion a contribué notamment à rendre incohérente et sans issue possible la célèbre discussion de Bastiat et de Proudhon sur l'intérêt.

l'intérêt explique au contraire la préférence donnée aux biens futurs.

Le prêteur, en effet, est un homme qui préfère les biens futurs. Il existe même des prêteurs assez « antihedonistiques » (et le nombre s'en accroît tous les jours) pour préférer à des biens présents des biens futurs mathématiquement identiques, c'est-à-dire des biens plus petits à des biens plus grands, par exemple, 100 francs du futur à 100 francs du présent. On sait en effet que la Banque de France et la Banque d'Angleterre ne servent point d'intérêt à leurs déposants. Or, ces dépôts atteignent néanmoins un chiffre très considérable : plusieurs centaines de millions. Il y a même des déposants qui consentiraient à payer pour recevoir des biens futurs, qui consentiraient à verser 102 ou 103 francs du présent contre 100 francs du futur (¹).

En laissant de côté ce cas extrême, il n'en demeure pas moins vrai que le prêteur est un homme qui préfère les biens futurs, mais non pas des biens futurs identiques aux biens présents dont il s'est dessaisi. Pour lui, l'intérêt n'est pas purement et simplement « l'effet », la conséquence du prêt, c'est-à-dire de la transformation de biens présents en biens futurs; mais c'est plutôt la « cause » du prêt qu'il faudrait dire. L'intérêt a pu être, pour le prêteur, la conséquence de l'influence du temps sur l'estimation des valeurs, mais il faut se reporter, pour le constater, dans des temps très anciens ou dans des sociétés imaginaires de Robinsons et de Vendredis. Dans nos sociétés modernes, l'intérêt est devenu le plus souvent la cause déterminante du dessaisissement de l'épargne. L'intérêt n'est pas donc pleinement expliqué du côté du prêteur par la préférence que les hommes ont pour

(¹) Ce fut notamment le cas des Banques d'autrefois. V. par exemple Gide, *op. cit.*, p. 335, 336, 337, note.

les biens présents, mais c'est l'intérêt qui explique la préférence des prêteurs pour les biens futurs.

Du côté de l'emprunteur, la question se complique. Elle se subdivise selon que l'on considère le prêt à la consommation ou à la production, selon que l'on envisage un prodigue, un pauvre diable ou un entrepreneur.

L'emprunteur à la consommation est un homme qui préfère les biens présents parce qu'ils lui permettent de satisfaire des besoins pressants ou d'anticiper des jouissances, et ici nous considérons l'analyse de M. de Bohm-Bawerk comme absolument exacte.

Mais il n'en est pas de même si l'on se place au point de vue de l'emprunteur à la production. Celui-ci est un entrepreneur, c'est-à-dire un homme qui transforme l'épargne en capitaux. L'épargne qu'il emprunte, il la transforme en biens futurs, non seulement économiquement, mais matériellement durant le procès de production. Et c'est ici véritablement que se pose le problème de l'intérêt originaire du capital, et c'est aussi ici qu'apparaît la faiblesse de la construction de M. de Bohm-Bawerk.

Et d'abord est-il vrai que les biens producteurs soient appréciés toujours d'après la valeur des produits issus de leur collaboration ?

Nous verrons plus loin que pour la plupart des biens instrumentaux ou complémentaires qui constituent la plus grande partie du capital industriel ou commercial, on ne peut pas dire que cela soit. Leur valeur se fixe sur le marché, comme nous le verrons, au moyen d'un ensemble de conditions très complexes où dominent toutefois les influences conjuguées de leur coût de production et de leur utilité finale.

L'observation de l'école autrichienne est peut-être exacte si l'on considère uniquement les exemples qu'elle envisage.

Les terres qui produisent le cru renommé de château Yquem peuvent valoir très cher, parce que leur vin se vend à un haut prix, mais à quel moment faut-il se placer pour constater un semblable phénomène ? Assurément pas à notre époque où les biens producteurs de ce genre ont plusieurs fois changé de mains, et où la rente qu'ils produisaient a été capitalisée, et est venue augmenter la valeur de ces propriétés, valeur qui sans cela eût été égale à celle des terres moins favorisées (¹). Et alors le phénomène suivant a lieu. Bien loin que ce soit la valeur des produits sur le marché qui détermine la valeur de leurs éléments producteurs, la valeur de ces éléments de production, telle que nous la verrons se former, devient un élément déterminant du coût de production, et vient limiter de tout son poids l'influence du prix de vente des produits. Il est incontestable, en effet, qu'il existe des terres ne donnant pas un revenu assez élevé pour couvrir même l'intérêt des capitaux qui y ont été incorporés. A ce moment là, l'influence du coût de production sur la valeur des produits commence à se faire sentir. Si les circonstances le permettent, la production sera ralentie. Mais il arrivera sans doute que, souvent, la récolte couvrira juste les frais d'exploitation et que l'on continuera celle-ci tout de même, dans l'espoir d'un retour heureux de la fortune. Souvent même on franchit la limite au-dessous de laquelle les produits ne paient plus le travail nécessaire chaque année pour poursuivre l'entreprise. La production peut quelquefois

---

(¹) Les grands crus sont même des objets de luxe, et qui sont, si l'on compte bien, l'occasion de plus de dépenses que de revenus. — V. notamment d'Avenel, *Le mécanisme de la vie moderne*, 1ʳᵉ série, 2ᵉ édition. Paris, Colin, 1896, ch. V. D'ailleurs les exemples sont choisis par l'école autrichienne parmi les biens qui ne sont pas reproductibles à volonté. Or nous serons amené à constater que la coïncidence de la valeur et du coût de production ne se produit que pour les biens dont on peut augmenter la quantité comme on le veut.

continuer dans ces conditions, mais elle finit bientôt par être abandonnée.

En somme, il est exact que dans certaines conditions la valeur du produit influe sur la valeur du bien producteur, mais il est aussi exact de dire que la valeur des éléments producteurs influe sur celle des produits, il y a là tout simplement un ensemble très complexe d'actions et de réactions réciproques.

Une fois mis en doute, ou tout au moins atténué dans son importance, ce point de départ de l'école autrichienne, l'argumentation de M. de Bohm-Bawerk se trouve considérablement ébranlée.

Évidemment l'entrepreneur est un homme qui préfère les biens présents, mais dans ce procès de production qui va commencer et où le capital va agir simplement comme élément technique, la personnalité si remarquable de l'employeur, de ce capitaine de l'industrie, son rôle si actif, si fécond est absolument laissé de côté. La grandeur du profit (kapitalgewinn) est liée à l'importance du capital employé. Mais combien cette assertion de M. de Bohm-Bawerk est hasardée ! Que de fois ne constatons-nous pas, à côté d'entreprises dotées d'un grand capital et ne donnant aucun profit, l'exemple de petits établissements industriels dont le revenu est hors de proportion avec le capital engagé !

Quoi qu'il en soit, il est bien certain que c'est autour de l'entrepreneur que la partie se joue. Comme le fait en effet observer M. Pantaleoni, en recevant un bien présent et en s'obligeant à restituer un bien futur plus grand (M. de Bohm nie que cela soit) dans l'avenir, l'emprunteur doit connaître un moyen à l'aide duquel il se trouvera à même de faire honneur à son engagement. Car, s'il ne connaissait pas cette méthode, il se trouverait tout au plus avoir entre les mains au moment du remboursement ce qu'il avait à la conclusion de son prêt (¹).

Ce moyen c'est incontestablement la production matérielle des biens. Mais il faut le remarquer, la cause de l'intérêt n'est pas, comme le croit M. Pantaleoni, dans « la productivité du capital comme bien complémentaire dans un procès technique avantageux » ce qui ferait tomber cette théorie dans le groupe de la productivité (²). La cause en est plutôt, comme nous le verrons, dans l'existence d'une marge entre les frais de production de l'entrepreneur et le prix auquel il vend ses produits, marge qui se manifeste souvent dans notre société à libre concurrence imparfaite et que tous les entrepreneurs escomptent quand ils contractent un emprunt. En somme, pour que le raisonnement de M. Pantaleoni constituât une réfutation victorieuse des assertions de M. de Bohm-Bawerk, il eût resté à démontrer qu'à côté de cette production matérielle effectuée à l'aide du capital, coexiste souvent une production en valeur, due à des causes différentes de la productivité technique des biens intermédiaires ou complémentaires.

En résumé, M. de Bohm nous a donné une solution singulièrement étroite de notre problème; elle constitue une véritable déception. Etroite, car il est inexact de concevoir un phénomène comme l'intérêt, lié à une unique cause, que ce soit le « temps », la productivité ou tout autre qu'on voudra imaginer.

L'intérêt, comme le salaire, comme la valeur, comme la population, comme en un mot tous les phénomènes économiques ou sociaux ne sont pas autre chose que des résultantes au sens que la mécanique pure donne à cette expression. Ce n'a pas été une des moindres découvertes, un des moindres

(¹) Pantaleoni, *Principii di economia pura*. Firenze, 2ᵉ édit., 1894, p. 300, 301.
(²) Bohm-Bawerk, *op. cit.*, II, p. 248, 249.

bienfaits des derniers travaux scientifiques et en particulier de ceux de l'école mathématique, que d'avoir systématisé ce qu'on avait simplement entrevu jusqu'alors, c'est-à-dire le fait de la mutuelle dépendance des phénomènes économiques et sociaux. Chaque fait n'est pas rattaché à un autre fait unique comme un fleuve à sa source, comme une conséquence à son principe ; chaque fait est en relation directe ou indirecte avec les autres phénomènes qui composent le système économique ; de telle sorte qu'il est souvent dangereux et dans une certaine mesure antiscientifique de rechercher la « cause » d'un phénomène. Ce qu'il faut essayer de découvrir, ce sont les causes ou plutôt les relations d'interdépendance qui le relient aux autres phénomènes. Malheureusement l'imperfection de nos méthodes logiques, même puissamment aidées par la logique mathématique, ne peut nous permettre presque jamais de comprendre et d'embrasser l'ensemble de ces relations et, par suite, d'en donner une formule quelque peu précise.

M. de Bohm-Bawerk, et c'est là, à notre avis, son erreur fondamentale, n'a examiné qu'une de ces relations, celle de l'intérêt, avec le temps et les facteurs psychologiques, et il a négligé de relier le phénomène de l'intérêt avec les autres phénomènes principaux du système économique, les prix, les quantités produites et échangées, etc.

L'échange, la production, la capitalisation doivent être considérées ensemble (¹).

Tous ces phénomènes économiques s'accomplissent dans le temps ; donc la considération de la transformation de biens présents en biens futurs apparaît dans l'étude de tous ces phénomènes. Cette transformation est plus ou moins importante, mais elle ne manque jamais (²).

(¹) V. Pareto, *Cours*, I, p. 314, 315 et *passim*.
(²) V. Pareto, *ibidem*, p. 305.

M. de Bohm-Bawerk a donc fourni une idée très remarquable par son ampleur, puisqu'elle est susceptible d'être étendue à tous les phénomènes, mais singulièrement étroite quant à ses conséquences, et spécialement pour l'étude qui nous occupe.

L'œuvre est néanmoins grandiose, supérieurement conduite dans la première partie (*Histoire critique*).

On doit surtout être reconnaissant à M. de Bohm-Bawerk d'avoir définitivement enterré nombre de préjugés qui avaient eu la vie singulièrement dure, d'avoir débarrassé la science économique de quantité de conceptions surannées, de sophismes dangereux et tenaces.

Elle est inégale et en un certain sens inexacte dans sa seconde partie (théorie positive). Si l'éminent économiste autrichien y a manqué son but, il laisse du moins le champ libre pour les constructions à venir.

Nous allons essayer de nous aventurer à notre tour sur ce terrain libéré (¹).

*
* *

M. Landry a présenté une critique tout à fait inattendue de la théorie de M. de Bohm-Bawerk, et il l'a fait de la manière qui sera, pensons-nous, le moins agréable à ce dernier. On se souvient, en effet, que M. Landry est revenu à ce mode d'explication que l'auteur de la *Positive théorie* pensait avoir fait à jamais disparaître de la science économique. Décidément il est toujours des morts qu'il faut qu'on tue !

La théorie de M. de Bohm-Bawerk, dit M. Landry, contient la plupart des matériaux de la théorie vraiment scientifique de l'intérêt; mais il lui a manqué d'agencer convenablement

(¹) M. Walras a présenté une brève réfutation de la théorie de M. de Bohm-Bawerk dans la préface de la 4e édit. de ses *Éléments d'écon. pol. pure,* p. xvii et xviii. Mais cette réfutation, toute mathématique, ne peut être comprise que par les initiés.

ces matériaux. M. de Bohm-Bawerk, comme les fondateurs
de systèmes nouveaux, a eu le tort de vouloir ramener à une
unique idée, celle qu'il a découverte, toutes les causes de
l'intérêt (¹).

M. Landry lui reproche en outre, et en ceci nous sommes
pleinement d'accord avec lui, de tourner dans un cercle
vicieux. En somme, dire : il y a un intérêt parce qu'il existe
un agio des biens présents, c'est dire : il y a un intérêt parce
qu'il y a un intérêt ! (²).

Mais il nous semble que M. Landry fait totalement fausse
route lorsqu'il accuse M. de Bohm-Bawerk de s'être mépris
sur le rôle véritable de la productivité du capital (³).

Son erreur fondamentale, comme celle de M. de Bohm-
Bawerk, — et le défaut s'exagère chez M. Landry, — c'est
d'avoir recherché l'explication de l'intérêt, uniquement dans
des analyses subtiles et abstraites — si élégantes ou profondes soient-elles — des motifs psychologiques ou autres, qui
poussent les individus à prêter, à emprunter, et à capitaliser.

C'est surtout d'avoir méconnu le sens de cette évolution
historique, que nous avons dégagée dans notre première partie, et qui portait invinciblement à rechercher le pourquoi et
le comment de l'intérêt dans l'analyse de l'intérêt originaire
du capital, c'est-à-dire dans l'analyse scientifique des faits
qui se déroulent autour de la capitalisation, certes, mais aussi
et surtout autour de la production et de la circulation des
richesses ; d'avoir négligé de relier le phénomène de l'intérêt
aux autres éléments de l'équilibre économique auxquels il est
indissolublement enchaîné.

(¹) *L'intérêt du capital*, p. 229.
(²) P. 227.
(³) P. 217. — V. aussi tout le chap. VII, p. 197 et s.

Conclusions.

Nous avons déjà observé que nous acceptions en partie, pour expliquer la notion du prêt, la théorie que nous venons d'exposer. Précisons nettement dans quelles limites.

L'épargne est constituée par les biens que l'homme met de côté et s'abstient de consommer. Épargner c'est comparer deux utilités, c'est faire un choix entre une jouissance immédiate et une jouissance différée. En d'autres termes, l'épargne n'est autre chose qu'un mode de transformation des biens dans le temps ; épargner c'est transformer une richesse présente en une richesse future.

Quant à la détermination d'épargner, elle a pour cause tout d'abord l'instinct de prévoyance et plus tard pour stimulant la perspective de retirer un bénéfice par la location des biens épargnés.

L'épargne une fois constituée, peut recevoir deux destinations : ou bien elle est consommée et détruite définitivement ou bien elle est détruite puis reconstituée. Le possesseur de l'épargne peut ou bien la consommer lui-même pour le plaisir que procure sa consommation, ou bien lui-même la transformer en capitaux.

Mais l'épargne ne reste pas normalement dans les mains de son possesseur. D'une manière générale, dans nos sociétés, c'est en vue du prêt que l'épargne est constituée pour sa plus grande partie.

Nous ne sommes plus dans les rapports de l'homme avec son épargne, nous nous trouvons maintenant sur le terrain de l'échange. Deux individus au moins sont en présence, celui qui a épargné et un emprunteur. Une convention intervient entre eux qui a pour conséquence directe le passage des biens épargnés des mains du premier entre les mains du second et la promesse de la part de l'emprunteur de payer un intérêt. Bien entendu, l'épargne prêtée devra revenir intégralement à celui qui l'a créée, à l'expiration de la période convenue.

Quelle est la nature économique d'une semblable convention ? Telle que nous venons de la décrire, la convention se réduit essentiellement à ceci, l'échange d'un bien présent, l'épargne constituée, contre un bien futur, cette même épargne au moment de la restitution. Ces deux biens sont économiquement inégaux, comme l'a démontré M. de Bohm-Bawerk. Celui qui restituerait dans le futur le même bien qu'il a reçu dans le présent, rendrait moins qu'on ne lui a donné. Il faut donc ajouter quelque chose pour rétablir l'équilibre entre ces deux prestations. C'est en effet au moment où se conclut le contrat qu'il faut se placer pour faire ces évaluations.

Cela étant, nous pouvons définir le prêt, en disant avec M. Pareto (¹) qu'il est « une opération par laquelle deux ou plusieurs individus transforment des biens présents en biens futurs, suivant que l'on considère le prêteur ou l'emprunteur ».

Le prêteur, ajoute-t-il, est une personne qui préfère les biens futurs aux biens présents. Cette préférence peut être telle que le prêteur se résigne à ne rien recevoir ou bien à supporter des frais pour cette transformation de biens présents en biens futurs. C'est le cas de personnes qui déposent leur argent, sans en tirer aucun intérêt, ou même en payant quelque chose.

Mais, il faut le reconnaître, les trois quarts du temps cette préférence que le prêteur professe à l'égard des biens futurs est déterminée par la perspective de l'intérêt. Cette constata-

(¹) Pareto, *Cours*, I, p. 302.

tion relie le phénomène du prêt non plus seulement aux facteurs psychologiques dont M. de Böhm-Bawerk a fait une si brillante analyse, mais à tous les autres phénomènes économiques, capitalisation, échange, production. Nous le montrerons un peu plus loin en étudiant le mécanisme de la production des biens et de la satisfaction des besoins sociaux.

L'emprunteur, au contraire du prêteur, est un individu qui préfère les biens présents aux biens futurs. Cette préférence peut avoir une double cause :

1° Le désir d'anticiper une jouissance. L'emprunteur se contente, dans ce cas, de pourvoir à des besoins actuels qui demandent impérieusement une satisfaction. La relation d'un semblable individu avec un possesseur d'épargne, est un prêt ou un emprunt à la consommation (¹).

Nous savons que, d'une manière générale, le crédit à la consommation est chose néfaste, à la fois pour le prêteur et pour l'emprunteur. Ce n'est pas à dire toutefois qu'il entraine toujours des ruines. Il peut d'ailleurs durer indéfiniment. Il se conserverait notamment dans une société où n'existerait plus de prêt à la production parce que les entrepreneurs seraient propriétaires des capitaux qu'ils emploieraient (²).

Le prêt a eu lieu presque uniquement sous cette forme dans l'antiquité et au moyen-âge. Aujourd'hui, si l'on en excepte certains emprunts publics qui paraissent bien avoir le caractère d'emprunts de consommation, c'est sous la forme de prêts à la production que se font la plupart des emplois de l'épargne.

2° La préférence que l'emprunteur a pour les biens présents peut provenir d'une autre cause : l'espoir d'un gain à obtenir en employant l'épargne à la production. C'est là le

---

(¹) Parelo, p. I, 310.
(²) *Ibid.*

prêt ou l'emprunt productif. C'est de nos jours, nous l'avons vu, de beaucoup le plus important.

Le prêt étant donc essentiellement la transformation d'un bien présent en un bien futur ou la transformation d'un bien futur en un bien présent, le loyer de l'épargne ou l'intérêt dépend directement du temps. Mais il n'est pas rigoureusement proportionnel à ce dernier élément. Nous savons que ce loyer n'est pas le même pour les prêts à court terme et à longue échéance. V. *supra* (1re partie, § II).

La hauteur de ce loyer est, en outre, liée aux autres phénomènes économiques, échanges, production, etc.

C'est par l'échange que l'épargne se transforme en capital, par la vente achat que l'entrepreneur fait de force de travail, de moyens et d'objets de production fournis sur le marché par d'autres entrepreneurs.

En résumé, la possession, la circulation de l'épargne met en présence d'ordinaire quatre individus.

1° Un possesseur d'épargne déterminé dans son rôle d'épargnant par une série d'influences parmi lesquelles figurent l'instinct de prévoyance, l'état des institutions propres à le développer qui dépend à son tour de l'évolution sociale (et ainsi le phénomène de l'épargne se trouve relié aux autres phénomènes sociaux) et par dessus tout la hauteur du loyer qu'on retire du prêt de cette épargne.

2° Un emprunteur à la consommation.

3° Un entrepreneur qui transforme l'épargne en capitaux personnels, mobiliers et fonciers et est déterminé dans son action par la perspective de hauts profits dont l'apparition est liée à une foule de conditions.

4° Un autre entrepreneur à qui le précédent achète, au moyen de l'épargne empruntée, les objets et moyens de production.

(Les entrepreneurs sont supposés fabriquer, soit des objets servant directement à la consommation, soit des produits susceptibles d'être employés à la production).

Ces personnages sont les acteurs multiples de ce grand drame à cent actes divers dont l'économie politique a la prétention de rendre fidèlement compte.

Bien entendu, il peut se faire que ces individus se réduisent à moins. L'entrepreneur, par exemple, peut être possesseur d'épargne et de certains capitaux. Cela se produit en fait la plupart du temps, mais ne change rien à l'analyse que nous venons de faire.

Pour rendre compte d'une manière intégrale du phénomène de l'intérêt, il faudrait donc étudier les actions réciproques de ces divers individus.

Nous avons déjà fait cette étude en ce qui concerne les possesseurs d'épargne et les emprunteurs à la consommation.

Nous devons maintenant la poursuivre en ce qui touche les entrepreneurs, cela nous permettra en même temps de parler de la consommation et de la manière dont il y est pourvu.

C'est là le but de notre troisième partie.

TROISIÈME PARTIE

L'entrepreneur et le profit.

Nous allons nous demander maintenant quel est le fondement économique de l'intérêt originaire du capital. Reprenons l'hypothèse. Nous voulons savoir comment il se fait que le produit qui sort d'une entreprise productive, agricole, industrielle ou commerciale, manifeste normalement un excédent de valeur par rapport au faisceau des forces économiques qui ont été nécessaires à sa production ; nous voulons savoir pourquoi A' est normalement plus grand que A si nous nous reportons à la formule de la production capitaliste donnée par Marx et que nous avons citée à plusieurs reprises (A — M... P... M' — A').

Nous avons vu sommairement ce qu'était la production et le rôle que le capital était appelé à y jouer.

Produire, au sens ordinaire de l'expression, ce n'est pas créer, ce n'est pas faire quelque chose de rien. Rien ne peut sortir du néant, comme rien n'y peut rentrer ; selon l'expression de la chimie moderne, rien ne se perd et rien ne se crée. Produire c'est approprier le monde matériel à notre usage, à nos besoins, c'est combiner les forces naturelles, telle que la gravitation, la résistance de la matière, la lumière, la chaleur, l'électricité, les mouvements musculaires, etc., les incorporer dans les biens matériels de telle sorte que, le moment venu, nous puissions les employer à la satisfaction de nos besoins en utilisant ces forces naturelles qui existent en eux. Produire, en un mot, c'est former des biens, c'est-à-dire des formes particulières de la matière permettant de diriger à l'avantage de l'homme les forces naturelles qu'elles contiennent.

Telle est la notion ordinaire et normale, connue et sentie dans tous les temps et dans tous les pays. C'est la notion de la production qui s'oppose à la notion de la consommation, laquelle consiste à extraire, à utiliser, à épuiser les forces contenues dans les produits.

Il n'y a d'ailleurs qu'une antithèse apparente entre la production et la consommation. Au point de vue physique et au point de vue chimique, il n'y a au fond qu'un acte d'une seule et même nature, considéré seulement à deux moments différents de la circulation indéfinie de la matière, toute production étant, en somme, une consommation.

Mais il est une autre conception de la production, conception qui s'est lentement dégagée depuis le moyen-âge. Cette notion est contemporaine de la notion de valeur d'échange, et c'est le même fait qui a provoqué leur naissance à toutes deux. Ce fait c'est le grand émancipateur des idées économiques, c'est le progrès, le développement de la division du travail, la naissance des entreprises, la constitution des grands marchés modernes.

Puisque, ainsi que nous venons de le voir, toute production se résout en définitive en une consommation, on a dû comparer le produit achevé aux consommations préalables dont il est la conséquence, on a dû se demander si la production créait une augmentation relative de richesse, si la valeur du produit dépassait la valeur de ses composantes. De là est née la seconde conception de la production. Produire, comme le dit M. Cauwès, c'est « créer une valeur en échange supérieure à la valeur dépensée », c'est faire en sorte que A' soit plus grand que A. Produire des biens n'est pas toujours créer de la valeur ; comme le dit Droz, fabriquer n'est pas toujours produire.

Tels sont les deux sens principaux du mot production.

Dans nos sociétés modernes, ils se confondent la plupart du temps ou plutôt, comme nous le verrons, on n'a guère en vue que le second. On ne produit guère qu'en vue de la plus-value, et c'est par voie de conséquence que le premier but de la production, la satisfaction des besoins, est assurée.

Un rapide coup d'œil sur le passé nous montrerait qu'il n'en a pas toujours été ainsi.

Inconnue dans la production domestique au sein de la *Natural Wirthshaft* et dans quelques-unes des formes d'industrie qui lui succèdent (¹), la production proprement dite, la production en vue de l'échange et de la plus-value, apparaît dans cette phase de l'évolution de l'organisation industrielle qui est caractérisée par le développement du métier.

A la production autonome a succédé l'entreprise ; au producteur-consommateur, au travailleur dépendant du consommateur s'est substitué le producteur pour autrui.

Cette évolution paraît aujourd'hui en voie d'achèvement, et dans notre milieu économique caractérisé par un développement considérable des voies de communication, par la rapidité et le bon marché des transports, par une division du travail poussée jusqu'à des limites inconnues, par un progrès inouï du machinisme, par l'accroissement colossal des capi-

---

(¹) V. sur le développement historique des formes de la production K. Bücher, *Etudes d'histoire et d'économie politique*, traduction française de A. Hansay. Bruxelles-Paris, 1901, ch. III.—Cpr. Schwiedland, « Les formes d'industrie », *Rev. d'écon. polit.*, 1892. — Cpr. Pareto, *Cours*, II, p. 179 et s.

taux et leur concentration, c'est la fabrique qui est la forme
technique de la production. La forme économique qu'elle
révèle est l'entreprise et son organisation est confiée à des
personnages particuliers, est spécialisée entre les mains des
entrepreneurs.

⁎

La notion de l'entreprise est encore assez peu précisée. On
paraît cependant généralement d'accord pour affirmer que
la production par entreprise s'oppose à la production domestique.

Or, dans la production domestique, le producteur pourvoit à
ses propres besoins : c'est le cas de l'habitant des campagnes
du xiiᵉ siècle ou même du paysan bukowinien de nos jours,
dont M. Bücher nous décrit complaisamment l'existence [1].

La production par l'entreprise manifeste une tendance tout
à fait opposée. Par suite d'une grande division sociale des
tâches, un producteur isolé ne peut suffire à un seul de ses
besoins, même le plus infime ; par ailleurs, un fabricant
moderne peut satisfaire le même besoin chez une immense
quantité de personnes.

D'autre part, dans l'industrie domestique, le producteur
n'a pas en vue de réaliser un gain, il produit simplement
pour satisfaire ses besoins. Dans la forme moderne de l'exploitation industrielle, au contraire, et ce point se précisera
quand nous étudierons la fonction de l'entrepreneur, l'entreprise cherche avant tout à réaliser des bénéfices, et ce n'est
que par voie de conséquence que s'opère la satisfaction des
besoins du consommateur.

De cette comparaison, l'entreprise ressort avec au moins
deux caractères particuliers principaux :

[1] V. Bücher, *op. cit.*, p. 123 et s.

1° La production pour autrui ;

2° La production en vue d'un gain.

Ces deux caractères apparaissent nettement dans la définition que donne de l'entreprise l'économiste anglais Marshall.
C'est, dit-il, « tout acte de pourvoir aux besoins des autres
» accompli en vue d'un paiement direct ou indirect de ceux
» qui doivent en bénéficier » (¹).

Par suite, ne pourraient être considérés comme entreprise
les actes de production de la plupart des grands Etats moder-
des qui possèdent des ateliers considérables pour la construction de leurs vaisseaux de guerre ou la fabrication des armes
à feu ou des armes blanches dont ils équipent leurs soldats,
etc. L'Etat, dans ces hypothèses, ne produit pas en vue de
l'échange, il pourvoit à ses propres besoins et ne s'occupe
pas des besoins d'autrui ; il est un grand producteur autonome.

Au contraire la plupart des monopoles d'Etat, tels que les
tabacs, les allumettes, la poudre de chasse, les chemins de
fer, sont de véritables entreprises. Là, en effet, l'Etat ne produit pas pour ses propres besoins, et de plus il cherche à se
procurer des bénéfices et des plus-values, ce qu'il n'obtient
d'ailleurs pas toujours (²).

La production de biens ou de services faite par seule affec-
tion ou par obligeance naturelle, n'est pas une entreprise,
car elle manque du deuxième caractère que nous avons
reconnu à cette dernière, la poursuite d'un gain ou d'un
bénéfice. Ainsi ne pourraient être considérés comme entreprises ni l'acte par lequel l'Etat fonde un musée gratuit, ni

---

(¹) Marshall, *Principles of economics.* — Cf. M. Porte, *Entrepreneurs et profits
industriels.* Thèse Grenoble, 1901. « L'entreprise est la production faite dans
» l'espérance d'un gain de biens ou services destinés à satisfaire aux besoins d'au-
» trui », p. 14.

(²) V. *infra.,* chap. III.

l'acte par lequel une personne charitable crée un hospice,
un orphelinat, un sanatorium gratuits.

On a voulu considérer quelquefois le fait de supporter les
risques comme constituant un trait caractéristique des entreprises. Mais il est facile de démontrer que dans une société
à vie économique sans échange, ou dans une société communiste ou collectiviste, les risques économiques, c'est-à-dire
résultant d'une mauvaise adaptation de la production à la
consommation, ne peuvent en aucune manière être complètement éliminés. Ils peuvent simplement être atténués dans une
certaine mesure. Quant aux risques techniques, c'est-à-dire
ceux qui se réfèrent à l'accomplissement matériel des opérations de la production, ils ne peuvent être bannis d'aucune
espèce de production, voire la plus simple (¹).

La réunion du capital et du travail n'est pas non plus un
des caractères essentiels de l'entreprise, comme certains l'ont
affirmé. On rencontre ce caractère dans tous les autres modes de la production, à un moindre degré il est vrai (²).

Il ne faudrait pas confondre enfin avec l'entreprise l'agio-
tage qui, s'il a pour but la poursuite d'un gain pour l'agioteur,
n'a pas, en revanche, le caractère de fournir la satisfaction des
besoins sociaux, ni avec la spéculation qui n'est qu'une espèce
particulière de jeu (³).

Ayant ainsi précisé les caractères essentiels de l'entreprise,
nous pouvons nous rendre compte combien notre mot français ci-dessus est insuffisant pour caractériser ce mode de
production. Cela excuse et justifie en partie les erreurs qu'on
peut rencontrer dans la définition de ces caractères. Les
Anglais ont le mot « business » et les Allemands le mot

(¹) M. Porte, op. cit., p. 10 et s.
(²) M. Porte, op. cit., p. 13 et s.
(³) M. Porte, op. cit., p. 14 et s.

« unternehmung » ; ces deux mots rendent mieux l'idée représentée par la chose.

*
* *

Puisque c'est l'entreprise qui est aujourd'hui la forme la
plus répandue et, pour ainsi dire, la forme-type de la production moderne, c'est dans son fonctionnement que nous
allons maintenant essayer de rechercher et de découvrir la
source de l'intérêt originaire du capital.

Mais cette forme de la production aboutit, avons-nous dit,
et c'est là un de ses traits caractéristiques essentiels, à la
création de biens qui sont vendus normalement plus cher
qu'ils n'ont coûté, qui se révèlent comme investis normalement d'une valeur plus grande que celle des éléments qui ont
collaboré à leur formation.

C'est ce remarquable excédent de valeur qui est incontestablement la source et la mesure de la plus-value. C'est donc,
en définitive, sur le terrain de la valeur que va se jouer la
partie décisive. C'est en étudiant la formation et les fluctuations des valeurs qu'on peut espérer voir se résoudre les dernières difficultés et finalement la lumière apparaître.

Et voilà pourquoi il était indispensable de bien préciser ce
que l'on entend par ce mot de valeur et de montrer la place
que cette notion occupe dans la science économique.

C'est l'objet du chapitre qui va suivre.

CHAPITRE PREMIER

LA NOTION DE LA VALEUR

On s'est fait très longtemps une idée fort incorrecte de cette notion et il est même curieux de constater qu'elle n'a pas été encore exposée avec une rigueur, une précision, un caractère d'évidence tels qu'elle se soit imposée, d'un seul coup et d'une manière définitive, à la majorité des penseurs et des économistes. On est encore loin de pouvoir dire, comme le faisait Stuart Mill, en 1848; « Heureusement, il n'y a plus dans les lois de la valeur rien à éclaircir, ni présentement ni dans l'avenir; cette théorie est complète » ([1]) Il n'en est rien et les discussions demeurent, comme nous le verrons, ardentes sur ce point, et l'accord n'est pas intervenu encore entre les diverses tendances en présence ([2]).

*

* *

Adam Smith ([3]) avait distingué la valeur d'usage et la valeur d'échange, et l'on constate aujourd'hui que ces deux

---

([1]) St. Mill, *Principes d'économie politique*, liv. III, ch. I.

([2]) Dans les pages qui suivent, et surtout en ce qui concerne la valeur d'échange, nous avons utilisé, pour la plus grande part, les notes que nous avons prises nous-même au cours d'Economie politique professé aux élèves de doctorat par M. Sauvaire-Jourdan durant l'année scolaire 1899-1900. C'est grâce à ces notes qu'il nous a été possible d'exposer la théorie de M. Alfred Marshall.

([3]) Adam Smith, *Richesse des nations*, liv. I, ch. IV. Des monnaies. Des choses qui ont la plus grande valeur en usage, n'ont souvent que peu ou point de valeur en échange... — Cpr. Stuart Mill, *Principes d'économie politique*, liv. III, ch. I, § 2. Valeur d'usage, valeur d'échange, prix des choses.

expressions sont généralement acceptées dans le langage économique. Ces deux notions sont bien différentes, et, d'autre
part, elles n'apparaissent pas historiquement au même moment.

Elles ne sont pas, tout d'abord, « l'antithèse logique » l'une
de l'autre ; elles ne se suggèrent pas réciproquement comme
une chose qui fait immédiatement songer à son contraire,
comme la vie fait penser à la mort, la chaleur au froid, la
lumière à la nuit, les larmes au rire, etc.

L'une de ces notions, — la valeur d'usage, — se demande
quelle est l'importance des biens économiques pour les individus considérés isolément, quelle est la nature du rapport
qui naît entre les choses et les besoins des hommes dont elles
peuvent assurer la satisfaction.

L'autre, — la valeur d'échange, — se demande comment
et pourquoi les marchandises s'échangent contre les marchandises et dans quelle proportion.

La première est une notion éternelle et générale, de tous
les temps et de tous les pays. Tant qu'il y aura au monde des
hommes ayant des besoins et des biens susceptibles de les
satisfaire, il y aura un rapport de convenance entre les hommes et ces biens, il y aura place pour une notion de valeur
d'usage.

La seconde ne peut apparaître que dans un certain état de
l'évolution économique des sociétés. On ne peut la rencontrer
dans l'état social, caractérisé par la vie économique sans
échange, la *natural-wirthshaft*. Comme tous les peuples passent par cet état à un moment donné de leur développement
historique, il y a, dans la vie économique de chaque peuple,
un moment où elle est ignorée.

Ce fut le cas de l'Europe occidentale au commencement du
moyen-âge, au xe, au xie, au xiie siècles. La notion de valeur

d'échange est d'ailleurs, comme l'échange dont elle est l'expression, comme le salaire, comme le capital individuel, une « catégorie historique ». Car, si elle n'a pas existé dans l'économie naturelle, elle pourra ne plus exister dans une société organisée sous le mode collectiviste ou communiste.

En résumé, pour résoudre intégralement le problème de la valeur, il faut répondre successivement à deux questions :

1° Qu'est-ce que la valeur d'usage, quelle est sa nature et quelle est la mesure de sa grandeur ?

2° Qu'est-ce que la valeur d'échange, quelle est sa nature et comment peut-on la mesurer ?

§ I. La valeur d'usage.

I. Nature de cette notion.

La première observation qui s'impose, c'est que la valeur n'est pas un caractère intrinsèque, elle n'est pas non plus une entité, une chose en soi. Elle ne s'impose pas aux choses comme un vêtement qu'elles ne peuvent pas dépouiller, comme un caractère indélébile, une marque qui dure autant que la chose elle-même et qui ne peut s'effacer. Si la valeur d'usage possédait, en effet, ces caractères-là, on ne s'expliquerait pas qu'un même bien, un seau d'eau, par exemple, pût varier de valeur dans un même lieu à diverses époques ; et à la même époque, pour un même individu, dans des lieux différents. Et c'est cependant ce que nous pouvons facilement vérifier. Un seau d'eau a une valeur nulle pour un habitant de Bordeaux en l'année 1905, il pouvait en avoir une certaine au temps jadis et même il y a un demi-siècle. Au même moment (1905), un seau d'eau peut avoir une valeur considérable pour le même Bordelais devenu explorateur, dans les sables du Sahara, par exemple, loin de toute oasis et sous un

soleil de plomb. Pour Robinson, le bois de chauffage débité
et entassé au fond de sa caverne a plus de valeur que le bois
mort dispersé dans la forêt prochaine. Pour la plupart des
hommes, un repas à consommer immédiatement a plus de
valeur que le même repas à consommer l'année prochaine.
Un même bien, une denrée alimentaire, par exemple, peut
passer par degrés insensibles, dans une durée relativement
courte, de la valeur la plus grande au dégoût et même à
l'écœurement, en passant par l'indifférence. On pourrait
multiplier les exemples de ce genre avec tous les objets possibles et imaginables.

La valeur est donc une relation, un rapport de convenance
qui s'établit entre un homme et une chose, rapport variable
selon les temps, les lieux et les personnes. Au moment où un
homme se trouve en contact avec une chose, et où cette chose
est susceptible de satisfaire un besoin actuel ou futur de cet
homme, la chose a pour lui une valeur d'usage. Au fond
même, cette valeur d'usage n'est autre chose que le sentiment, chez l'homme, que l'objet considéré est susceptible de
satisfaire un quelconque de ses besoins ou de ses désirs. La
valeur d'usage n'est donc qu'un état purement subjectif. Pour
qu'elle se manifeste, il faut donc l'existence de deux termes,
un homme et une chose qui entrent en rapport [1]. Étudions
successivement les deux termes de ce rapport.

II. L'homme. Les besoins.

On l'a dit avec juste raison, la faim est le moteur principal
de l'activité économique de l'homme; mais ce n'est pas le

---

[1] Cf. Pareto, *Cours d'Economie politique*, I, p. 4. Ce rapport entre homme et
chose est ce qu'il appelle « l'ophelimité ». Ainsi il ne dit pas : une chose possède
une grande ou une petite valeur d'usage, mais il dit : elle est très ou peu
« ophélime ».

moteur unique. A côté du besoin d'alimentation, d'autres
besoins sont venus se grouper au fur et à mesure que l'homme
civilisé se dégageait de la brute primitive. L'humanité a suivi
dans la conquête des besoins une marche analogue à celle
que nous voyons suivre sous nos yeux par l'enfant depuis sa
venue au monde jusqu'à l'heure de sa mort. Comme le fait
remarquer M. Gide, « il en est des besoins de l'humanité
» comme de ceux de l'enfant. A la naissance, il n'en a point
» d'autres qu'un peu de lait et une chaude enveloppe, mais,
» peu à peu, des aliments plus variés, des vêtements plus
» compliqués, des jouets lui deviennent nécessaires, chaque
» année fait surgir quelque besoin, quelque désir nouveau » ([1]).
Ainsi il en va de l'humanité, dont les besoins, comme ceux
de l'enfant, s'accroissent aussi d'âge en âge et l'on peut
observer que l'individualité de l'enfant, comme la civilisation
de l'humanité, s'augmente au fur et à mesure que les besoins
se développent.

C'est dire que dans nos sociétés policées du commencement
du xxᵉ siècle l'homme est dirigé dans son activité par une
quantité incalculable de besoins, les uns naturels, comme le
besoin de s'alimenter, les autres artificiels, créés par la vie
sociale, comme les besoins de communication rapide, les
besoins esthétiques, etc.

Sans entrer dans le détail, le cadre de cette étude ne le
permettant pas, quelques observations sont cependant nécessaires.

Une première constatation, c'est que les besoins ne sont
pas quelque chose de fixe, de mesuré, de définitif. Ils varient
en nombre, en forme, en intensité, selon les époques et les
lieux, non seulement pour un même individu, mais encore

([1]) Gide, *op. cit.*, p. 45.

pour l'humanité considérée dans son ensemble. Les exemples abondent autour de nous, et il n'est pas nécessaire d'insister plus longuement sur ce point (¹).

De plus, si les besoins nous apparaissent, dans le stade de l'évolution auquel nous sommes parvenus, comme existant en nombre illimité, ils sont, par contre, limités en capacité. Nous verrons plus loin l'intérêt de cette dernière observation.

Enfin, et c'est là la constatation la plus importante, les besoins sont en concurrence, en conflit perpétuel. Il s'opère entre eux comme un « struggle for life », d'une nature particulière.

Le plus fort, le plus puissant est le premier satisfait, mais aussitôt qu'il est satisfait, au lieu de rester au premier plan, il passe immédiatement au dernier. Les besoins divers, en effet, qui pressent un homme à un moment donné, ne se présentent pas à la satisfaction qui leur est due sur un pied d'égalité; ils n'ont pas au même moment la même force, la même exigeance, la même intensité. Il serait absolument impossible de trouver deux ou plusieurs besoins exerçant leur empire sur un individu avec un tel degré d'égalité que, semblable à l'âne de Buridan, cet individu ne sache lequel satisfaire le premier, et les laisse tous les deux sans satisfaction. Cet ordre de préférence qui s'établit ainsi est d'ailleurs quelque chose d'extrêmement variable. Tantôt c'est l'un qui prédomine, tantôt c'est l'autre qui est le plus puissant. Il est facile de comprendre, comme nous le faisions remarquer il n'y a qu'un instant, que la satisfaction du premier besoin dans l'ordre le fait rapidement passer au dernier degré. Une fois notre soif satisfaite, nous ne donnerions pas même un regard à un verre d'eau. Bien plus, les besoins primordiaux de l'es-

---

(¹) V. sur ce point : Gide, *op. cit.*, p. 44 à 48 et s.

pèce cèdent le pas, même sans satisfaction, dans maintes
circonstances, à des besoins futiles, au moins en apparence.
Telle jolie femme, avant de partir pour le bal, fait passer le
besoin de s'attifer devant son miroir avant celui de manger.
L'ordre d'importance de nos besoins, sous l'influence des circonstances, varie constamment; la minute d'après il n'est pas
le même que la minute d'avant. Mais il n'en demeure pas
moins certain, qu'à un moment donné, quel qu'il soit, si nous
y réfléchissons, il est possible de déterminer une hiérarchie
effective (toute subjective d'ailleurs) de nos besoins.

Mais ce n'est pas tout, la concurrence que nous venons de
voir s'établir entre les besoins ne s'arrête pas là; elle est
encore plus profonde. Tel besoin, en effet, si on le considère
comme un bloc indivisible, ne peut pas entrer en concurrence
avec un autre envisagé de la même façon. Par exemple, le
besoin de boire ne pourrait pas entrer en concurrence avec
le besoin de manger, si nous considérons une hiérarchie
effective dans laquelle le besoin de manger occupe la première place. Il n'en est rien, car cela conduirait à dire que
l'individu que nous considérons sera obligé d'attendre l'état
de satisfaction complète du besoin de manger, avant que celui
de boire puisse se satisfaire à son tour. Or, cela est formelle-
ment contredit par l'expérience. Dans un repas, on n'attend
pas d'avoir consommé toutes les quantités solides qui sont
nécessaires à la satisfaction du besoin de manger, avant de
passer aux quantités liquides nécessaires à la satisfaction du
besoin de boire.

Outre la subordination des divers besoins les uns à l'égard
des autres, il existe, dans l'intérieur de chaque besoin, une
échelle d'importance des diverses fractions, des diverses unités
de besoin. Considérons le besoin de manger, par exemple,
nous pouvons envisager plusieurs états différents dans son

intensité totale. Il se décompose en plusieurs unités : le besoin
de manger un premier morceau de pain, le besoin de manger un deuxième morceau de pain, puis un troisième, etc.
C'est, nous le verrons, sur cette constatation qu'est fondé un
des théorèmes fondamentaux de l'école autrichienne, à
laquelle nous empruntons ces explications : la loi de l'utilité
décroissante des biens. Quand un individu a mangé un premier morceau de pain, la satisfaction qu'il éprouve est moindre que la satisfaction procurée par le premier morceau, et
ainsi de suite jusqu'au moment où, de jouissances moindres
en jouissances moindres, arrive la satiété complète ou même
le dégoût.

Si nous rapprochons maintenant ces deux hiérarchies de
besoins, nous pouvons nous rendre compte que, non seulement les besoins entrent en concurrence entre eux, mais
encore les diverses unités des divers besoins entre elles.
Revenons à l'hypothèse bien connue de l'âne de Buridan, et
supposons qu'il se décide à entamer la botte de foin au préjudice du seau d'eau. Après l'absorption de quelques bou-
chées de foin, les premières unités du besoin de manger,
pour l'âne, seront satisfaites. Dès lors les premières unités
du besoin de boire pourront venir en concurrence avec les
unités du besoin de manger qui restent à satisfaire, et l'âne
se décidera à boire.

Quand donc, deux ou plusieurs besoins sont en concurrence, il arrive un moment où les besoins inférieurs dans la
hiérarchie effective des besoins généraux deviennent plus
puissants que les unités des besoins supérieurs auxquels
l'individu considéré n'a pas encore satisfait [1].

Pour bien faire saisir cette interconcurrence des besoins,

---

[1] Voir les tableaux ingénieux dressés par M. de Bohm-Bawerk, Essai sur la
valeur, dans la *Revue d'Econ. pol.* (1894).

on peut emprunter à M. de Bohm-Bawerk une comparaison
saisissante. On peut comparer, dit-il en substance, les divers
besoins généraux qui entrent en concurrence à des chaines
de montagne dont la hauteur moyenne est différente. D'une
manière générale, à ce point de vue, les Alpes sont plus
hautes que les Pyrénées, de même que le besoin de manger
occupe un rang plus élevé que le besoin de boire dans une
hiérarchie effective de besoins. Mais à l'intérieur de chacune
des chaines de montagnes, il peut se faire que tel pic de l'une
soit plus haut que tel pic de l'autre, que telle crète des
Pyrénées ait une altitude supérieure à telle autre crète des
Alpes. De même à l'intérieur de deux besoins considérés, il
peut se faire que telle unité du besoin de boire, la cinquième
ou la sixième, soit plus puissante que la huitième ou la neu-
vième du besoin de manger.

Illimités en nombre, mais limités en capacité, les besoins
de l'homme peuvent toujours être groupés, suivant une
échelle croissante ou décroissante d'intensité. En un mot, on
peut, à chaque moment, déterminer une hiérarchie effective
de nos besoins, et dans chacun de ces besoins, une subordination des diverses unités de besoin les unes aux autres.

III. *Les choses. L'utilité.*

Nous avons ainsi examiné le premier terme de notre rapport, l'homme considéré au point de vue de ses besoins,
voyons maintenant le second terme : les choses elles-
mêmes.

Une première observation, c'est que les choses ne peuvent
entrer en contact avec les hommes, que si elles sont susceptibles de satisfaire leurs besoins, et pour satisfaire les besoins,
une chose doit posséder certains caractères. L'« utilité » est

le mot que l'on emploie généralement pour désigner l'ensemble de ces qualités.

Mais le mot « utilité » est plein d'inconvénients. « L'utilité, » dit en effet M. Pareto, a généralement, dans les auteurs qui » ont traité des nouvelles théories, le sens d'un rapport de » convenance entre une chose et un homme. Mais comme » dans le langage ordinaire, utile s'oppose à « nuisible »... » de ces deux sens différents d'un même mot il résulte de » nombreuses équivoques » (¹).

Il n'est pas, en effet, nécessaire qu'une chose soit « utile » au sens ordinaire de l'expression, c'est-à-dire qu'elle assure le développement progressif de l'individu, pour qu'elle satisfasse un besoin ou un désir de l'homme. Celui-ci, en effet, est un bizarre animal ; il ne considère généralement que des sensations présentes, les bonheurs comme les malheurs passés ou futurs le touchent peu. Il se détermine à agir surtout en considération des besoins ou des désirs présents, et il ne prévoit guère les conséquences possibles de ces actes présents. Ce qui fait que souvent l'homme attache une grande valeur à des biens qui lui sont inutiles ou même nuisibles. Il n'y a pas de doute, par exemple, que les boissons fermentées ne satisfassent des besoins ou des désirs pressants chez la plupart des hommes, mais il est fort douteux qu'elles leurs soient utiles, et l'usage de l'alcool leur est incontestablement nuisible (il est inutile de s'appesantir ici sur l'alcoolisme et sur ses dangers !) Ce n'est donc pas par le mot « utilité » que l'on doit désigner l'ensemble des qualités qui rendent les choses susceptibles de satisfaire les besoins humains légitimes ou non. De là, la nécessité de choisir une autre expression. M. Pareto propose, comme nous l'avons dit,

(¹) Pareto, *Cours*, I, p. 3 ; Bastiat définissait l'utilité « la propriété qu'ont certains actes ou certaines choses de nous servir ». *Harmonies Economiques*, § 5, p. 169.

le mot « ophélimité » et il s'attache à maintes reprises à
montrer la différence qui existe entre cette dernière et l'utilité (¹). L'or, dit-il par exemple, avait une certaine ophélimité
(utilité *stricto sensu*) pour les Indiens des Antilles, il est douteux qu'il leur ait été jamais utile, et il leur devint fort nuisible en excitant la cupidité des Espagnols (²).

Toute chose donc qui satisfait directement ou indirectement des besoins légitimes ou non est une chose utile (*stricto
sensu*) ou plutôt « ophélime » (³).

Mais comment se manifeste cette utilité, ou, si l'on veut,
cette « ophélimité » ?

Les biens utiles ou ophélimes, avons-nous vu, servent aux
hommes en raison des prestations dynamiques qu'ils sont susceptibles de fournir et qui ne sont autre chose que les actions
concrètes des forces naturelles dirigeables, contenues dans
les objets matériels. User les choses en définitive, c'est extraire
ces prestations (⁴).

Ces dernières sont d'ailleurs variables en nature, en durée
et en nombre. Ainsi une machine, une maison, par exemple,
sont utilisables pendant un temps qui dépasse souvent la durée de la vie humaine, surtout depuis la pratique des amor-
tissements économiques. D'autres, au contraire, fournissent
des prestations qui ne survivent pas au court usage qu'on en
fait.

(¹) V. notamment, *Cours*, II, p. 38. et suiv. des comparaisons très détaillées
entre l'ophélimité, l'utilité de l'individu, l'utilité de l'agrégat ou de l'espèce.

(²) Pareto, *Cours*, I, p. 3.

(³) Cf. Marx, *Le Capital*, I : « La marchandise est d'abord un objet extérieur,
une chose qui, par ses propriétés, satisfait des besoins humains de n'importe quelle
espèce. Que ces besoins aient pour origine l'estomac ou la fantaisie, leur nature
ne change rien à l'affaire », p. 13. — Cf. Gide, *op. cit.*, p. 49. « Comment définir
la richesse ? »

(⁴) V. sur la notion d'usage et d'utilité des biens économiques, Bohm-Bawerk,
op. cit., I, p. 282 et s.

D'autres, par contre, donnent un nombre considérable de prestations, de nature et d'application différentes. L'eau, par exemple, sert à la satisfaction d'une infinité de besoins, ἄριστον ὕδωρ, disait Pindare.

IV. *La mesure de la valeur d'usage.*

Nous avons ainsi examiné les deux termes en présence : l'homme, c'est-à-dire des besoins hiérarchisés ; les biens économiques, c'est-à-dire des prestations en utilité (*stricto sensu*) ou en ophélimité.

A un moment donné, nous avons une hiérarchie de besoins et des biens ophélimes destinés à les satisfaire ; quelle est la valeur d'usage de ces biens ?

Ce fut l'erreur de certains économistes qui cherchaient la solution du problème de la valeur de ne considérer comme fondement de cette notion que l'utilité (*lato sensu*) dans le sens qui s'oppose à nuisible.

Il ne faut pas, en effet, considérer l'utilité d'un bien comme quelque chose de fixe, de général ou d'absolu ; il serait absurde que l'utilité ainsi conçue fût le fondement et la mesure de la valeur. L'air et la lumière solaire, dont l'utilité est si grande qu'ils sont même indispensables à l'existence humaine, n'ont en général aucune valeur d'usage. L'utilité ou l'ophélimité, ce rapport de convenance qui s'établit entre un homme et une chose, est infiniment variable. Il varie non seulement suivant les « qualités » de l'objet, suivant qu'une chose nous paraît meilleure par exemple qu'une autre, mais encore et surtout suivant la « quantité » d'un même bien que l'on possède.

D'abord, l'utilité diminue au fur et à mesure que la quantité consommée augmente. Un homme qui a soif boit avec grand plaisir son premier verre d'eau, avec moins de plaisir son second verre, avec moins encore son troisième, etc. Il y a là un rapport d'analogie non d'identité entre ces faits et la loi physiologique en vertu de laquelle nos sensations en se répétant s'émoussent [1]. Pour un individu, en un lieu donné, la quantité d'un bien économique peut passer par degrés insensibles d'une quantité nulle à une quantité dépassant tout besoin ou tout désir de cet individu et à chaque augmentation de la quantité du bien considéré, le rapport de convenance entre cet individu et ce bien ira en décroissant. L'utilité d'une chose diminue au fur et à mesure que l'on considère les diverses parties de cette chose, tandis que le besoin auquel elle satisfait s'affaiblit et s'éteint. C'est sur cette constatation qu'est fondée la théorie de la valeur que nous allons maintenant exposer.

Elle paraît avoir été formulée par un ingénieur des mines en France, Dupuit, en 1844, et par l'Allemand Gossen, en 1854, qui établit la loi des jouissances décroissantes. Mais leur œuvre reste à peu près inconnue jusqu'au jour où l'idée fut reprise à peu près à la même époque, en 1871, par Stanley-Jevons, en Angleterre; Léon Walras, en Suisse (1874); Karl Menger, en Autriche (1872) et J.-B. Clark, aux Etats-Unis [2].

C'est l'Ecole autrichienne, avec Menger, Wieser, Sax, qui a donné à cette théorie toute son ampleur. Mais c'est surtout dans l'œuvre de M. de Bohm-Bawerk qu'il convient de l'étudier ; elle y a une profondeur et une clarté incomparables [3].

Exposons-la brièvement selon ce dernier auteur. Prenons,

[1] Pareto, *Cours*, I, p. 9.

[2] Gide, *op. cit.*, p. 62, note. — Cf. dans Dubois, « Théories psychologiques au XIXe siècle », *Rev. d'écon. pol.*, 1897; dans Block, « Les progrès de la science économique » depuis Adam Smith. — Cf. L. Walras, *Elém. d'écon. pol. pure*. Préface, p. VI et VII.

[3] Bohm-Bawerk, *Kapital und kapitalzins*, II, et l'article précité, « Essai sur la valeur, *Rev. d'écon. pol.*, 1894.

pour cela, l'exemple devenu classique des seaux d'eau, et supposons un individu en possédant six, par exemple, la hiérarchie de ses besoins que l'eau peut satisfaire, étant ainsi fixée d'une manière décroissante :

  1° Etancher la soif ;
  2° Remplir le pot-au-feu ;
  3° Faire la toilette ;
  4° Abreuver le cheval ;
  5° Arroser les fleurs ;
  6° Laver le plancher, etc.

Supposons en outre que chacun de ces besoins ne puisse être satisfait que par la consommation d'un seau tout entier. Quel est pour cet individu la valeur de l'eau ?

Il est tout d'abord manifeste que l'homme qui a six seaux d'eaux rangés sur une étagère est incapable d'attacher plus de valeur à l'un qu'à l'autre, puisque tous sont également aptes à satisfaire son premier comme son dernier besoin. La valeur de chaque seau est donc la même. Mais est-ce la valeur représentée par le rapport de convenance entre l'eau et l'un quelconque de ces besoins ? Non. Supposons, en effet, que par le fait d'un accident, l'un des seaux d'eau vienne à être renversé, l'individu ne sera pas assez niais de se priver de boire, de remplir son pot-au-feu, ou même d'arroser ses fleurs. On peut affirmer hardiment que, étant donné la hiérarchie ci-dessus, il se privera de satisfaire le besoin qui y est le moins élevé, le moins puissant, dans l'espèce celui de laver son plancher.

Voilà pourquoi le seau destiné à satisfaire ce dernier besoin limite l'utilité de tous les autres, car c'est celui-là dont la privation cause la moindre souffrance. D'où il suit que, si l'eau était en quantité surabondante, il y aurait des seaux dont l'individu ne saurait que faire, qui auraient pour lui une

« utilité », une « ophélimité », une valeur nulle et l'absence de valeur de ces seaux-là entraînerait en même temps la nullité de valeur de tous les autres. C'est donc la dernière unité du bien possédé qu'il faut considérer ainsi que le besoin qu'elle satisfait. C'est elle qui détermine, qui limite la valeur du bien.

C'est ce qu'on exprime en disant que la valeur d'un bien est déterminée par son « utilité finale » si l'on envisage le bien lui-même ou, si l'on considère le sujet de la valeur, l'homme lui-même, par l' « intensité du dernier besoin satisfait ».

Cette notion ainsi dégagée est le « final degree of utility » de St. Jevons, la « marginal utility », d'autres auteurs anglais, la « rareté » de M. Léon Walras, le « Grenznutzen » des auteurs allemands (¹). C'est là aussi ce que M. Pareto appelle « l'ophélimité élémentaire » d'un bien économique (²).

Quant au vieux mot « utilité » dont on a détourné le sens dans les explications de l'école autrichienne, il est remplacé par l'expression « utilité totale ». Ainsi on dira que l'eau a une utilité totale très grande puisque l'humanité ne peut vivre sans elle, mais qu'en général elle ne possède qu'une faible utilité finale (une faible ophélimité pour M. Pareto), puisque en général elle est en quantité surabondante eu égard à nos besoins.

(¹) Pareto, *Cours*, I, p. 10.

(²) « L'ophélimité, réduite à l'unité, d'une très petite quantité d'un bien économique ajoutée à la quantité dont on a déjà joui sera nommée l'ophélimité élémentaire qui correspond à cette quantité », p. 10. — V. surtout la note où cet auteur développe en langage mathématique cette définition qu'il déclare un peu embrouillée en langage ordinaire.

§ II. *La valeur d'échange.*

I. *Notion. La valeur d'échange et le marché.*

Nous n'avons examiné jusqu'ici qu'une face du problème de la valeur; nous nous sommes demandé quelle était l'importance des biens pour un individu qui les possède ou les désire. C'est là l'éternelle question qu'on s'est toujours posée et qu'on se posera toujours, tant qu'il y aura du moins des besoins et des biens susceptibles de les satisfaire. C'est la question qu'on se pose presque à chaque instant, consciemment ou non, que l'on soit individu isolé, Etat ou collectivité quelconque. C'est ce que nous faisons aujourd'hui, par exemple, quand nous tentons de faire un judicieux emploi de nos revenus; que nous en ayons bonne conscience ou non, nous essayons de retirer des biens que nous possédons l'utilité finale maximum. C'est ce que fait, à l'heure actuelle, le ministre des finances, aidé par la commission du budget et par le Parlement.

Nous avons supposé implicitement, dans l'étude à laquelle nous venons de nous livrer, que cette utilité finale maximum était réalisée et mise en évidence par la consommation directe du bien envisagé. Mais cela n'était vrai qu'à demi, dans une étude abstraite des choses, dégagée des mille incidents que nous offre la complexité de la vie ordinaire; cela était peut-être vrai pour un imaginaire Robinson dans une île inconnue de l'Océan; cela pourrait être encore vrai pour un agriculteur dans quelque ferme isolée du Far-West, pour quelque paysan de la Bukowinie, mais ce n'est certainement pas aussi simplement vrai pour la plupart des habitants de nos pays civilisés. Les biens, en effet, ne nous servent pas seulement aujourd'hui à satisfaire nos besoins par la consommation directe, ils ne nous apparaissent plus seulement comme une fin immédiate,

mais comme un moyen de nous procurer des biens plus
adaptés à notre commodité, à nos désirs, à nos besoins.

Dans une société, en effet, comme celle où nous vivons, le
producteur ne se confond plus que très rarement avec le consommateur. La marchandise, comme le dit Marx, est un objet
obtenu par le travail humain qui, au lieu d'être consommé
par son producteur, est échangée (1). La plupart des biens
satisfont à cette condition; ils sont des marchandises.

Ce n'est plus seulement un individu isolé que nous trouvons
en présence d'un ou plusieurs biens, mais un grand nombre
d'hommes en présence d'une quantité incalculable de marchandises. D'autre part, le rapport ne se noue plus directement d'homme à chose, il y a un intermédiaire en quelque
sorte obligatoire, dans tous les cas sous-entendu, la monnaie.
Pour ceux qui ne consomment pas tous les biens qu'ils possèdent ou qu'ils fabriquent, et ils sont le plus grand nombre (2), la quantité des biens qu'ils ne peuvent pas consommer
et qui, par suite, n'auraient pour ces individus qu'une valeur
subjective nulle, acquiert, du fait de l'échange, une utilité,
une valeur subjective nouvelle; elle sert à leur procurer
d'autres biens; elle acquiert une valeur objective, ou, comme
l'on dit, une valeur d'échange. Bien mieux, la « valeur
» d'usage d'une marchandise n'est saisissable dans la société
» et ne se révèle au dehors que d'une manière indirecte par
» son expression qui est justement la valeur d'échange » (3).

___

(1) *Le Capital*, vol. I, chap. I, § I.

(2) « Prenez les récoltes dans les greniers ou dans les celliers des propriétaires,
les vêtements dans les ateliers de confection, les chaussures chez le cordonnier,
les bijoux chez l'orfèvre, le pain chez le boulanger... et demandez-vous quelle est
la part de ces richesses que le producteur destine à sa propre consommation. Elle
est nulle ou insignifiante », etc. Gide, *op. cit.*, p. 207.

(3) Bourguin, *La monnaie mesure de la valeur* (*Revue d'écon. polit.*, 1895,
p. 231).

C'est cette valeur-là que les hommes ont le plus généralement en vue aujourd'hui.

Se demander dès lors ce que c'est que la valeur d'échange, c'est se demander d'abord pourquoi les biens s'échangent contre d'autres biens. Nous avons déjà implicitement répondu à cette question, les biens s'échangent entre eux parce qu'ils sont « ophélimes » pour les hommes qui les acquièrent, parce qu'ils possèdent des valeurs subjectives et surtout parce que, dans nos sociétés, il existe une division infinie du travail, parce que chaque producteur ne fabrique guère qu'une seule espèce de produit.

C'est se demander ensuite et surtout dans quelle proportion les marchandises s'échangent contre les marchandises, quelles sont les lois qui dirigent la fixation de leur puissance d'échange. Dans un état social où la monnaie est employée, les marchandises ne s'échangent plus directement entre elles, elles s'échangent avec l'intermédiaire de la monnaie. La valeur de la marchandise se réalise en fait dans le rapport des marchandises et de la monnaie, et c'est cette valeur des marchandises ainsi exprimée qu'on appelle le « prix ».

Tout fait de consommation est en général précédé d'une double opération, un échange d'une marchandise contre de la monnaie, une « vente », un échange de la monnaie contre une marchandise, un « achat ».

Mais dans une étude théorique de la valeur d'échange, on a coutume, pour simplifier les choses, de faire abstraction de la monnaie et de considérer les marchandises s'échangeant directement contre les marchandises. C'est là, d'ailleurs, la constatation qui est la base de cette loi connue en économie politique sous le nom de « loi des débouchés » (¹). On dé-

---

(¹) V. J.-B. Say, *Traité d'économie politique*, 6ᵉ édition, Paris, Guillaumin, 1841, livre I, chapitre XV, p. 138 et suiv.

montre en effet que la monnaie n'est en définitive, pour les
pays non producteurs de métaux précieux, qu'une marchandise comme une autre qu'il faut se procurer par voie
d'échange comme toute autre marchandise. Pour les pays
producteurs de métaux précieux, ces derniers ne sont point
monnaie, ce sont également des marchandises qu'on échange
pour en avoir d'autres. Faisant ainsi abstraction de la monnaie, nous allons donc nous demander de quelle manière
s'opère l'échange des marchandises, sous l'empire de quelles
lois se fixent les valeurs.

Nous avons vu, en examinant la notion de valeur d'usage,
que la valeur ainsi conçue n'était pas une qualité des choses,
existant en elles d'une manière définitive et absolue, mais
était, au contraire, un rapport de convenance, d'importance,
qui s'établissait entre les besoins humains et les biens « ophélimes », rapport éminemment variable, suivant les circonstances de temps et de lieu.

La valeur d'échange n'est pas non plus une qualité intrinsèque des choses qui les suit partout où il plaît aux hommes
de les transporter. Si l'on compare la notion de valeur aux
notions de longueur, de poids, de force, nous voyons que ces
dernières sont des qualités intrinsèques des choses, susceptibles d'une mesure au moins relative, grâce à certaines gran-
deurs arbitrairement choisies comme unités et quasi-inva-
riables (¹).

Il en est au moins ainsi du poids, qui se manifeste comme
une résistance de la matière au mouvement, et qui, par suite,
fait partie intégrante des qualités intrinsèques des corps, de
telle sorte qu'aucun corps situé à la surface de la terre n'est
privé de cette qualité, bien qu'à la vérité cette qualité varie
d'intensité suivant les lieux et les altitudes.

(¹) Bourguin, art. cité, p. 201 et suiv.

Dans la théorie de Marx, la valeur, comme le poids, est bien une qualité intrinsèque des objets, avec cette différence cependant que le poids est une qualité naturelle, tandis que la valeur est une qualité surnaturelle, portant une empreinte purement sociale. Pour lui, la valeur existe, en soi, dans l'objet en raison de la quantité de travail social dépensé durant sa production, comme la force électro-dynamique existe dans un corps en raison de l'intensité du courant qu'on y a lancé. La valeur existe en dehors de tout rapport d'échange dans une marchandise envisagée isolément par cela seul qu'elle est du travail humain cristallisé. La valeur est donc, selon Marx, comme le poids, une qualité intrinsèque des choses, c'est-à-dire une qualité appartenant à une chose en dehors de tout rapport avec une autre, et susceptible d'une mesure relative avec la monnaie et d'une mesure absolue au moyen de l'unité de valeur idéale, le Travail (¹).

Rien de tel, il faut bien le dire, n'existe dans la réalité. « Il n'y a pas la valeur d'une marchandise comme il y a la longueur ou le poids d'un corps, il y a seulement la valeur d'une marchandise par rapport à l'or ou à l'argent, par rapport au blé, au travail ou aux diverses autres marchandises ; il y a pour une marchandise non pas sa valeur en général, mais autant de valeurs particulières qu'il y a de marchandises diverses susceptibles d'être mises en rapport d'échange avec elles (²). De quelque façon que nous retournions la notion de la valeur, nous ne pouvons en faire sortir qu'une notion relative, qu'une notion dépendante de rapports d'échange entre diverses marchandises.

(¹) Bourguin, *loc. cit.*, p. 211.

(²) Bourguin, *ibidem*, pp. 220-221. — Cf. Cernuschi, *Mécanique de l'échange*, ch. III. « Il n'y a pas de valeur fixe. Aucun bien ne peut valoir plus sans que tous les biens vaillent moins par rapport à lui ».

Nous avons vu que la valeur subjective était un rapport extrêmement variable, susceptible de recevoir, d'un moment ou d'un lieu à un autre, selon les circonstances, une amplitude ou une restriction formidable. Au contraire, pour tout examen, même superficiel, la valeur d'échange n'a pas des oscillations aussi brusques ni aussi larges et, si l'on considère l'ensemble d'un marché, elle ne subit que des variations peu importantes. La valeur subjective suppose le contact d'un seul individu et de biens susceptibles de satisfaire ses besoins, tandis que la valeur d'échange, dans nos sociétés modernes, suppose la relation entre un grand nombre de biens et un grand nombre d'individus.

Or, quand on examine un individu isolé, sa fantaisie, sa liberté, peuvent faire varier dans d'énormes proportions le rapport de valeur subjective, mais, lorsqu'on envisage les rapports d'un grand nombre d'hommes entre eux, on remarque que ces rapports sont soumis à une régularité qui paraît merveilleuse. Plus les hommes qui y concourent sont nombreux, et plus ces rapports présentent d'unité, de continuité et d'ordre. Les fluctuations individuelles se fondent de telle sorte que ces variations ne troublent que peu la régularité et l'harmonie de l'ensemble, de même que les hautes cimes des montagnes terrestres n'empêchent pas la terre de paraître ronde.

La valeur d'échange des marchandises paraîtra encore plus fixe, si l'on fait abstraction de certaines causes accidentelles de perturbation. Le procédé est d'ailleurs parfaitement justifiable et a été suivi dans nombre d'autres branches de la science [1].

---

[1] Sur la légitimité d'un semblable procédé, V. Pareto, *Cours, passim*, et notamment pp. 16 et s., *La méthode des approximations successives.* « D'une manière générale, dit-il, l'économie pure indique la forme générale du phénomène (comme,

C'est en se fondant sur cette constatation qu'on a pu étudier la formation des valeurs et des prix d'une manière générale, comme l'eût fait un observateur éloigné par rapport à des choses dont les angles s'arrondissent, dont les différences se fondent et s'harmonisent et qu'on a pu négliger les influences perturbatrices accidentelles dues aux crises de surproduction et de crédit, ainsi qu'aux ententes entre producteurs ou consommateurs.

On a pu aussi mettre de côté un certain nombre de cas dans lesquels il n'est pas possible de constater les conditions qui se manifestent dans la fixation générale des prix. C'est le cas, par exemple, pour les prix de détail, pour lesquels l'ignorance, la tradition, l'habitude, servent de régulateur, plutôt que les conditions générales de la libre concurrence.

Pour la même raison, il est possible également d'écarter du domaine des investigations sur la valeur les objets rares ou uniques, œuvres d'art, pierres précieuses, antiquités, etc. Car, pour ces objets, la fixation de la valeur est affaire de hasard, d'accident. Les variations peuvent être infinies; bien qu'atténuées dans une certaine mesure par l'intervention de plus en plus active et avisée d'acheteurs et de vendeurs de profession.

On peut enfin limiter le champ de l'observation à la fois et dans le temps et dans l'espace. Dans l'espace, en observant

par exemple, la rotondité de la terre pour l'astronomie indépendamment des montagnes ou des vallées) ; l'économie appliquée fournit une seconde approximation en indiquant les perturbations produites par des causes qui avaient été négligées dans la première approximation (comme, par exemple, la géographie fournit une seconde approximation à l'astronomie, en tenant compte du relief de la terre, de l'orographie, de l'océanographie, etc.). Mais aucune théorie n'arrivera jamais à nous dire comment sera réglée la vie économique de chaque individu. On peut prévoir à peu près quelle sera l'année prochaine la consommation de l'alcool en France, on ne saurait prévoir la consommation que fera à telle heure ou tel jour un individu déterminé ». *Ibidem*, p. 17.

par exemple les relations de l'offre et de la demande dans un champ où ces relations sont uniformes dans un même temps. Ce champ-là, c'est ce que l'on appelle un « marché ». On désigne, en effet, sous ce nom, non pas un lieu déterminé où se consomment les achats et les ventes, mais tout un territoire dont les parties sont unies par des rapports de libre concurrence, en sorte que les prix s'y révèlent avec facilité et promptitude ([1]) (Cournot). On entend en un mot par marché, l'ensemble des personnes s'occupant d'acheter ou de vendre des marchandises, entre lesquelles il y a des relations si fréquentes et si intimes, qu'il y a tendance à l'égalité des prix pour les marchandises qui font l'objet de leurs rapports. Le marché, ainsi conçu, n'est pas d'ailleurs quelque chose de fixe et varie à la fois dans le temps et dans l'espace.

Il y a des marchandises qui ont un marché énorme. Ainsi, le monde occidental peut être considéré comme un marché unique pour le blé, le sucre, le coton, la laine, le café, les métaux précieux, certaines valeurs mobilières, etc. D'autres marchandises ont au contraire un marché très restreint.

Dans l'intérieur des pays, il y a des marchés locaux pour la plupart des marchandises et les prix qui y sont pratiqués ne correspondent pas toujours à ceux que l'on relève pour le marché général. Les objets sur commande, les marchandises de peu de valeur, sous un gros poids, les légumes frais, le gibier, etc. ont un marché peu étendu ([2]).

Les marchés se modifient souvent avec le temps et l'on peut à ce point de vue distinguer assez nettement trois périodes :

([1]) Cf. Stanley Jevons, *Theory of political economy*, p. 91 et 92. « Tout ensemble de personnes qui sont en relations intimes ».

([2]) Les progrès scientifiques tendent de nos jours à élargir le marché pour ces dernières denrées : wagons réfrigérents, trains rapides, etc.

1° Les périodes si courtes que les marchandises offertes sont limitées aux quantités qui existent à ce moment-là sur le marché, car on n'a pas le temps de produire de nouvelles quantités ;

2° Des périodes plus longues, durant lesquelles il est possible d'augmenter ou de diminuer la production, durant lesquelles on a le temps de modifier dans un sens ou dans un autre le stock existant ;

3° Enfin des périodes plus longues, où les éléments qui entrent dans la production ont le temps de s'augmenter ou de se diminuer : matières premières, machines, main-d'œuvre même (ce dernier élément exige beaucoup de temps) (¹).

Telles sont les réserves que l'on fait habituellement quand on examine le mécanisme de l'échange.

C'est en nous plaçant dans ces conditions que nous nous proposons à notre tour de l'étudier.

Du moment donc que l'échange est devenu la condition *sine qua non* de notre vie sociale, quelles sont les règles qui y président, pourquoi telle quantité d'une marchandise s'échange-t-elle contre telle quantité d'une autre ; qu'est-ce qui détermine la puissance d'échange d'une marchandise par rapport aux autres ; de quelle manière, en un mot, se fixent les valeurs et les prix des marchandises ? Tels sont les points d'interrogation contre lesquels sont venues se heurter depuis un demi-siècle des générations multipliées d'économistes.

Nombreuses ont été les théories, mais on peut donner deux explications différentes et en un certain sens opposées ; nous pouvons nous attacher aux choses, soit en raison du plaisir qu'elles donnent, soit en raison de la peine qu'elles nous coûtent. Par analogie, les choses peuvent s'échanger entre elles,

(¹) V. Marshall, *Principles of economics.*

en raison de l'effort ou du plaisir qu'elles nous procurent. Et
ce sont là, en effet, les deux idées maîtresses qui ont fait surgir
les deux grands courants dominants de la pensée économique.
L'un se réclame de l'idée de sacrifice, de coût, l'autre s'inspire de l'idée d'utilité. Ils sont représentés encore par deux
écoles également puissantes, mais opposées par les tendances
et par la méthode, et cet antagonisme a longtemps empêché
la solution.

Examinons successivement les deux théories.

II. *La théorie du coût de production.*

C'est la théorie classique anglaise. Elle remarque tout
d'abord que pour qu'une chose ait de la valeur (d'usage), il
faut qu'elle possède une certaine utilité sans préciser quelle
utilité il faut entendre, ou l'utilité totale, ou l' « ophélimité »
ou l'utilité finale. Mais, pour qu'une chose « utile » ait une
valeur, il est nécessaire que, pour l'acquérir, on fasse un
certain effort, on dépense un certain travail, de telle sorte
qu'on peut mesurer la valeur d'une chose par la peine qu'on
éprouve pour l'obtenir. Les premiers fondements de la
théorie furent jetés par Ad. Smith ([1]), mais c'est surtout
Ricardo qui a élevé l'édifice ([2]); enfin, c'est Stuart Mill qui
lui a donné sa forme et son aspect définitif ([3]). L'idée fut
portée jusqu'à ses plus extrêmes conséquences par Karl Marx,
qui édifia, avec des raisonnements à la mode de Hegel, une
théorie de la valeur fondée exclusivement sur le travail ([4]).
De l'idée de sacrifice s'inspire encore un groupe très impor-

---

([1]) *Richesse des nations*, liv. I, ch. V. — Cf. *supra*, 2ᵉ part., ch. III, § I.
([2]) *Principles of pol. econ.*, ch. I, sect. II. — Cf. *supra*, *ibidem*.
([3]) Stuart Mill, *Principes d'Economie politique*, liv. III, notamment chap. II, III
et IV. Traduction Courcelles-Seneuil, Paris, 3ᵉ édition, 1873 (Guillaumin).
([4]) *Le Capital*, I, chap. I et s. — Cf. *supra*, 2ᵉ part., ch. III, § I.

tant de théories qui considèrent comme fondement de la valeur non plus le coût de production, c'est-à-dire la peine qu'un homme « a prise » pour se procurer un objet, mais celle qu'il « prendrait »; c'est la théorie du « coût de reproduction ». Elle a son point de départ chez Senior, on la retrouve chez Roscher, mais elle se développe avec Bastiat et Carey; enfin elle atteint son dernier degré de perfection chez M. Ferrara (¹).

L'école anglaise distingue trois catégories (²) dans les marchandises :

1° Les produits dont on peut augmenter la quantité à volonté au prix d'une quantité proportionnelle d'éléments de production. C'est le cas de la plupart des marchandises; bien mieux, plus on en fabrique, et plus le coût de l'unité de produit diminue.

2° Les produits dont on peut, sans doute, augmenter la quantité à volonté mais avec une dépense progressive d'éléments productifs; en somme, les produits qui sont soumis à la loi du rendement moins que proportionnel : les produits agricoles, miniers, etc. ;

3° Les produits dont on ne peut augmenter la quantité tels que : objets rares, œuvres d'art d'auteurs disparus, etc.

Pour cette dernière catégorie, l'école anglaise avait parfaitement senti, avec ce sens très aigu de la réalité qui la caractérise, que ce ne pouvait être le coût de production qui déterminait la valeur d'échange. Quel a été, en effet, le coût de production d'un tableau de Raphaël qui se vend 500.000 fr.? Il n'a pas été plus élevé que celui de la plupart des tableaux qui encombrent chaque année nos salons de peinture et dont la valeur, à tous les points de vue, est

(¹) V. Pareto, *Cours*, I, p. 32.
(²) V. Walras, *Eléments d'Economie politique pure*, 4e éd., p. 395.

très médiocre. Selon l'école anglaise, la valeur de ces objets rares est déterminée par le désir que nous avons de les posséder.

En ce qui concerne la première catégorie de biens, les économistes classiques constatent que la valeur de ces produits varie avec l'offre et la demande. Mais ces variations oscillent autour d'un point fixe qu'ils nomment valeur normale et qui est constitué par le coût de production. (Quant aux variations quotidiennes ce sont les valeurs courantes). Si l'on regarde autour de soi, en effet, on n'a pas de peine à s'apercevoir que la valeur d'une marchandise ne peut rester longtemps (au moins dans un état de libre concurrence) ni au-dessus, ni au-dessous du coût de production. La démonstration est facile et d'ailleurs très connue.

Supposons, en effet, que la valeur courante d'une marchandise soit au-dessus de sa valeur normale. Dans cette hypothèse, les producteurs font beaucoup de bénéfices, puisqu'ils vendent plus cher qu'ils ne produisent. Par conséquent, ils tâchent de toute manière d'augmenter le chiffre de leur fabrication et, d'autre part, les bénéfices réalisés attirent les entrepreneurs qui ne couvrent pas leurs frais dans d'autres branches de la production, les capitaux neufs ou flottants en quête d'emplois lucratifs. Une conséquence certaine, c'est que de toute façon l'offre des marchandises ne peut tarder à augmenter et la concurrence fera baisser le prix.

En sens contraire, la valeur courante d'une marchandise ne peut longtemps se trouver non plus au-dessous de sa valeur normale. Car dans cet état de choses, les producteurs ne faisant pas leurs frais ou étant constitués en perte, ralentiront leur production ou même la cesseront tout à fait. L'offre diminuera et la valeur haussera.

On peut conclure de ce qui précède que la valeur courante

oscille autour d'un point fixe qui est le coût de production, et que dans les grandes lignes elle coïncide avec ce dernier (¹).

Les variations de la valeur courante sont amenées par l'état des rapports successifs de l'offre et de la demande. Si l'offre est plus forte que la demande, la valeur a tendance à baisser, si l'offre, au contraire, est plus petite que la demande, elle a tendance à hausser. Bien entendu une diminution donnée de l'offre n'entraîne pas une augmentation rigoureusement proportionnelle de la valeur, et inversement, une augmentation de l'offre n'en entraîne pas non plus une diminution exactement proportionnelle. L'augmentation et la diminution s'étendent jusqu'au moment où se produit l'équation de l'offre et de la demande.

Voilà comment l'école classique démontre que, pour les marchandises de la première catégorie, la valeur oscille autour du coût de production.

C'est encore le coût de production qui détermine la valeur des marchandises de la deuxième catégorie, celles qui sont soumises à la loi du rendement moins que proportionnel : produits agricoles, miniers, etc.

Mais quel coût de production ? Il y en a plusieurs, puisque les terres, par exemple, ne possèdent pas la même fertilité, puisque les mines ne sont pas toutes aussi riches ou aussi facilement exploitables. Ce sera, répond l'école classique, le coût de production de la marchandise produite dans les plus mauvaises conditions qui sera l'élément déterminant de la valeur. Il faut, en effet, que le producteur, qui a eu les frais de production les plus élevés, voie ces derniers couverts par le prix du produit, sinon il s'arrêtera de produire, mais alors ce sera le producteur le moins favorisé après lui qui

---

(¹) Stuart Mill, liv. III, chap. III, §§ 1 et 2.

fera la loi sur le marché. Il faudra de toute manière, pour
que la demande soit satisfaite et que l'alimentation en denrées considérées soit assurée, que le prix atteigne le coût de
production des denrées offertes dans les plus mauvaises conditions, car, étant donné l'échelle décroissante des prix
d'offre, il restera toujours un producteur moins favorisé que
les autres (¹).

Telle est la théorie de l'école classique.

III. *La théorie de l'utilité finale.*

Pour l'Ecole anglaise, l'utilité ne constituait pas la valeur,
elle était simplement une condition indispensable pour qu'une
chose eût de la valeur. C'était le coût de production qui
en était le véritable fondement, et parmi les éléments qui le
composaient, le travail était, en définitive, l'élément primordial. Les socialistes s'étaient, avec un rare bonheur, emparés
de cette idée et avaient essayé de démontrer que l'unique
fondement de la valeur était le travail et que la part prélevée
par le capitaliste sur le résultat de la production était un véritable vol fait aux travailleurs.

L'idée exprimée d'abord par l'Anglais Thompson, puis par
l'Allemand Rodbertus, avait trouvé son expression la plus
éclatante et la plus brutale dans les œuvres de Karl Marx.

Certains économistes se contentèrent de montrer que le
capital devait avoir sa part dans le prix du produit achevé
comme il avait sa part dans l'œuvre même de la production.

(¹) Cela fait comprendre le phénomène de la Rente Foncière. Le fait que les
marchandises soumises à la loi du rendement moins que proportionnel voient
leurs prix s'établir autour du coût de production de celles qui sont les moins
favorisées, explique comment les producteurs ont des bénéfices gradués. Celui qui
produit avec moins de frais a une rente par rapport à celui qui a un coût de production plus élevé. — V. ci-dessous, ch. III.

D'autres cherchèrent dans l'utilité un nouveau fondement à la notion de la valeur.

Nous avons exposé longuement les résultats de leurs recherches et la théorie de la valeur subjective fondée sur l'utilité finale à laquelle ils ont abouti. Pour eux, la valeur d'échange n'est pas autre chose que le résultat des estimations individuelles des divers échangistes sur le marché. Le désir d'échanger est inégal. « Il est très fort chez ceux qui estiment le moins haut ce qu'ils possèdent et le plus haut ce qu'ils veulent acquérir. Ces parties, plus portées que d'autres à l'échange, sont les parties les plus *échangistes*. D'autres y sont également déterminées, quoique à un degré moindre, parce qu'il y a moins d'écart entre l'estimation de la chose possédée et l'estimation plus grande encore cependant de la chose à acquérir. Il y a enfin des parties contractantes pour lesquelles cet écart, c'est-à-dire l'avantage à échanger, sera le plus faible; ces parties, *les moins échangistes,* traitent moyennant un minimum d'avantage. Or le rapport d'échange corrélatif à ce minimum d'avantage a une importance capitale, car il ne commande pas seulement les conditions d'échange des parties *les moins échangistes,* mais il forme la valeur uniforme, la valeur ou le prix du marché » (¹). La valeur d'une marchandise sur le marché se détermine donc au chiffre fixé par les délibérations de deux personnages ou de deux groupes de personnages, non pas celui qui attribue à l'objet à acquérir la valeur individuelle maximum, ni celui qui lui attribue la valeur minimum. Ces personnages-là sont en dehors de l'échange. Ce sont l'acheteur et le vendeur le moins pressés d'acheter et de vendre qui, à raison de leur situation particulièrement indépendante sur le marché, limi-

---

(¹) Cauwès, *op. cit.*, I, p. 305, 306.

tent les estimations individuelles des autres échangistes. C'est le couple limite des auteurs autrichiens ([1]).

« En résumé, chacun vient à l'échange, sous la pression des » besoins concrets inégaux, déterminant *a priori* des évalua- » tions provisoires non déclarées, mais *in mente retentæ*. La » rencontre des offres et des demandes rectifie ces évaluations » et les rabaisse au niveau qui vient d'être indiqué. Ce niveau » est bien en rapport avec les causes subjectives qui motivent » l'échange, mais il les indique *in rem*, non *in personam* » ([2]).

La valeur se fixe en définitive sur le marché, en tenant compte de quatre éléments si l'on fait intervenir la monnaie comme intermédiaire des échanges.

1° Utilité finale de la chose vendue pour chacun des vendeurs ;

2° Utilité finale de la même chose pour chacun des acheteurs ;

3° Utilité finale de l'argent ou de toute autre chose à donner en échange pour les vendeurs ;

4° Utilité finale de l'argent ou de toute autre chose à donner en échange pour les acheteurs ([3]).

([1]) Prenons l'exemple des marchands de bois, x^1, x^2, x^3, etc... acheteurs de blé, et des marchands de blé, y^1, y^2, y^3... acheteurs de bois et supposons qu'ils se présentent respectivement sur le marché dans les dispositions suivantes :

x donnerait 5	stères contre 1 hect.		y donnerait 5	hect. contre 1 stère.	
x^1 » 4	»	1 »	y^1 » 4	»	1 »
x^2 » 2	»	1 »	y^2 » 2	»	1 »
x^3 » 1 1/2	»	1 »	y^3 » 1 1/2	»	1 »
x^4 » 1 1/4	»	1 »	y^4 » 1 1/4	»	1 »
x^5 » 1/2	»	1 »	y^5 » 1/2	»	1 »

Dans ce tableau, x et y sont les parties les plus échangistes, x^4 et y^4 sont les parties les moins échangistes (le couple limite), x^5 et y^5 restent en dehors de l'échange. — V. Cauwès, *op. cit.*, I, p. 306 note.

([2]) Cauwès, *op. cit.*, I, p. 307.

([3]) La démonstration a été faite avec la plus grande rigueur par M. de Bohm-

Tels sont les deux courants qui se partagent la pensée économique contemporaine sur la valeur.

IV. *Une nouvelle théorie.*

Ces deux courants roulent d'ailleurs chacun une partie de la vérité que nous allons tenter de dégager.

D'une part, en effet, si la conception de l'utilité finale précise d'une manière très remarquable la notion de valeur subjective des choses, en revanche elle n'a pas de beaucoup la même importance quand il s'agit de rendre compte du phénomène de l'échange. « Elle se borne à montrer à quel point se fait le nivellement des offres et des demandes, et en dernière analyse, elle n'aboutit qu'à donner une formule plus rigoureuse à la loi de la valeur courante ; or, cela posé, la question serait de savoir s'il n'y a pas une valeur normale et une loi de cette valeur ; en d'autres termes, les fluctuations de la valeur sur les marchés sont-elles arbitrairement variables ou, au contraire, ont-elles un régulateur dans les conditions mêmes de la production ? » (¹) L'expérience montre, en effet, que pour la plupart des marchandises, le prix se fixe sur le marché indépendamment des estimations individuelles, que celles-ci n'ont sur lui qu'une répercussion bien lointaine. Le prix de ces marchandises est les trois quarts du temps fixé par le producteur ou par le marchand lui-même.

Mais il n'est d'ailleurs que trop juste de constater, comme nous l'avons fait, que la théorie de l'utilité finale rend tout-à-fait compte de la réalité, quand il s'agit au contraire des objets de monopole ou n'existant qu'en quantité limitée. Ces choses n'ont d'autres valeurs que celles qui résultent des con-

---

Bawerk dans *Kapital und kapitalzins*, p. 211 et suiv. — V. l'art. cité de Saint-Marc dans *Revue d'Economie politique*, 1888, p. 219 et suiv.

(¹) Cauwès, *op. cit*, I, p. 307.

ditions d'offre et de demande; elles n'ont pas de valeur normale.

D'autre part, si l'on consulte la réalité, il est incontestable que le coût de production joue un rôle prépondérant dans la fixation du prix. Il est un fait d'expérience bien connu, tout d'abord, que en moyenne, sans tenir compte des cas accidentels et temporaires où l'entrepreneur réalise des bénéfices extraordinaires, ou est constitué en perte, le prix de vente ne s'éloigne guère du prix de revient. Il y a, sans nul doute, entre ces deux termes, un lien étroit de corrélation, de mutuelle dépendance sans qu'il y ait nécessairement entre eux un rapport de cause à effet, ni à plus forte raison que le second soit l'élément déterminant du premier. M. Pareto observe[1] judicieusement que l'on fait un abus très remarquable de la notion de cause dans les sciences sociales, et en particulier en science économique. Bien des rapports de prétendue « causalité » se résolvent en définitive en des rapports de mutuelle dépendance, en des réciprocités d'influences, des actions et des réactions des éléments envisagés les uns sur les autres, comme on en rencontre d'analogues dans les sciences naturelles, en mécanique rationnelle, en astronomie en particulier.

Il y a, dans les relations du coût de production et du prix de vente, un phénomène de ce genre. Comme le remarque M. Bourguin « à la question de savoir quel est de ces deux » termes l'élément causal de l'autre, il ne peut y avoir de » réponse uniforme et absolue parce que les influences sont » réciproques et les effets entrecroisés » [2].

---

[1] V. *Cours*, I et II, *passim*.

[2] V. pour explications plus complètes Bourguin, *La monnaie mesure de la valeur*, p. 898 et s. — Cpr. Walras, *Eléments d'économie politique pure*, 4e édit., p. 394.

D'une part, en effet, le prix de vente des produits détermine les dépenses maxima en éléments de production que peut faire tout producteur nouveau qui vient s'installer sur le marché dans n'importe quelle branche de la production, lorsque cette quantité d'éléments n'est pas déterminée *a priori*, mais s'accroît lorsque la production s'étend. C'est le cas de la production soumise à la loi du rendement moins que proportionnel qui exige, quand elle augmente de volume, des dépenses croissantes progressivement de capitaux fonciers personnels ou mobiliers. Quand le prix de vente du blé, par exemple, hausse, de nouvelles terres, qui n'avaient pu être cultivées parce que leur exploitation n'aurait pas couvert les frais de culture avec le prix de vente ancien, peuvent être mises en état de production et seulement à ce moment-là. Le prix de revient du blé se trouve en quelque sorte subordonné à son prix de vente. On pourrait multiplier les exemples (1).

En revanche, le coût de production exerce une pression bien connue sur le prix de vente du produit. L'école anglaise a eu le grand mérite de montrer la simplicité de ce mécanisme. Mais une observation s'impose : ce ne sont pas tous les éléments de ce coût de production qui agissent ; ce sont ceux-là seuls qui possèdent une force de résistance suffisante à l'influence dominatrice du prix de vente du produit, qui peuvent s'émanciper de sa tutelle. Et cette résistance, comme le démontre M. Bourguin, est en raison inverse de la mobilité, de la facilité de déplacement des divers capitaux (2).

Les capitaux personnels suivent fort peu les fluctuations et les vicissitudes du débouché des produits à la formation desquels ils collaborent, au moins si l'on considère des périodes

(1) Bourguin, *loc. cit., ibidem.*
(2) Bourguin, *loc. cit.,* p. 907.

de temps assez courtes (¹). Leur mobilité est considérable et leur rémunération sur le marché est de celles qui sont le plus fixes, le plus uniformes et le plus constantes. Le prix de cet élément a véritablement un mouvement propre et autonome.

Plus grande est encore la mobilité du capital mobilier, plus constante et plus fixe est encore sa rémunération, plus puissante est par suite sa force de résistance (²).

Certains autres éléments du prix de revient, comme les frais généraux, impôts, frais de transport, etc., ont le même caractère et produisent le même résultat (³).

Il reste enfin d'autres éléments de ce prix qui n'ont à l'égard de l'influence du prix de vente du produit qu'une force passive, ils le suivent sans le provoquer ; ils sont incapables de résister à la baisse des prix et périssent avec elle. Ce sont les charges dérivées de la rente, dérivées du profit-extra, du gain de monopole : le loyer, le fermage, l'intérêt du capital affecté à l'acquisition d'un fonds d'exploitation. Il était réservé à l'école anglaise et en particulier à Ricardo de démontrer que la rente est la conséquence du prix de vente et qu'elle ne peut en aucune façon faire partie du coût de production. Nous aurons à revenir plus tard sur cette conception, mais nous pouvons, d'ores et déjà, dire qu'il y a quelque chose de trop absolu dans cette manière de voir. Ce n'est que par abstraction qu'on peut raisonner ainsi et dans la réalité on est assez loin de ce compte.

Le loyer de l'emplacement, par exemple, qui est, en définitive, le représentant de la rente de la terre, se défend bien

---

(¹) V. *infra*, l'influence des conditions économiques sur la population ouvrière et par suite sur le salaire.

(²) Bourguin, *loc. cit.*, p. 907.

(³) *Ibidem*, p. 908.

contre la baisse du prix des produits auxquels il collabore.
Le sol d'emplacement qui en est le support peut, sinon se
déplacer, du moins changer d'affectation dans une mesure
appréciable. Il ne subit que peu les vicissitudes de l'industrie et du commerce qui y est installé et conserve largement
sa valeur; pour en user, il faut le payer. Le loyer est un des
éléments les plus énergiques du coût de production, surtout
dans les agglomérations urbaines; s'il ne suit pas l'ascension
du prix du produit, il résiste à sa baisse à la façon d'un
bloc à peu près incompressible (¹).

Tout autre est la situation du fermage, qui apparaît plus
dépendant du prix des produits. La terre cultivable, en
effet, ne possède pas autant de mobilité que le terrain d'emplacement bâti ou non bâti. Il est cependant des cas où
cette mobilité est suffisante pour donner au fermage une
force de résistance très remarquable.

Il en est de même de l'intérêt du capital engagé dans une
entreprise quelconque, industrielle, commerciale ou agricole.
Ici la mobilité est très limitée, on ne change pas facilement
l'affectation d'une terre cultivée, ni l'utilisation d'un outillage,
surtout avec la division formidable du travail moderne. C'est
dans ces conditions que se vérifie le plus souvent la fameuse
théorie de Ricardo.

En somme il y a, dans la plupart des éléments du prix de
revient, une force active et indépendante qui étend son
influence sur le prix du produit et cette influence est en
fonction de la résistance de ces éléments aux fluctuations du
prix de vente des produits et des conditions propres à l'entreprise considérée. Les éléments de production capables,
par la hausse de leur prix, de faire hausser leur prix de vente,

---

(¹) Bourguin, *loc. cit.*, p. 913 et s.

sont également capables, par la ténacité que leur donne leur
aptitude à changer d'emploi, d'obliger la production à se
réduire et de s'opposer ainsi victorieusement à la baisse.
C'est en ce sens que l'on peut dire que le coût de production
détermine le prix des produits.

Telle est la part de vérité qu'une analyse rigoureuse peut
attribuer, dans l'explication du phénomène si compliqué, si
enchevêtré de l'échange, aux deux tendances représentées à
l'heure actuelle : d'une part, par l'école classique avec sa
théorie du coût de production, d'autre part, par l'école
autrichienne avec sa théorie de l'utilité finale.

Ces deux grands courants de pensée sont-ils destinés à
couler désormais parallèlement, sans se mêler l'un à l'autre,
comme deux fleuves rivaux, ou bien l'un des deux, rompant
ses digues, absorbera-t-il l'autre dans son nouveau cours ?

Ni l'une ni l'autre de ces hypothèses n'a chance de se
réaliser, et cela est d'autant plus vrai qu'il y a dans les deux
conceptions analysées une part de vérité qu'il a été possible
de dégager, et comme la vérité est une et indivisible, ces
deux vérités dégagées, loin de s'exclure, se complètent. C'est
là l'idée qui est au fond de la théorie exposée par l'éminent
économiste anglais, M. Alfred Marshall et cette idée le conduit à faire une synthèse scientifique des deux théories.

La vie économique de l'homme se résume dans deux
choses : d'une part, les besoins qui sont les moteurs de son
activité, et, d'autre part, cette activité elle-même. Ce sont les
besoins qui déterminent la demande des marchandises. La
division du travail et l'échange mettent en leur présence les
efforts faits par les hommes pour les satisfaire.

Les deux théories que nous avons exposées étudient l'échange
chacune à un point de vue différent.

La théorie de l'utilité finale envisage seulement les éléments de la demande; elle analyse seulement les besoins humains et la manière dont ils sont satisfaits par les biens mis à leur disposition, quelles que soient, d'ailleurs, leur source et leur origine, qu'ils proviennent du travail humain ou qu'ils soient offerts gratuitement par la nature, qu'ils soient le fruit de longues et patientes études, ou qu'ils soient découverts par le pur effet du hasard. Malgré la perfection et la profondeur de ses analyses, cette théorie ne se place qu'à un seul point de vue : celui de la consommation.

La théorie du coût de production n'examine à son tour qu'un côté de l'échange. Son analyse porte seulement sur l'offre même de la marchandise, sur la dynamique de la production, le jeu des forces internes ou externes qui en règlent le fonctionnement.

Chacune des théories, apportant une idée exacte à chacun des deux points de vue, est cependant insuffisante parce qu'elle néglige l'autre. Il ne faut donc pas choisir entre les deux, il faut conjuguer, combiner les deux points de vue; c'est là l'idée maîtresse de M. Marshall et tout son livre en est le développement. L'idée se manifeste d'ailleurs clairement jusque dans le plan qu'il a suivi (¹).

(¹) L'œuvre de M. Marshall est une sorte de synthèse de la pensée économique depuis cent ans. A côté des éléments anciens apportés par les diverses écoles, et notamment par l'école classique, on y trouve des idées nouvelles sur la valeur, sur la méthode, sur la conception qui domine la science moderne et qui fait rentrer l'économie politique dans le grand courant du Darwinisme, l'idée d'évolution. Ces idées sont exposées dans divers ouvrages dont le plus important est *Principles of Economics.* On peut juger de la faveur qu'il a rencontrée par ce fait qu'en moins de huit ans, de 1890 à 1898, quatre éditions ont été successivement enlevées. Les deux premiers livres de l'ouvrage (il y en a six) renferment l'un, une introduction étendue où M. Marshall envisage l'histoire des faits et des idées économiques et où il exprime ses propres idées sur l'économie politique et sur sa méthode; l'autre, quelques notions fondamentales et une série de définitions et d'analyses. — C'est dans les trois livres qui suivent, le 3e, le 4e et le 5e, qu'on peut chercher la théorie de la valeur. L'idée même qui est au fond de ce système, à savoir que la valeur

Il étudie tout d'abord les besoins humains, leur développement, leur élasticité et, d'autre part, les divers agents de la production et leur mode de collaboration; il étudie, en un mot, les deux pôles de la vie économique, la consommation et la production, la demande et l'offre des marchandises. Des relations s'établissent entre ces deux termes par le fait de la division du travail et de l'échange. Il ne reste plus qu'à montrer comment, sous l'action de ces deux forces opposées : les besoins humains et les efforts effectués pour les satisfaire, les valeurs des marchandises s'établissent.

Nous nous plaçons, bien entendu, avec M. Marshall, dans cet état hypothétique de libre concurrence bien connu de l'Ecole mathématique et que nous avons caractérisé ci-dessus, où n'existent pas d'entraves de droit ou de fait, de monopoles ou ententes entre les producteurs; en un mot, sur un marché libre, entre vendeurs et acheteurs de profession à l'abri de toute surprise, etc.

En un semblable état, l'action des deux forces ne se manifeste pas de la même manière selon les périodes de temps que l'on considère. Selon le moment envisagé, c'est tantôt l'une et tantôt l'autre qui intervient plus spécialement, qui fonctionne avec plus d'énergie dans la fixation de la valeur.

dépend du rapport et de l'équilibre de l'offre et de la demande, l'inspire visiblement dans le plan qu'il a suivi et qui se révèle dans le titre même des livres. — Liv. III : Les besoins et leur satisfaction ; liv. IV : Des efforts nécessaires à la production. Les agents de la production; liv. V : Examen des rapports entre les deux titres : Equilibre de l'offre et de la demande. — On peut comparer le plan suivi dans les *Principles of Economics* à celui des *Elements of Economics of Industry* du même auteur. — Liv. I : *Preliminary survey* (considérations préliminaires); liv. II : *Some fundamental notions* (quelques notions fondamentales); liv. III : *Demand or consumption* (demande ou consommation); liv. IV : *Production and supply* (production et offre); liv. V : *The theory of Equilibrium of demand and supply* (théorie de l'équilibre de la demande et de l'offre). — Ce dernier ouvrage est un précis ou manuel écrit par l'auteur en collaboration avec sa femme. Il a eu autant de vogue que les *Principles of Economics*.

Pour employer un exemple expressif de M. Marshall, ces deux forces sont comme les deux lames d'une paire de ciseaux. On ne peut pas dire qu'elles coupent toujours également toutes les deux. Il peut se trouver incontestablement des moments où il en est ainsi, mais, dans la plupart des cas, il y en a une qui agit plus que l'autre.

Considérons tout d'abord une période de temps, telle que durant ce laps, l'industrie envisagée n'a pas la possibilité d'augmenter ou de diminuer le volume de sa production. Dans l'équilibre qui se produit néanmoins entre l'offre et la demande, la première joue un bien moins grand rôle que la seconde, et cela précisément parce que l'offre reste à changer et qu'elle ne se modifie pas.

C'est le cas par exemple pour le blé. D'une année à l'autre, les variations de prix sont dues seulement aux variations de la demande. Des deux théories de la valeur que nous avons exposées, c'est la théorie de l'utilité finale qui peut rendre le mieux compte du phénomène.

Il en est là pour la fixation du prix comme, dans un autre ordre de choses, d'une paire de ciseaux, dont une lame est fixe et dont l'autre seule est mobile. La lame mobile a la plus grande partie de l'action, car, bien entendu, il n'en demeure pas moins vrai que c'est l'effort des deux qui produit le résultat. De même, en ce qui concerne la valeur, l'offre et la demande concourent à la déterminer, mais c'est la demande qui, en raison de son élasticité, en provoque les variations sur le marché.

Considérons maintenant une période quelconque de temps et telle notamment que le volume de la production ait la possibilité de se resserrer ou de s'augmenter.

C'est l'offre qui aura en définitive le principal rôle. La démonstration par l'expérience a été déjà faite et nous n'avons pas à la répéter ici.

Bornons-nous à constater que les prix d'une marchandise oscillent autour d'un point qui est constitué par le coût normal de production. C'est ce point qui réalise l'équilibre normal de l'offre et de la demande.

Si nous voulons savoir quelle est ici celle des deux théories qui a raison, nous n'hésitons pas à répondre, avec M. Marshall, que c'est la théorie anglaise. L'offre seule varie autour du coût de production, et c'est celui-ci, en fin de compte, qui détermine la valeur. On peut reprendre ici la comparaison avec la paire de ciseaux. L'offre seule agit ou paraît agir. En réalité, il y a collaboration intime des deux (¹).

Les raisonnements de l'école classique se soudent d'ailleurs avec ceux des théoriciens de l'utilité finale. D'après cette dernière théorie, la valeur d'une chose dépend de son « ophélimité » et de la quantité qu'on en possède, en un mot, de son degré final d'utilité. Nous venons de voir que le coût de production détermine les quantités offertes. Ces dernières déterminent à leur tour le degré final de leur utilité et l'utilité finale détermine la valeur. Donc, en supprimant les raisonnements intermédiaires, le coût de production est l'élément déterminant de la valeur.

V. *Conclusion.*

En résumé, la notion de valeur subjective nous apparaît comme un rapport (au sens que les mathématiciens attachent à ce mot) entre des quantités de biens et des besoins humains;

(¹) Les économistes mathématiciens ont cherché des formules générales pour déterminer les variations de l'offre et de la demande quand le prix varie. Ce résultat est presque impossible à obtenir avec la logique réduite à des moyens ordinaires. — V. notamment Walras, *op. cit., passim.* — V. encore V. Parelo, *Cours,* Introduction, *Eléments d'économie politique pure, passim,* et la bibliographie.

elle ne saurait être en aucune façon une qualité inhérente aux choses, existant en elles en dépit et en dehors de toute relation avec nous-mêmes. Mais cela posé, elle est un phénomène primitif, général et éternel, autant du moins qu'on peut conclure du passé à l'avenir.

La valeur d'échange est, elle aussi, une notion de même nature. Pas plus que la valeur subjective, elle n'existe dans les choses en dehors et en dépit de toute relation avec les autres choses ; l'idée populaire d'une « valeur intrinsèque » n'a pas de sens au point de vue économique. La valeur d'une marchandise n'est pas autre chose que l'expression de son rapport d'échange à l'égard des autres marchandises. Mais, inconnue aux temps où les peuples vivent dans l' « économie naturelle », cette forme de la valeur pourrait disparaître dans un temps plus ou moins prochain, quand l'organisation collectiviste rêvée par les socialistes aura remplacé le régime actuel de propriété privée et de libre concurrence.

Nous avons ainsi résolu, comme nous nous l'étions promis, le problème tout entier de la valeur. On pourra nous reprocher peut-être de nous y être trop longtemps attardé. Nous ne le regrettons pas, car il n'est pas de point plus élevé d'où l'on puisse mieux contempler tout entière la vie économique, depuis la raison et la source même de l'activité des hommes, jusqu'à son aboutissant dernier : la distribution et la consommation. Toutes les forces naturelles ou artificielles, individuelles ou sociales, collaborent à sa formation et toutes elles tirent d'elle leur rémunération. A la fois effet et cause, à la fois origine et fin, elle distribue la force et subit tous les contre-coups du vaste mécanisme dont elle est le centre et le rouage fondamental.

CHAPITRE II

§ I. *L'équilibre économique.*

L'homme, nous l'avons vu, est apparu comme un être en proie à une foule de besoins d'intensité et de forme essentiellement variables dont le propre est d'augmenter en nombre et en surface avec le développement de la civilisation et l'accroissement des progrès de toute sorte.

C'est dire qu'à l'heure présente, les besoins d'un Français ou d'un Anglais, par exemple, sont innombrables et demandent une satisfaction de plus en plus impérieuse.

La consommation est, partant, devenue colossale. Mais pour consommer, il faut produire. Non seulement il faut produire, mais encore il faut produire assez et pas trop ; il faut que l'équilibre s'établisse entre la production et la consommation. Si cet équilibre ne se produit pas ou s'il vient à se rompre, la société économique traverse un état morbide spécial connu sous le nom de « crise ». Les maux et les souffrances qu'elle entraîne sont considérables (¹), car, par suite

---

. (¹) On s'est exagéré, pense M. Pareto, l'importance des maux occasionnés par les crises. Il est certain que les crises provoquent un mouvement rythmique qui peut être « une des conditions des progrès économiques » de la même manière que les alternatives de repos et d'excitation paraissent une nécessité pour tous les organismes vivants supérieurs. V. *Cours*, II, p. 297.

de l'interdépendance des phénomènes sociaux, de répercussion en répercussion, le corps tout entier tombe dans le marasme.

Les crises sont à la société ce que les maladies sont à l'organisme vivant. « Les unes ont un caractère périodique, les autres sont absolument irrégulières. Les unes sont courtes et violentes comme des accès de fièvre, les autres sont lentes comme des anémies, dit M. de Laveleye. Les unes sont localisées à un pays déterminé, les autres sont épidémiques et font le tour du monde » (¹). Quels que soient leurs caractères, les crises procèdent d'une cause unique : la rupture de l'équilibre entre la production et la consommation (²). Mais les crises sont néanmoins des états exceptionnels quoique périodiques, et, en fin de compte, dans toute société un peu prospère, l'équilibre est l'état normal.

Comment et en vertu de quelle loi cet équilibre se maintient-il?

L'état de crise est un état particulier à l'organisation moderne de la production. En effet, l'équilibre est réalisé d'une manière quasi-parfaite dans « le groupe autonome » par l'identité du producteur et du consommateur (³). Dans la période caractérisée par le « travail loué », et aux premiers temps des métiers, l'équilibre est encore réalisé d'une manière à

(¹) V. Gide, *op. cit.*, p. 179. — Cf. Pareto, *Cours*, II, p. 277 à 296.

(²) V. Gide, *ibidem*. Cf. Issaïev « Les principales causes des crises économiques» dans *Rev. d'écon. polit.*, 1893, p. 654 et s., 985 et s. — Les crises, dit M. Pareto, ne sont pas toutes dues à des motifs objectifs, l'excès ou le déficit par exemple, de production et de consommation, mais aussi à des motifs subjectifs tels que la méfiance ou la confiance exagérées. V. pour le développement de ces ingénieuses idées, Pareto, *Cours*, II, p. 286 et s.; du même auteur, *Systèmes socialistes*, II, p. 447.

(³) Dans la coopération de consommation, l'équilibre s'établit d'une manière analogue. La coopérative ressemble par certain côté au groupe autonome. Sur les autres points, V. Bücher, *op. ci*, chap. III.

peu près parfaite parce que la production ne s'effectue que
sur commande. Mais aujourd'hui les communautés de production sont distinctes des communautés de consommation.
Le produit, au lieu d'être consommé par celui qui l'a créé et
au lieu de passer directement de la main du producteur dans
celle du consommateur, traverse un nombre considérable
« d'économies » avant d'être achevé et après qu'il l'a été ; il
est une marchandise. L'individu est devenu de plus en plus
tributaire des autres ; la satisfaction des besoins entraîne une
intervention de plus en plus active de tous pour chacun et de
chacun pour tous. Chacun produit pour autrui et tous produisent pour chacun. C'est bien à notre époque que se réalise
d'une manière saisissante le mot de M. Sully Prud'homme :

> Au monde où nous sommes
> Nul ne peut se vanter de se passer des hommes.

La complexité des besoins entraîne une complication inouïe
de l'interdépendance des services et des prestations réciproques.

Dans une semblable société un personnage émerge du
chaos : c'est l'entrepreneur. C'est à lui qu'est dévolue la
tâche très délicate et la plus importante, au point de vue
social, d'assurer l'équilibre économique en modelant la production sur les besoins, en assurant l'échange réciproque des
services et des prestations. C'est lui qui remplit dans « l'économie nationale » le rôle de père de famille dans « l'économie domestique fermée » ou encore le rôle que remplirait
le ministre de la Production ou des Travaux publics dans
une société organisée suivant les plans collectivistes.

C'est lui qui organise la production ; il est le pivot, le
point central du mécanisme ; c'est encore lui qui répartit les
revenus entre les divers collaborateurs ; il est le payeur en
chef de l'industrie. Enfin possédant, comme nous le verrons,

l'indépendance dans la direction, il supporte par suite les
risques de l'entreprise.

§ II. *Organisation de la production.*

En disant que l'entrepreneur organise la production, on
pourrait confondre sous le nom d'organisation des fonctions
en réalité assez différentes. Certaines sont le propre de l'entrepreneur, d'autres peuvent être et sont en fait très souvent
exercées par d'autres fonctionnaires de l'entreprise, notamment par des salariés, ingénieurs, chimistes, praticiens, etc. [1].
Pour bien marquer les fonctions propres de l'entrepreneur,
il faut, croyons-nous, distinguer dans l'organisation de la
production celles qui relèvent de l'organisation économique
et celles, d'autre part, qui constituent l'organisation technique
de l'entreprise.

I. *Organisation économique.*

L'organisation économique a pour but essentiel de rechercher et de combiner les moyens de pourvoir à la satisfaction
des besoins humains et c'est sous la forme de l'entreprise,
nous venons de le voir, que s'opère aujourd'hui cette satisfaction. C'est donc en définitive l'entrepreneur, en sa qualité de
chef de l'entreprise, qui est chargé d'assurer cette fin dernière de la production.

C'est une chose merveilleuse au premier abord que de le constater. On ne peut s'empêcher, en effet, de remarquer avec éton-
nement que cette fonction primordiale d'équilibrer la production et la consommation, de modeler la première sur la
seconde, est exercée par des hommes ordinaires, déterminés,

[1] V. Carnegie, *L'empire des affaires*, p. 222 et s.

au moins au point de vue économique, par la poursuite
exclusive de leur intérêt personnel, et nullement dominés
par la pensée d'un but social à atteindre, ni influencés par
une sollicitation altruiste. Car il n'est pas possible d'oublier
que c'est sur le terrain économique que se livre la lutte pour
l'existence la plus âpre et la plus opiniâtre, sans trève ni
quartier.

Il y a là, semble-t-il, une contradiction irréductible : un but
social atteint par des hommes ne poursuivant que des fins
individuelles !

Et cependant nous constatons que l'équilibre économique
est l'état normal de la société, que la production se modèle
assez exactement sur la consommation et que l'entrepreneur
est la cheville ouvrière de l'organisation industrielle moderne.
Quelle est la clef de cette énigme ?

L'explication réside dans ce fait que les entrepreneurs ne
sont pas isolés. Les différentes entreprises ne sont pas semblables à des compartiments étanches sans pénétration, sans
relation quelconque. La concurrence les met aux prises les
unes avec les autres pour la conquête des marchés du monde,
pour l'exploitation intensive des marchés anciens, pour la
découverte de débouchés nouveaux.

Et cette interconcurrence des entreprises provoque la naissance et la mise en valeur des qualités maîtresses de l'entrepreneur et, c'est grâce à elle, en définitive, que la société
reçoit non seulement la satisfaction de ses besoins, mais
encore, comme nous allons le voir, une satisfaction maximum
c'est-à-dire obtenue avec une consommation minimum de
moyens de production.

La concurrence, avons-nous dit, fait naître et développe les
qualités maîtresses de l'entrepreneur et, parmi elles, au premier plan, elle fait surgir ce que Dunoyer appelle le « génie

des affaires ». « Dans le nombre des forces qui existent dans
» les hommes, la première qui me frappe, celle qui se place
» naturellement à la tête de toutes les autres, celle qui est le
» plus indispensable au succès de toute espèce d'entreprise
» et à la libre action de tous les arts, c'est le génie des affai-
» res, génie dans lequel je démêle plusieurs facultés très dis-
» tinctes telles que la capacité de juger de l'état de la
» demande ou de connaître les besoins de la société, celle de
» juger de l'état de l'offre ou d'apprécier les moyens que l'on
» a de satisfaire ces besoins » (1).

Ce ne sont pas seulement les besoins actuels et présents
que l'entrepreneur aura en vue, mais encore la concurrence
l'obligera à prévoir les besoins futurs. Bien mieux, il sera
amené à ne pas se contenter de pourvoir à des besoins nés
ou à naître normalement, mais, en outre, à en faire naître
de nouveaux. Comme le fait remarquer W. Smart (2), les
commandes ne courent pas en général au devant de l'entrepreneur, il a des concurrents acharnés dans les autres
patrons. Il doit lutter avec eux de prévoyance, de sagacité,
de bon goût, d'originalité, de bon marché; il doit livrer de
véritables batailles, et ainsi se réalise d'une façon humoris-
tique le mot de Carlyle disant que l'entrepreneur est le
« capitaine de l'industrie ». Il est donc le ressort puissant qui
met en branle le mécanisme moderne de la satisfaction des
besoins humains; c'est par lui qu'elle s'accomplit, et c'est en
cela que consiste sa véritable fonction, sa fonction essentielle
au point de vue social.

Cette fonction n'est certes pas consciente, et c'est à son
insu qu'elle se réalise et, si l'entrepreneur peut être conçu

---

(1) Dunoyer, *Traité de la liberté du travail*, II, 6, p. 47.
(2) W. Smart, *La répartition du revenu national*. — Cpr. Carnegie, *op. cit.*,
p. 261, 262; G. Hanotaux, *Le choix d'une carrière*, p. 112, 113.

comme un fonctionnaire social (¹) chargé de réaliser quelques fins économiques, c'est en tout cas un fonctionnaire privé, c'est-à-dire supportant la pleine responsabilité de tous ses actes, agissant en son nom personnel, touchant des bénéfices si l'entreprise réussit, faisant des pertes si elle échoue. Aucune autorité supérieure à lui ne le couvre et ne l'assure contre les risques de l'exploitation. Il n'a pour mobile de son activité que son intérêt personnel; la recherche du profit en est à la fois la cause efficiente et la cause finale.

En résumé, si sa fonction est, au point de vue social, de modeler la production sur la consommation (et aussi parfois la consommation sur la production) elle est, au point de vue privé, uniquement de produire de la plus-value.

Et non seulement, grâce à la concurrence, les besoins humains se trouvent ainsi satisfaits, mais encore ils le sont de la manière la plus avantageuse pour la société. Ici, nous entrons dans l'organisation économique, à proprement parler, de la production.

Les produits destinés à la satisfaction des besoins sont, nous l'avons vu, composés des divers facteurs économiques : matières premières, capitaux fixes, travail, etc., ou plus simplement de capitaux fonciers, personnels et mobiliers.

Mais ces moyens de production peuvent se combiner en des proportions différentes pour donner naissance à un même produit. C'est ainsi que pour produire vingt hectolitres de blé, il faut, par exemple, un hectare de terre, tant de travail, tant d'engrais, etc. Il est clair qu'on pourrait obtenir le même

---

(¹) Cette idée de l'entrepreneur fonctionnaire social a été surtout développée par les socialistes de la chaire. V. Wagner, qui le qualifie de « fonctionnaire de la totalité (pour la formation et la mise en valeur du fonds national des moyens de production) » cité par Leroy-Beaulieu, *Traité*, I, p. 308. Ces théoriciens voient d'ailleurs, dans l'accomplissement de cette fonction, la justification économique du profit.

rendement avec un peu moins de capital foncier, et un peu plus d'engrais, c'est-à-dire de capital mobilier. L'élément de production, capital personnel, pourrait à son tour être diminué par une application plus large de capital mobilier fixe : machines aratoires, charrues, faucheuses, semeuses mécaniques. On pourrait multiplier les exemples analogues.

Parmi donc les innombrables manières de combiner ses éléments de production, l'entrepreneur est tout d'abord tenu de faire un choix. Il doit tout d'abord déterminer ce que M. V. Pareto appelle son coefficient économique de fabrication (¹). Il nomme ainsi les « quantités constantes ou » variables de services producteurs qu'il est nécessaire d'employer pour obtenir une unité de produit » (²).

Pour que la société se trouve donc dans l'état de satisfaction maximum, il faut que ce choix aboutisse à une destruction respective minimum de ces facteurs de production. Comment cela va-t-il se produire avec des entrepreneurs poursuivant des fins individuelles ?

Observons tout d'abord que le choix des coefficients de production n'est pas dû au hasard. Dans nombre d'hypothèses, l'entrepreneur a en quelque sorte la main forcée. Il commettrait une faute lourde s'il n'agissait pas comme il le fait. C'est ainsi, par exemple, que dans les pays où la main d'œuvre est à bon marché, on peut avoir avantage à augmenter la

---

(¹) A côté du coefficient économique de production, il y a le « coefficient technique », ce dernier ne relève pas de l'économie politique, ni de la fonction économique de l'entrepreneur. — V. ci-dessous, II. — Les coefficients de production sont variables à la fois techniquement et économiquement. Marx soutenait à tort que tous les moyens de production employés dans la fabrication avaient entre eux, non seulement des relations qualitatives, mais des proportions quantitatives tout-à-fait déterminées (Marx, Le Capital, II). — Voyez là-dessus V. Pareto, Les systèmes socialistes, II, pp. 372, 373, 374. — Y voir aussi des exemples nombreux des variations des coefficients de fabrication. — Cpr. Walras, op. cit., p. 211.

(²) V. Pareto, Cours, I, p. 48 et passim.

proportion des capitaux personnels, et à réduire l'importance
du matériel mécanique perfectionné. On peut avoir par contre, dans les pays où le prix de la main d'œuvre est très élevé,
intérêt à augmenter la dose des services mobiliers. Pour
l'industrie agricole, notamment, étant donné la loi du rendement moins que proportionnel, on a évidemment avantage, à
un moment donné, à augmenter la quantité des services fonciers et à diminuer l'importance des divers autres facteurs de
la production, engrais, travail, etc.

L'entrepreneur qui ne recherche que son profit ne va pas
tarder longtemps à conserver une combinaison d'éléments
qui lui est onéreuse lorsqu'il peut la remplacer par une plus
économique. Il le pourra d'autant moins que les entrepreneurs rivaux ne restent pas inactifs. Ils se surveillent en effet
les uns les autres, ils sont en guerre permanente pour atteindre et pour conserver la situation enviée de tous où le prix
de vente du produit dépasse son coût de production, c'est-à-
dire la situation qui fournit de beaux bénéfices. Pour atteindre individuellement cette position, l'entrepreneur n'a que
deux moyens :

1° Ou bien hausser le prix de vente ;

2° Ou bien diminuer le coût.

Hausser le prix de vente est une entreprise chimérique
dans un état de libre concurrence. Cela n'est possible que
pour l'entrepreneur qui détient un monopole de droit ou de
fait. C'est ainsi qu'on a vu, il n'y a pas longtemps, l'Etat
français augmenter le prix de vente d'une certaine qualité
de tabac.

Ce n'est donc qu'au second moyen que l'entrepreneur aura
recours : il essayera de diminuer son prix de revient. Si donc
un entrepreneur fait de gros bénéfices dans une branche de
production déterminée, un concurrent ne tardera pas à sur-

gir, qui s'ingéniera à trouver un meilleur rendement des facteurs de la production, en recherchant une meilleure combinaison de ces éléments, ou autrement dit un nouveau coefficient
de fabrication, toutes choses demeurant égales d'ailleurs.

Dans cette nouvelle situation, si ses calculs ont abouti,
l'entrepreneur va réaliser un gain, un profit. Cette situation ne
se prolongera vraisemblablement pas bien longtemps, car de
nouveaux coefficients seront trouvés qui abaisseront successivement le coût du produit. Il arrivera ainsi un moment où,
enfin, par suite de la technique même du métier, un meilleur
coefficient sera pour longtemps impossible à trouver. Dès
lors la société, dans cette branche de production, reçoit la
satisfaction maximum de ses besoins, c'est-à-dire atteinte au
moyen d'une dépense la plus avantageuse d'éléments productif s

Ce mouvement des entrepreneurs qui se disputent le marché au moyen de diminutions du coût de revient, grâce aux
inventions successives de meilleurs coefficients, est comparé
par M. Pareto, au mouvement d'un écureuil dans une cage
tournante. La cage tourne au fur et à mesure que l'animal
tente de s'élever [1].

Comme conclusion, grâce à la concurrence des entrepreneurs, une équation tend à se faire entre le prix de vente et
le coût de revient.

Les uns font des gains, les autres des pertes. Ces derniers
sont les lutteurs qui tâchent de débusquer les premiers de
leurs positions. Cette circulation, qui se produit entre eux pour
la conquête des bénéfices, est le plus sûr garant du progrès
social, de la meilleure utilisation des forces économiques.
C'est la lutte pour la vie, dans l'ordre de la sélection natu-

[1] Pareto, *Cours*, I, p. 70.

relle, qui aboutit au triomphe des plus forts ou plutôt des
mieux adaptés au milieu considéré ; c'est la lutte pour le profit, dans l'ordre économique, qui aboutit à la victoire des meilleurs économiquement, c'est-à-dire de ceux qui parviennent
à donner aux besoins sociaux la satisfaction maximum avec la
dépense minimum de services producteurs ([1]).

En somme, dans l'organisation actuelle, on ajuste le nombre
des producteurs aux besoins de la consommation, le chiffre
des demandes à la quantité des produits existants, grâce à
la loi de la valeur fixée à la fois, comme nous l'avons vu, par
une action réciproque de la consommation et de la production, et c'est l'entrepreneur qui est la clef de voûte de cet
énorme édifice.

Il suit de là qu'en présence des qualités multiples que la
lutte pour la vie le force à posséder, il est assez inexact de
dire que c'est le capital qui choisit la direction de l'entreprise ([2]).

D'abord, au point de vue juridique, il n'en est pas absolument ainsi. Ce n'est qu'une partie du capital qui jouit de cette
faveur ; c'est un droit, en effet, qu'ont seuls les actionnaires,
et les obligataires, qui sont aussi des capitalistes, en sont privés.

D'autre part, si juridiquement les actionnaires sont les
entrepreneurs, puisque les responsabilités leur sont attri-
buées par la loi, il est rare qu'en fait ils en exercent la fonction. En effet, dit M. Pareto, les actionnaires ont bien peu
d'influence pratique. On les convoque une fois par an pour
leur présenter des comptes auxquels ils ne comprennent rien
et ils se bornent à accepter de confiance les propositions du
conseil d'administration tant qu'ils reçoivent des dividendes

([1]) Cpr. Carnegie, op. cit., p. 182.
([2]) Leroy-Beaulieu, op. cit., I, p. 299 et s.

convenables. Quand les dividendes ne marchent pas, ils essaient de porter remède, et ils le font plutôt mal que bien. Telle paraît être en effet la situation de l'actionnaire des grandes associations de capitaux ([1]).

Dans ce cas, les différences entre l'action et l'obligation se réduisent à des différences dans la nature du placement effectué. Dans un cas (obligation), le capital est assuré au moins en théorie, sinon contre les risques de perte, du moins contre les variations du revenu payé ; dans l'autre, le capital est susceptible de toucher un revenu sans doute plus élevé, mais variable et aléatoire. Il est facile de se rendre compte que parmi les capitalistes il en est que le risque tente en même temps que la perspective de gros revenus, d'autres qu'attire au contraire et sollicite la certitude d'un revenu plus modeste mais plus fixe. Les actions et les obligations correspondent à ces deux sortes de goûts, et l'on pourrait même, avons-nous vu, juger des tempéraments des divers peuples par la place qui est faite à l'action et à l'obligation dans l'ensemble du capital placé.

D'ailleurs, pas plus que le capital, le travail ne possède les qualités éminentes qui font un entrepreneur. Il ne sait, au moins dans les cas ordinaires, ni organiser la production, ni lancer la vente, ni soutenir et sauver l'entreprise aux moments où elle périclite ([2]).

La fonction d'entrepreneur est, en somme, distincte tout à fait de la fonction de capitaliste ([3]). C'est pour avoir méconnu

---

([1]) V. Pareto, *Les systèmes socialistes*, II, p. 447 et s.

([2]) V. Leroy-Beaulieu, *op. cit.*, I, p. 300 et s.

([3]) On pourrait d'un mot exprimer cette idée en disant que, comme la plupart des organes sociaux modernes, le capital s'est généralisé, s'est démocratisé, et que la fonction d'entrepreneur, au contraire, qui était autrefois commune dans la petite industrie et la petite boutique, s'est spécialisée, et, en quelque sorte, « aristocratisée » avec l'avènement de la grande industrie et du grand commerce.

cette distinction que l'école anglaise a commis certaines erreurs, notamment en confondant dans le profit l'intérêt du capital et le bénéfice propre de l'entrepreneur. En réalité, l'entrepreneur possède généralement un capital, mais quand on se place au point de vue de l'analyse scientifique, « on doit séparer le fait de la possession des capitaux et des loyers qu'on en retire du fait de la simple transformation des services de ces capitaux en produits ou en d'autres capitaux » [1].

II. *Organisation technique.*

D'une façon générale, c'est encore l'entrepreneur qui s'occupe de l'organisation technique de la production. Mais ce ne sont pas là sa fonction ni son rôle spécifiques. En effet, dans la plupart des cas aujourd'hui, ils sont assurés par des délégués de l'entrepreneur, par des salariés de l'entreprise.

Il est difficile tout d'abord d'établir une ligne de démarcation bien définie entre l'organisation économique et l'organisation technique. Au surplus, toute discussion sur ce point n'aurait aucune importance eu égard au but que nous poursuivons. Il nous suffisait de dégager la fonction individuelle et sociale de l'entrepreneur au point de vue de l'organisation de la production.

Cependant, tout ce qui touche à l'invention et à la mise en œuvre technique des procédés de fabrication sont le propre de spécialistes. Tout un peuple de praticiens, de chimistes, d'ingénieurs, de dessinateurs travaillent dans les laboratoires, les ateliers de recherches et d'expériences, à combiner de nouveaux moyens, de nouveaux procédés. Et c'est peut-être à la science, à la forte organisation et au développement

[1] Pareto, *Cours*, II, p. 79. — Cpr. Walras, *op. cit.*, p. 421.

de ce personnel technique qu'est dû en partie le grand essor industriel de l'Allemagne contemporaine.

« Entrez, dit M. Pierre Baudin, dans une de ces colossales fabriques qui, à Manheim, par exemple, enserrent et embrument la vaste vallée du Rhin. Visitez les ateliers : on vous présentera des contremaîtres qui ont le titre de « herr doktor ». Ce sont des docteurs ès-sciences, des savants distingués. On vous conduira dans des laboratoires où vous verrez cent à cent cinquante chimistes qui sont appointés, en apparence, pour ne rien faire. Ils sont chargés d'une seule tâche, — impondérable, sans doute, — et qui ne se paie guère à la journée : la découverte », etc. (¹).

Pour ce qui est de toutes ces opérations, l'intervention de spécialistes se substitue à l'action de l'entrepreneur.

Mais il est d'autres rouages de l'organisation technique où elle peut s'exercer d'une manière plus active. Il faut notamment que, non content de se procurer la main-d'œuvre qu'exige son coefficient de production, il organise le travail. Qu'est-ce à dire? Organiser le travail c'est combiner les divers procédés, rechercher les diverses méthodes qui tendent à lui faire donner son maximum de rendement, sa productivité la plus grande.

D'une façon générale, le travail a un caractère pénible et l'ouvrier, comme tout être vivant, cherche à réaliser le maximum de satisfaction personnelle avec le minimum d'effort. Voilà pourquoi le travail salarié comme le travail forcé a besoin d'être surveillé et stimulé.

L'expérience démontre en outre que le travail le meilleur et le plus intense est celui de l'homme qui travaille pour son propre compte ; le pire est celui de l'homme qui ne cède qu'à la crainte ou à la menace du châtiment.

(¹) Pierre Baudin, « Forces perdues ».

Un des problèmes les plus importants qu'ait à résoudre
l'entrepreneur est celui d'organiser le travail de telle sorte
que son personnel se rapproche le plus possible de l'état où
il serait s'il travaillait *pro domo sua*. De là toute une série
de procédés, primes à la vente, à l'économie du capital circulant, travail à la tâche, aux pièces (¹).

Il y a d'ailleurs des procédés spéciaux à chaque métier et
dont nous n'avons pas à nous occuper ici. D'autres au contraire sont applicables à la généralité des industries. Les plus
connus sont la combinaison du travail ou la coopération des
travailleurs, la division du travail, les machines. Ces divers
procédés et les discussions qu'ils soulèvent forment la matière
de livres entiers dans tous les manuels d'économie politique.
Nous ne nous y arrêterons pas (²).

La productivité du travail varie aussi avec le cadre qu'on
donne à la production. Le choix de ce cadre relève ainsi de
la direction technique de l'entreprise et de la fonction générale de l'entrepreneur.

Mais avec les grandes exploitations modernes, pour si puissant, pour si bien équilibré que soit le cerveau du chef, il est
clair que celui-ci ne peut descendre dans tous les détails de
cette organisation si complexe ; il est remplacé alors par des
conseillers techniques, ingénieurs, contremaîtres, chefs
d'ateliers, etc. Les besognes qu'ils sont appelés à accomplir
supposent d'ailleurs une compétence et une expérience que le
directeur ne possède pas toujours.

C'est ainsi qu'à côté des coefficients économiques se placent
des combinaisons des éléments techniques de l'entreprise qui
sont les coefficients techniques de la production. Ces deux

(¹) V. là-dessus Pareto, *Cours*, II, pp. 189, 190. — Cpr. Carnegie, *op. cit.*, p. 121,
122 et s.

(²) V. par exemple P. Leroy-Beaulieu, *Traité*, I, ch. IV et s.

coefficients sont aussi variables l'un que l'autre et tendent par
les mêmes moyens aux mêmes buts : assurer la meilleure utilisation des forces productives à la fois pour l'individu et pour
la société. Ces deux coefficients ont parfois entre eux des
relations nécessaires et sont commandés l'un par l'autre et
réciproquement (¹).

III. *Administration.*

Dans une vaste entreprise, comme d'ailleurs dans une
petite, l'administration se distingue de l'organisation économique proprement dite. Dans la petite industrie, il est vrai,
les deux fonctions sont cumulées par l'entrepreneur, tandis que dans les puissantes sociétés modernes, ce travail est
effectué par des employés qui font par délégation tout ce qui
peut être fait de la sorte (correspondance, écritures, tenue
de livres, opérations de caisse) afin de ne pas charger le chef
d'entreprise d'une foule de détails dans lesquels son activité
ne peut pas s'absorber (²).

IV. *Contrôle.*

Il est nécessaire enfin que l'entreprise soit contrôlée
dans sa marche et c'est encore à l'entrepreneur qu'incombe-
rait cette mission. Cependant dans les exploitations importantes, c'est à des salariés de l'entreprise : surveillants techniques, inspecteurs, contrôleurs ou à des délégués du capital :
conseils de contrôle ou de surveillance, etc., que cette tâche est
confiée. Elle porte à la fois sur le travail d'administration et,
comme nous l'avons vu, sur le travail matériel de l'exploita-
tino.

(¹) Pareto, *Systèmes socialistes*, II, p. 373. — Cf. *Cours*, §§ 717 et suiv.
(²) V. Cauwès, *Cours*, I, p. 364.

§ III. *Répartition des revenus.*

I. *Le prétendu droit au produit intégral du travail ou des autre facteurs de la production.*

Une fois le processus de production terminé, les produits auxquels il a conclu quittent l'entrepreneur pour se rendre, par un chemin plus ou moins long, dans les mains de ceux qui doivent en définitive les consommer, productivement ou improductivement, consommateurs proprement dits ou entrepreneurs. Dans une société comme celle où nous vivons, ce passage se fait au moyen de l'échange; les produits sont vendus et leur valeur exprimée en monnaie, c'est-à-dire leur prix, est touché par l'entrepreneur. Il va de soi que la somme perçue ainsi ne reste toute entière dans sa main que si notre homme a fourni à la fois tous les moyens de production, services fonciers, services mobiliers, services personnels. Une pareille situation est un fait rare à notre époque. La valeur du produit est donc répartie par l'entrepreneur entre ceux qui ont fourni les divers services nécessaires à l'œuvre de production. Et c'est en fin de compte, par son intermédiaire, qu'est distribuée aujourd'hui la plus grande partie du revenu national. Il est donc intéressant de rechercher quelles sont les règles qui régissent ces opérations, comment se fait cette distribution.

Nous avons vu ci-dessus que la complexité de la vie économique était telle que chacun produisait pour tous, et que tous produisaient pour chacun. Nous n'avons pas à nous préoccuper de ceux qui vivent aux dépens des autres sans rien fournir en échange, des parasites sociaux. Mais d'une manière générale, on peut dire que les participants à l'œuvre de la production soit d'une manière directe, comme le capital ou le travail, ou d'une manière indirecte et détournée,

comme la police ou la magistrature, qui gardent ou défendent
l'ordre public, nécessaire au bon fonctionnement de cette œuvre, peuvent se ranger sous deux entités : le Capital (foncier ou
mobilier), le Travail (¹). On peut dire que le produit national
annuel provient de l'action combinée de deux espèces de forces économiques : du travail humain et de moyens de production matériels dont l'origine est pour une part, naturelle
(sol) et pour l'autre, artificielle (capital).

Or, quand on mêle ou combine des éléments aussi différents que les services des capitaux et ceux des travailleurs,
il est impossible de déterminer dans quelle proportion ils
ont collaboré à l'œuvre qui sort de leur combinaison et de
reconnaître dans le produit final la part matérielle qui
revient à chacun d'eux. Considérons une usine, par exemple.
C'est une organisation de plusieurs facteurs, ayant pour but
la production d'une série d'objets semblables ou autres.
Tout produit achevé est le point de rencontre des diverses
forces économiques employées : la terre sur laquelle l'usine
est bâtie, l'entrepreneur qui détermine les coefficients de
fabrication et dirige la production, les machines, les travailleurs. Bien malin serait alors celui qui pourrait dire : « Dans
ce produit, tout neuf et reluisant qui sort de cette usine, je
reconnais en cette partie-là, la collaboration du sol d'emplacement; dans cette autre, l'œuvre des travailleurs, etc. ».

Le produit annuel de la société est comme ce produit
achevé qui sort de l'usine, un point de rencontre plus vaste,
plus compliqué, de toutes les forces économiques employées.
Chacune des composantes a perdu son individualité propre.

(¹) Si l'on suppose que le revenu annuel moyen de l'Angleterre est de 37 milliards
et demi de francs, 15 milliards et demi sont imputables au capital, 22 milliards au
travail sous toutes ses formes (salaires, traitements, honoraires. gages). W. Smart,
La répartition du revenu national, p. 15.

Elles ne se sont pas mélangées ou simplement juxtaposées, elles se sont pénétrées de telle sorte que la part de chaque facteur est devenue méconnaissable. Le produit, en somme, n'est pas un mélange, mais bien une « combinaison » au sens où les chimistes entendent cette expression.

Les divers copartageants ne touchent donc pas ce qu'ils produisent individuellement, puisqu'aucun calcul ne peut, dans l'enchevêtrement des divers services employés par la production moderne, déterminer la part exacte qui revient matériellement à chacun dans le produit, mais la part qui leur est attribuée à l'aide d'un mécanisme spécial. Et voilà qui complique terriblement le problème. Le produit annuel n'est pas réparti en nature entre les copartageants, chacun d'eux est payé au moyen d'un signe représentatif, la monnaie, qui lui donne droit de prélever une certaine quantité des produits créés par d'autres entrepreneurs, ou des services mis à sa disposition par les autres individus. La complication devient effroyable ; il faut observer, en effet, que chacun des facteurs économiques est acheté à sa valeur par le patron ou le chef d'industrie. Chacun des collaborateurs est payé, non pour cette collaboration elle-même, considérée dans ses résultats spécifiques, mais pour la valeur, sur le marché, de cette collaboration.

Or cette valeur des divers services fournis ne se transmet pas *in integrum* au produit achevé qui sort de la combinaison de ces services, de telle sorte que ce produit soit économiquement le résultat total des valeurs, comme il est techniquement le résultat de la combinaison des forces. Par exemple, si l'on peut affirmer que tel produit agricole, une unité de blé, est techniquement le résultat de la combinaison de tant de terre, de tant de travail et de tant de capital, on ne peut pas dire que, économiquement, il aura nécessairement

pour valeur minimum la somme des valeurs dépensées en
services fonciers personnels et mobiliers. L'expérience nous
montre qu'il n'en est pas ainsi, car autrement aucun entrepreneur ne pourrait essuyer de pertes pas plus qu'il ne pourrait faire de bénéfices. Le produit achevé a sa valeur déterminée, comme ses composantes elles-mêmes, par les conditions générales de l'équilibre économique; c'est donc la
valeur produite telle qu'elle ressortira de la vente qui est
partagée par l'entrepreneur entre les divers collaborateurs;
c'est par suite une valeur hypothétique, une valeur escomptée
et non certaine. Or les engagements de l'entrepreneur sont
fixés à l'avance par des contrats passés avec les détenteurs
des divers services exigés par la production, et c'est sur la
base de ces contrats que s'opère la répartition. C'est donc
dans les relations entre les producteurs des services et celui
qui les paie, entre les divers capitalistes et les entrepreneurs
que nous devons chercher les règles de cette répartition.

On ne saurait tout d'abord parler, cela étant, pour les éléments capital et travail, du droit au produit intégral de leur
collaboration, puisque aucun calcul ne peut, dans l'enchevêtrement des divers services exigés par la production moderne,
déterminer la part exacte qui revient matériellement ou économiquement à chacun d'eux dans le produit. Considérons,
par exemple, le facteur travail, et supposons un individu
« qui fait un calcul avec une table de logarithmes, une par-
» tie de cet ouvrage fait partie du produit intégral du travail
» de l'inventeur des logarithmes, une autre appartient aux
» différentes personnes qui ont imprimé cette table, une
» autre à la personne qui a fabriqué le papier sur lequel le
» calcul a été fait » [1]. Ce simple exemple montre bien que

---

[1] Pareto, *Syst. socialistes*, II, p. 181 et *passim*. — Cf. W. Smart, *La répartition du revenu national*, pp. 117 et suiv.

ce prétendu droit du produit intégral du travail est une pure chimère, un concept éthique, ou métaphysique, et les raisonnements d'Anton Menger tendant à prouver que ce droit existe, ne sont nullement d'accord avec les résultats fournis par une recherche expérimentale sur les faits (¹). Ce serait affirmer que de tous les participants effectifs à ce produit, un seul devrait y avoir droit, si bien que la participation des autres serait une exploitation de cet ayant-droit unique (²). Nous avons déjà montré le mal fondé de cette thèse en examinant ci-dessus la théorie marxiste de la plus-value. On raisonnerait de même pour le droit du capital au produit intégral de son aide.

Si donc les divers services de la production ne peuvent pas toucher le produit intégral de leur coopération, puisque cette expression est un non sens dans le domaine des faits, nous avons vu, d'autre part, que la valeur à distribuer était une valeur hypothétique et incertaine et que l'obligation de l'entrepreneur était présente et déterminée.

Dans ces conditions, l'entrepreneur a intérêt à abaisser autant que possible la rémunération à allouer aux divers services.

Mais il ne s'ensuit pas pour cela que, malgré leur impuissance à déterminer quantitativement ou qualitativement leur participation à la production, les détenteurs des divers services se laissent faire la loi par l'entrepreneur, et que celui-ci leur dicte impérieusement sa volonté.

Le public, c'est-à-dire le consommateur, s'il ne fixe pas seul en dernière analyse le prix des produits, du moins

---

(¹) A. Menger, *Le droit au produit intégral du travail*, traduction française par A. Bonnet. Paris, Giard et Brière, 1900. — Cf. Pareto, *Syst. social.*, *passim*, et II, p. 107, 181, etc.
(²) Bohm-Bawerk, *op. cit.*, II, p. 128.

rémunère indirectement les services des facteurs en achetant
les produits dans lesquels ils sont incorporés et en payant
une somme, non plus pour chaque service, mais pour la totalité des services incorporés; c'est l'entrepreneur qui pousse
plus loin la répartition, mais dans cette répartition, les paie-
ments faits par lui sont régis par des forces plus grandes que
la sienne ([1]).

II. L'entrepreneur et les capitalistes.

Une première question doit être tout d'abord résolue.
Puisqu'il n'existe pas une part maximum du capital qui serait
ce qui correspond à cette formule fausse : le produit intégral
du capital, y a-t-il une part minimum en deçà de laquelle le
capital préférerait ne pas se constituer que d'être rémunéré
à ce prix? Existe-t-il en somme « un niveau de subsistance »
pour le capital ([2])?

Nous avons déjà observé que même sans le stimulant de
l'intérêt, l'épargne ne cesserait pas d'exister et que tout au
moins l'homme s'abstiendrait de consommer pour satisfaire
son instinct de prévoyance.

Il est, d'autre part, impossible de déterminer le point où le
capital commence à s'évanouir. Enfin un intérêt même
négatif n'empêcherait pas d'épargner.

Il convient d'observer d'ailleurs que le capital n'est pas
constitué par la monnaie, mais par l'ensemble de biens
servant à la production; par suite, une fois né, il faut qu'il
soit à tout prix employé ([3]).

([1]) W. Smart, op. cit., p. 201.

([2]) La théorie physiocratique le supposait. Elle pensait en effet que si l'intérêt
n'assurait pas au capital une rémunération suffisante, ce dernier s'évanouissait,
soit qu'il fût consommé quand cela était possible, soit qu'au contraire il s'en allât
sous d'autres cieux chercher un salaire plus élevé.

([3]) V. pour le développement de ces idées, l'intéressant chapitre de W. Smart,

Cela étant, il est donc impossible de déterminer un minimum et un maximum entre lesquels oscillerait le prix des services du capital. Il semblerait dès lors que le prix fût susceptible de variations sans fin et sans frein et que le capitaliste et l'entrepreneur pussent le fixer à leur guise selon leur puissance réciproque. Pratiquement il n'en est pas ainsi, et ce prix, au contraire, jouit d'une fixité générale très grande et très remarquable. Il se trouve qu'en fait la pression des circonstances empêche l'entrepreneur de prélever une part exorbitante du prix du produit, la part du lion. L'employeur est, on le sait, en lutte ouverte avec ses concurrents, et le capital, s'il n'est pas content de la situation qui lui est faite par cet employeur, peut en appeler de sa décision au corps général des entrepreneurs.

Ce recours très réel n'est cependant pas possible toujours et est en fonction même de la « mobilité du capital ».

Cette mobilité n'est pas la même, en effet, pour tous les capitaux et est susceptible de passer par bien des degrés. D'une manière générale, dit M. Pareto ([1]), on peut distinguer trois classes de capitaux selon la facilité plus ou moins grande que l'épargne éprouve à s'y transformer. Certains capitaux sont très faciles à obtenir à bref délai avec une augmentation très légère du coût de production, ce sont la plupart des capitaux instrumentaux : machines, outils, maisons, etc.

Une seconde classe pourrait être facilement obtenue au moyen de l'épargne, pourvu, toutefois, que l'on disposât d'un temps assez long. Ainsi sont par exemple les arbres de haute futaie, les canaux, les tunnels, etc.

Enfin, une troisième classe de capitaux serait constituée

La répartition du revenu national, chap. XV, La subsistance du capital, p. 220 à 228.

([1]) Pareto, *Cours,* I, p. 391, 392.

par ceux en lesquels l'épargne pourrait très difficilement être transformée ; tels seraient les capitaux fonciers, mines, etc.

Ces trois catégories de capitaux n'ont pas la même mobilité, c'est-à-dire la même facilité à changer d'emploi, de destination. Le capital monnaie circulante est le plus mobile, mais, par contre, c'est aussi le plus défiant. La mobilité de la monnaie circulante est, au moins pour certains pays, compensée par la facilité avec laquelle on peut la perdre.

A l'opposé sont les capitaux fonciers, mines, etc. Là, la mobilité est à peu près nulle, semble-t-il au premier abord. Il n'en est pas ainsi cependant. Les capitaux fonciers français, par exemple, peuvent être en butte à la concurrence des capitaux fonciers étrangers. Evidemment, ce ne sont pas les terres qui viennent s'offrir sur le marché français, mais les produits de ces terres. C'est ainsi que les terres à blé d'Europe subissent l'influence des terres à blé d'Amérique et des Indes.

La concurrence est moindre pour les pâturages, car la viande vivante ou morte se transporte beaucoup moins facilement que le blé ([1]). Les tramways et la bicyclette ont mis en concurrence les maisons de banlieue avec les immeubles situés au centre des villes ([2]).

Certaines mesures peuvent d'ailleurs rendre les capitaux fonciers presque aussi mobiles que les capitaux mobiliers : des mesures analogues à l'act Torrens, ou autres systèmes de mobilisation du sol ([3]).

([1]) Cependant les progrès de la conservation des viandes par l'abaissement de la température ont rendu nécessaire, dans ces derniers temps, une élévation du tarif protecteur sur la viande morte.

([2]) Sur cette mobilité des capitaux, de leurs services et des marchandises qu'ils produisent. V. Pareto, *Cours*, I, p. 293.

([3]) La mobilisation de la propriété foncière aurait d'autres avantages, notamment celui de permettre une combinaison meilleure des coefficients de fabrication dans les branches de production où entre l'élément foncier. — V. Pareto, *Cours*, I, p. 418, 419.

Lorsque le capital numéraire a pris déjà la forme de moyens de production, matières premières, machines, etc., il jouit encore d'une certaine mobilité, bien que, observe M. Smart, la richesse tende de nos jours à prendre des formes fixes et immobilisées et que, par suite, il soit clair, par exemple, qu'aucune exigence ne saurait transformer un moulin à farine en une machine à faire les bicyclettes.

Cependant, on pourrait citer de nombreux exemples où des capitaux fixes peuvent facilement passer d'une industrie à une autre : ainsi les moteurs en général, machines à vapeur, chevaux, bêtes de somme, etc.

D'autre part, le capital s'accroît sans cesse par le fait de l'épargne et le capital nouveau peut prendre l'affectation qui lui est la plus avantageuse. Il y a toujours un capital en voie de formation qui peut être matérialisé, incorporé dans une industrie quelconque. Les forges et les établissements mécaniques du pays (Angleterre), par exemple, sont remplis d'un stock de barres d'acier, plaques, tubes, qui peuvent être utilisés à la fabrication de tout genre de machine, sur un avis hebdomadaire ([1]).

Enfin le capital se détruit assez vite, économiquement sinon techniquement, c'est-à-dire qu'une machine, par exemple, doit être remplacée bien avant qu'elle ne soit complètement hors de service par le fait de l'usure. Des perfectionnements incessants du machinisme ont vite fait de la rendre inutilisable et vite mis le chef d'entreprise dans l'obligation d'en acheter une nouvelle mieux comprise et mieux adaptée aux besoins. Le capital détruit ainsi économiquement se gardera bien de reprendre l'ancienne forme ([2]).

([1]) W. Smart, op. cit., p. 197.

([2]) Voir sur tout ce qui précède, W. Smart, op. cit., ch. XII. La mobilité du capital, p. 193 à 198.

De ce court exposé on peut donc conclure que le capitaliste n'est pas complètement sous la coupe de l'employeur et peut résister d'une manière efficace à ses prétentions en recourant, quand cela lui est possible, aux autres entrepreneurs, aux autres formes de la production. Et de cette façon, grâce à sa mobilité, on l'a déjà vu, le capital voit le taux de sa rémunération s'égaliser, au moins dans l'ensemble, dans toutes les branches de la production.

III. *L'entrepreneur et les travailleurs.*

On se rappelle la belle pensée de Léon XIII dans son encyclique *de conditione opificum* : « Souviens-toi, ô riche, » que le travailleur est ton frère et que tu lui dois un partage » équitable des biens qu'il t'aide à amasser ».

Y a-t-il là un précepte de pure morale évangélique ou bien un précepte d'accord avec les lois économiques ?

S'il faut entendre par partage équitable, une répartition dans laquelle la part reçue par l'ouvrier est égale à ce qu'il a réellement produit, à son « produit intégral », nous savons maintenant ce qu'il faut en penser.

Nous avons vu, d'autre part, que l'employeur est amené, par la concurrence, à acheter ses éléments de production au meilleur marché qu'il le peut, de manière à obtenir pour lui le coefficient économique de fabrication le plus avantageux ; le capital personnel est comme tous les autres capitaux. L'entrepreneur est un fonctionnaire privé qui ne consulte en général que son propre intérêt. « Étant donné les choses comme » elles sont, il n'a reçu ni de la société, ni de personne autre » que lui, le mandat d'acheter le travail d'un homme suivant » d'autres principes que ceux en vertu desquels il achète le » travail d'une machine ». Or, pour lui, le travailleur n'est

pas autre chose qu'une machine plus ou moins parfaite, plus
ou moins régulière ou résistante. Il peut penser au point de
vue éthique ou métaphysique comme Kant (¹), mais ces idées
ne peuvent influer sans danger sur sa conduite économique.

Dès lors, la question se pose de savoir si, pour discuter ce
prix qui lui est offert, l'ouvrier est placé sur un pied d'égalité avec l'entrepreneur et s'il peut résister à ses prétentions.

Il est incontestable, sans entrer dans de longs développements, car la démonstration a été maintes fois fournie, que
la prépondérance appartient ici à l'employeur. Il suffit de
rappeler que la marchandise travail n'est pas une marchandise tout à fait comme les autres (²). Le travail, en effet, est
inséparable de la personne même de l'ouvrier; le travail
naît, vit et meurt avec lui. Il en résulte que le patron peut
attendre et que l'ouvrier ne le peut pas.

La force de travail est, en outre, plus périssable que la
plupart des autres, elle ne se conserve pas, ne se met pas de
côté, ne s'accumule pas. Ne pas vendre sa force de travail seulement une journée constitue pour l'ouvrier une perte sèche et
irréparable, et cependant l'organisme humain qui est le support, la source génératrice de cette forme de l'énergie, a des
besoins dont la satisfaction s'impose d'une manière si impérieuse, qu'un temps très court d'interruption de cette satisfaction peut entraîner la destruction du travailleur.

Si l'on considère, d'autre part, que les vendeurs de travail
sont en général plus nombreux que les acheteurs, on s'aper-

(¹) W. Smart, op. cit. — On connaît le célèbre précepte de Kant : « Agis
toujours de telle sorte que tu traites en toi et dans autrui, l'humanité, non comme
un moyen, mais comme une fin ».

(²) Pour les développements, V. notamment Leroy-Beaulieu, Traité, II, p. 242
et suiv.

çoit bien vite que l'ouvrier est en état manifeste d'infériorité par rapport à l'employeur [1].

Cependant, en examinant attentivement les faits, on ne tarde pas à s'apercevoir que, pas plus pour le travail que pour le capital, l'entrepreneur n'est maître d'imposer sa volonté. Mais la démonstration est ici plus délicate.

Si, tout d'abord, il est bien certain que le travailleur ne peut recevoir le produit intégral de son travail, y a-t-il un point où la pression exercée de haut en bas par les employeurs doive s'arrêter [2]?

Les Physiocrates l'avaient pensé. Turgot écrivait que l'ouvrier n'a pour salaire que le strict minimum. Le laboureur étant le seul qui ait de quoi payer le travail, le paiera le moins cher possible, puisque tous les ouvriers seront obligés de s'adresser à lui. Ils se concurrenceront par le nombre de telle sorte que le prix de leur travail, leur salaire, s'abaissera jusqu'au niveau où ils préféreront se laisser mourir de faim plutôt que de travailler sans gagner leur vie, c'est-à-dire jusqu'au coût de leur subsistance. « En tout genre de travail, » concluait-il, il doit arriver, et il arrive, en effet, que le » salaire de l'ouvrier se borne à ce qui lui est nécessaire » pour lui procurer sa subsistance » [3].

Ricardo et les socialistes se sont emparés de cette idée, et ont formulé leur célèbre loi d'airain des salaires.

Ce salaire de subsistance, est-il véritablement comme pour le capital, un niveau minimum d'existence en deçà duquel la production des ouvriers est amenée à s'arrêter?

---

[1] C'est cette dernière idée qui est à la base de la politique trade-unioniste. W. Smart, op. cit., chap. XXI et suiv. C'est aussi l'idée qui légitime l'intervention de l'État dans le contrat de travail. « Entre le faible et le fort, — a dit Lacordaire, — c'est la liberté qui opprime, c'est la loi qui affranchit ».

[2] Smart, op. cit., p. 209.

[3] Turgot, Réflexions sur la formation et la distribution des richesses, § 4, p. 52 (édit. Guillaumin).

De multiples observations et de nombreuses statistiques dans le détail desquelles il est impossible que nous entrions, montrent que la population est liée en général au mouvement économique. C'est ainsi, par exemple, que le mouvement du commerce en général amène un accroissement du taux de la nuptialité et partant de la natalité. Ainsi encore, bien que le prix du blé ne soit pas un miroir absolument fidèle du mouvement économique, l'abaissement du prix de cette importante denrée amène une hausse de la natalité. Bien entendu il ne peut pas être ici question d'une proportion rigoureuse, mais d'une simple tendance, d'ailleurs bien fragile et facilement contrariée [1]. Les statistiques nous démontrent en effet que les milieux où règne la misère sont précisément les plus prolifiques, et que les milieux sociaux les plus riches n'ont pas ou presque pas d'enfants [2].

Mais si le mouvement de la population est lié dans une grande mesure au mouvement de la richesse, s'ensuit-il qu'il existe un salaire minimum, en deçà duquel la population ouvrière, non seulement ne se maintient pas, mais tend au contraire à diminuer? Existe-t-il en somme, pour employer une expression qui nous est familière, un salaire nécessaire du travail, c'est-à-dire couvrant exactement le coût de production de l'ouvrier?

L'observation de Quételet et les statistiques qui la corro-

---

[1] « Quand l'homme ne raisonne plus, dit Quételet, qu'il est démoralisé par la misère, qu'il vit au jour le jour, les soins de la famille ne le touchent pas plus que ceux de sa propre existence, et poussé par le seul plaisir du moment, il se reproduit sans inquiétude pour l'avenir en remettant pour ainsi dire à la Providence qui l'a nourri lui-même le soin des enfants auxquels il donne l'existence ». Quételet, *Essai de physique sociale.*

[2] Voir là-dessus, Pareto, liv. I, chap. I, *Les capitaux personnels.* — Cpr. Cauderlier, *Les lois de la population de France,* Paris, Guillaumin, 1902, 1re partie. — Nitti, *La population et le système social.* Paris, Giard et Brière, 1897, liv. II.

borent seraient déjà de nature à nous en faire douter (¹).
Le coût de production de l'homme c'est l'ensemble des
frais nécessaires pour assurer l'entretien et le renouvellement de la population. Certains se sont livrés à des calculs
très compliqués pour savoir quel est le montant de ces frais.

(¹) Lorsque nous parlons du salaire, nous avons en vue uniquement un salaire
« net ». Comme pour la théorie de l'intérêt, nous pensons qu'il y a lieu de faire
une distinction entre le salaire « brut » ou la somme tout entière perçue par l'ouvrier, et le salaire « net » qui s'obtient en défalquant du salaire brut le salaire
apparent ou « faux salaire ». — Ce dernier est constitué par un ensemble d'éléments hétérogènes qui viennent en déduction du salaire brut touché par l'ouvrier.
Ainsi sont les primes d'assurances contre le chômage, la maladie, la mort, les
accidents, etc. — C'est ainsi, par exemple, que le salaire des maçons est en général plus élevé que celui des autres ouvriers. Cela tient à ce que le salaire brut
touché par eux contient une prime assez élevée contre le chômage régulier des
mois d'hiver. Rentrent aussi dans le faux salaire certaines primes tendant à couvrir certains risques spéciaux que comporte l'exercice de quelques professions
dangereuses pour la santé ou particulièrement répugnantes ou assujettissantes
(travail de nuit par exemple). Pour l'exercice de certains métiers, enfin, qui nécessitent un apprentissage plus ou moins long, le salaire est plus élevé parce qu'il y
rentre une prime destinée à couvrir ou à amortir les frais parfois considérables
avancés pour acquérir certaines qualités professionnelles. — Ces différentes primes expliquent les variations entre les professions d'un même pays ou d'une même
région. S'il n'en était pas ainsi, si certaines occupations plus dangereuses ou plus
dégoûtantes que d'autres n'étaient pas plus rémunérées, elles ne trouveraient pas
de travailleurs, et l'équilibre de la production se trouverait rompu. — La répartition des travailleurs entre les emplois est un des plus redoutables problèmes auxquels se heurtent les organisateurs des sociétés futures collectivistes. — V. Bourguin, art. cité, *Revue pol. et parlem.*, 1901. Examen critique de la théorie de
Georges Renard. — Le salaire brut, dégagé de ces éléments hétérogènes, constitue le salaire « net » moyen. Il y a, comme nous le verrons plus bas, nécessairement tendance à l'égalisation du taux des salaires nets, grâce à la mobilité industrielle de la main d'œuvre. En pratique, cette tendance trouve des obstacles temporaires plus ou moins prolongés dans la nonchalance des ouvriers, la coutume,
l'ignorance des conditions du marché du travail, etc. Ces obstacles diminuent de
jour en jour d'importance avec les progrès de l'instruction, le développement des
syndicats ouvriers, des bourses du travail, etc. — V. Colson, *op. cit.*, p. 62 et
suiv. V. aussi *infra*. — Il ne faut pas confondre le salaire « net » avec le salaire
« réel ». Ce sont là deux conceptions tout à fait différentes. Le salaire net s'oppose
au salaire brut, tandis que le salaire réel s'oppose au salaire nominal. Le salaire réel
est la quantité de choses utiles ou ophélimes que l'ouvrier peut acquérir avec son
salaire nominal, c'est-à-dire exprimé en monnaie.

C'est ainsi que M. Engel, ancien directeur de la statistique en Prusse, a calculé que pour ce pays, un homme de la classe la plus nombreuse revient à 100 marks pour la première année, et que les dépenses augmentent pour chaque année suivante de 10 p. 100. Un homme parvenu à l'âge adulte (20 ans), d'après cette méthode, coûterait 3.162 marks (¹). D'autres statisticiens donnent pour d'autres pays des chiffres différents (²).

Tel pourrait être le coût normal de production de l'homme moderne. Mais l'important est de démontrer que c'est là un coût nécessaire.

Or, si nous interrogeons les faits, nous ne pouvons pas en rencontrer qui corroborent une semblable hypothèse ; nous ne trouvons pas ce salaire de subsistance en deçà duquel l'homme cesse de se reproduire.

D'une part, la plasticité de l'organisme humain rend l'homme capable de se contenter de bien peu de chose. D'autre part, la subsistance est une idée extrêmement vague. Les savants ont calculé, il est vrai, le poids des substances fondamentales nécessaires par jour à un homme qui travaille : il se chiffre à 125 grammes d'albumine, 90 grammes de graisse, 330 grammes d'amidon et fécule, ce qui donne un total de 120 grammes d'albumine ou de matière azotée et 425 grammes de matières non azotées. Mais les divers corps simples qui constituent ces deux sortes de composés se retrouvent dans nombre de substances alimentaires. Tel laboureur écossais qui se nourrissait dans l'ancien temps de

(¹) Pareto, *Cours*, 1, p. 151.

(²) M. Edouard Joung donne pour la valeur d'un émigrant 800 dollars. Un autre 1.125 dollars. V. Pareto, *ibidem*. — M. Brentano, après des calculs très minutieux et en introduisant, il est vrai, de nouveaux éléments dans les frais de production de l'homme, évalue les frais à la somme de 1.083 marks 11 par an pour l'ouvrier allemand adulte et marié. Cité par Leroy-Beaulieu, II, p. 255.

farine d'avoine ne se satisferait pas aujourd'hui à aussi bon compte. Comme le fait remarquer M. Smart, la vie moderne de l'ouvrier exige, sinon plus de grammes de matières azotées ou non, tout au moins une alimentation plus variée et plus coûteuse. Dans l'industrie moderne il est évident qu'une subsistance différente est nécessaire pour un travail qui se fait surtout à l'intérieur des usines en collaboration, avec une machinerie de jour en jour plus compliquée, plus rapide, plus assujettissante.

Au point de vue de la subsistance, il convient donc, dit encore M. Smart, de distinguer entre la subsistance du travail moderne et celle qui est nécessaire pour permettre aux hommes de vivre et de perpétuer leur race. Le minimum physiologique n'est pas celui qui permet de maintenir le courant de la main d'œuvre au niveau du rendement qui a été atteint par une provision plus généreuse, par l'éducation et des institutions libres. « Le niveau du travail le plus bas » n'est pas celui où le travailleur meurt de faim, mais celui » où le travail devient inefficace et non productif » (¹).

L'ouvrier, en effet, est une machine portée à une très haute perfection par le lent travail de l'hérédité et de l'éducation, et qui vaut, non pas seulement par l'intensité de sa force, mais par la forme, le caractère spécifique de cette force. Produire des ouvriers ce n'est pas seulement produire une énergie quantitativement, mais encore et surtout qualitativement déterminée. La conservation du travail n'est pas seulement la conservation du travailleur dans l'état où il est, mais la création d'un courant continu d'habileté technique, d'aptitudes héréditaires, et ceci dépend des conditions de famille, de vie politique et sociale qui ne sont pas réalisables par un minimum physiologique quelconque.

(¹) W. Smart, *op. cit.*, p. 214.

En somme, ajoute-t-il, l'idée d'un niveau des salaires déterminé par la subsistance est le résultat d'une généralisation imparfaite du concept du travail, comme si l'humanité était coulée dans un moule de machines vivantes demandant tant pour leur entretien, tant pour la nourriture, tant pour le vêtement, tant pour l'habitation.

En résumé, les faits nous enseignent qu'on ne peut constater nulle part le niveau en deçà duquel la production de la main-d'œuvre s'arrêterait. S'il s'agit d'un minimum physiologique de subsistance, l'expérience ne nous le révèle pas. Les familles ne nourrissent pas le maximum d'enfants qu'elles pourraient nourrir. Il n'y a que très exceptionnellement que l'on rencontre des populations ouvrières où la consommation est réduite au strict minimum. D'autre part, on n'a qu'à suivre le développement de l'emploi de certaines denrées nuisibles à la santé : le tabac, l'alcool, qui ne sont pas indispensables, il s'en faut, à la prospérité de la classe ouvrière.

Enfin les statistiques nous montrent que les salaires ont tendance à s'élever, ce n'est là un fait ignoré de personne (¹).

S'il s'agit d'un minimum de subsistance de travail, le concept n'est pas davantage d'accord avec les faits.

On peut donc conclure, avec M. Smart, que l'idée d'un sa-

(¹) A une époque où la concurrence entre les ouvriers est extrême à cause de l'accroissement continu de leur mobilité, mettant ainsi en défaut la loi de Turgot, de Ricardo, de Marx, les salaires sont en hausse continue à peu près dans tous les pays sans que le coût de production physique, le niveau de subsistance matérielle, ait haussé. Il se peut que les besoins de la classe ouvrière aient augmenté, mais la valeur des moyens de les satisfaire a de beaucoup diminué, à part cependant le logement et certaines denrées alimentaires (la viande, par exemple) dont le prix s'est élevé. Il est impossible de citer toute la littérature extrêmement abondante sur cette matière. V. un substantiel article de M. Gide dans la *Revue d'écon. polit.*, 1903, p. 285 et suiv. Mais, en somme, d'une manière générale, le coût physiologique de la vie a baissé dans ses éléments essentiels. V. encore dans l'art. cité de M. Gide, p. 286, un suggestif graphique, qui montre la courbe des salaires et les variations qu'elle a subies depuis le moyen âge.

laire de subsistance pour le travail, comme pour le capital, est une idée extrêmement vague dont il est aussi impossible de prouver la vérité que l'erreur et qui aboutit, lorsqu'on veut la mettre en rapport avec « les faits, à ce résultat curieux » de dire que l'intérêt est à son niveau minimum parce qu'il » n'a jamais été plus bas et que les salaires sont à leur niveau » minimum parce qu'ils n'ont jamais été aussi hauts » (¹).

L'idée d'un salaire de subsistance qui serait l'ultime barrière sur laquelle viendrait se butter et s'arrêter la baisse du salaire, le dernier obstacle aux efforts tentés par l'entrepreneur pour les faire encore s'abaisser, n'a donc aucune existence réelle.

S'ensuit-il dès lors que le travail soit placé, à l'égard de l'employeur, dans des conditions tellement défavorables qu'il ne puisse lui résister efficacement et soit taillable et corvéable à sa merci? Il n'en est pas ainsi dans la réalité.

De ce que l'employeur affirme, en effet, que le salaire qu'il offre est bien la valeur du travail fourni par l'ouvrier, celui-ci n'est pas forcé de le croire, de même, d'ailleurs, que le patron à qui les ouvriers réclament une augmentation de salaire n'a pas à leur faire la preuve que cette augmentation demandée le laisserait sans profit aucun. Les ouvriers et les patrons n'ont qu'une preuve à s'administrer réciproquement : les ouvriers qui réclament une augmentation prennent la porte et vont chercher du travail là où il leur vaut un salaire plus élevé, le patron appelle de nouveaux ouvriers moins exigeants que les premiers. Un patron en appelle au corps des ouvriers, un ouvrier au corps des patrons (²).

Ce mode de recours des ouvriers aux patrons qui composent une industrie et des patrons au corps des ouvriers que

---

(¹) Smart, op. cit., p. 232 et en général, pour tout ce qui précède, le chap. XVI.
(²) Smart, op. cit., p. 168 et en général 2ᵉ part., chap. VII.

la division du travail amène dans cette industrie diminue déjà l'arbitraire des relations entre patrons et ouvriers.

L'ouvrier n'est donc pas absolument désarmé contre son patron et il l'est d'autant moins dans la pratique, que les patrons, comme on le sait, sont en guerre économique continuelle les uns avec les autres.

Au contraire, les ouvriers apparaissent comme solidaires les uns des autres, unis entre eux en vue d'une œuvre commune, la défense contre celui qu'ils considèrent comme leur ennemi commun. Tous les entrepreneurs ont bien, en fait, le même intérêt à maintenir les prix élevés, pour ne pas gâter le métier, selon l'expression bien connue, mais ils rompent à chaque instant ce pacte qui pourrait les lier tacitement.

Les ouvriers, au contraire, se sont trouvés réunis par la conviction que l'ouvrier, en tant qu'individu, n'est pas dans une situation aussi forte pour vendre son travail, que le patron pour l'acheter, et le *trade-unionisme*, à tort ou à raison, s'est employé à présenter le patron comme l'ennemi commun à l'égard duquel les différends doivent s'effacer (¹).

De cette concurrence des patrons que viennent détruire rarement des ententes qui ne sont pas toujours durables et de cette solidarité entre les ouvriers, il résulte deux choses : d'abord une tendance à l'égalisation du taux des profits (c'est ce que nous vérifierons plus tard), une tendance aussi à l'égalisation du taux des salaires nets, et c'est précisément ce qui se vérifie tous les jours dans la pratique. Les salaires varient non plus d'un ouvrier à un autre, mais s'abaissent ou s'élèvent par masses. Les ouvriers d'une même industrie ont pratiquement le même salaire et il ne faut pas chercher la cause de ce fait dans l'influence du *trade-unionisme*, mais dans la

(¹) W. Smart, *op. cit.*, p. 176.

mobilité de la main d'œuvre, c'est-à-dire dans la possibilité pour l'ouvrier de faire appel de la décision d'un patron à tous les autres patrons de la même industrie. Là où la mobilité n'existe pas, la tendance au nivellement des rémunérations n'existe pas non plus (¹).

La mobilité de la main-d'œuvre assure donc aux ouvriers d'une même industrie un recours très certain contre la tendance des patrons à abaisser les salaires ; de même, les patrons ont un recours très sérieux contre les exigences de leurs ouvriers en s'adressant aux autres ouvriers de cette même industrie.

Mais ne peut-on pas aller plus loin et dire que le recours d'ouvriers à patrons et de patrons à ouvriers ne se borne pas au cadre un peu étroit d'une seule industrie, et ne peut-on pas dire que l'industrie nationale, sinon universelle, met en présence deux classes distinctes de facteurs économiques, les ouvriers et les patrons, qui en appellent les uns aux autres de leurs décisions réciproques? S'il en était ainsi, si la mobilité à la fois et de la main-d'œuvre et de l'entreprise s'étendait à l'ensemble de l'industrie, le recours contre l'arbitraire serait considérablement augmenté. Etudions les faits.

D'une manière générale, la société n'aime pas les gens qui changent de métier. Douze métiers, treize misères, dit la sagesse des nations, ou encore : pierre qui roule n'amasse pas mousse. Cependant, la mobilité de la main-d'œuvre d'industrie est beaucoup plus grande qu'on ne le pense ordinairement. Evidemment, comme nous l'avons vu, à la différence du capital, qui est indépendant de la personne du capitaliste, le travail est indissolublement rivé à la personne du travailleur. Le capital peut assez facilement changer de forme, le

(¹) W. Smart, op. cit., p. 176, 177, 178.

travail, au contraire, est emprisonné dans un moule qu'il ne peut briser.

D'autre part, la mobilité de l'ouvrier est encore contrariée par le progrès de la division du travail, car une des tendances de l'industrie moderne et une des principales causes qui ont assuré son développement a été la spécialisation effroyable des tâches. Mais cet obstacle a perdu de sa gravité dans ces dernières années. Depuis quelque temps, en effet, se dessine un curieux mouvement de l'évolution historique de la division du travail. Les progrès de la civilisation ont été tout d'abord liés à une différenciation de plus en plus grande des hommes par rapport au travail qu'ils effectuent, mais aujourd'hui ce mouvement paraît s'arrêter.

En présence du développement inouï du machinisme, et surtout de l'accroissement du nombre et de la perfection des machines-outils, le rôle de l'ouvrier est devenu de plus en plus celui d'un serviteur, d'un surveillant de machine. Et, en fait, c'est très sensiblement le même genre d'habileté qui est nécessaire pour la conduite des différentes machines-outils. La différenciation, au lieu d'affecter, comme autrefois, les ouvriers, porte plutôt sur les machines elles-mêmes. A l'ouvrier, on demande de moins en moins une habileté manuelle spéciale, mais, de plus en plus, des qualités générales d'intelligence et de sûreté de jugement (¹). Comme le dit M. Smart, dans un avenir prochain, la concurrence la plus intéressante à étudier, sera non plus la concurrence entre le capital et le travail, mais l'interconcurrence entre les diverses variétés du travail (²).

(¹) V. Pareto, *Cours*, II, p. 181, 182. Il cite des exemples empruntés à une remarquable étude de M. Paul de Rousiers; « La question ouvrière en Angleterre». — Cf. W. Smart, *op. cit.*, p. 187 et suiv. — Cf. Beat et Sydn. Webb, *Industrial democracy*, II, p. 471.

(²) Smart, *op. cit.*, p. 188.

Une autre mesure, encore de nature à favoriser la mobilité de la main-d'œuvre, c'est la création des Bourses de travail. Depuis 1854, un éminent économiste français, M. de Molinari, prévoyait la naissance de ces établissements où se centraliseraient les renseignements, où l'offre et la demande du travail pourraient se rencontrer et discuter librement les conditions du marché, de même qu'à la Bourse des valeurs se centralisent les renseignements et se rencontrent l'offre et la demande des capitaux. De nombreuses Bourses de travail se sont constituées.

La mobilité du travail donc, c'est-à-dire la possibilité qu'il a de passer d'une industrie à une autre, si elle n'atteint pas le degré de celle du capital, est cependant très grande ; elle suffit en tous cas à assurer un recours appréciable contre l'arbitraire des patrons.

Cette mobilité tend en effet à abaisser les barrières qui séparent les diverses industries, de telle sorte que la main-d'œuvre tout entière, consciente de ses intérêts communs, se dresse en face du corps entier des employeurs, en concurrence les uns avec les autres.

Ce que nous venons de dire s'applique intégralement aux entrepreneurs eux-mêmes. Si le capital a été dans le passé le grand pourvoyeur de la classe des patrons, il n'en est pas de même aujourd'hui. De plus en plus l'entrepreneur se sépare du possesseur du capital. De plus en plus se forme une classe de gens de moins en moins spécialisés et susceptibles, à l'aide de connaissances générales acquises, de certaines qualités de tempérament et de coup d'œil, de diriger successivement un grand nombre d'entreprises différentes.

Sans chercher à indiquer quelle est la loi qui domine la fixation des salaires, nous sommes à même maintenant de dégager quelques principes

Nous avons déterminé :

1° Que l'ouvrier ne peut recevoir le produit effectif réel de sa collaboration comme facteur de production, car cette part du produit final est pratiquement indéterminable ;

2° Que l'ouvrier ne peut être réduit à recevoir un salaire restreint à son coût de production minimum, à un salaire de subsistance, car ce salaire est aussi irréel que le prétendu « produit intégral » du travail ;

3° Que l'ouvrier, par sa mobilité, est devenu assez largement indépendant à l'égard du patron.

Cela étant, le prix de la marchandise travail se fixe, comme nous allons le voir, de la même manière que les marchandises dont on peut augmenter la quantité.

L'épargne en effet, se transforme tout aussi bien en capitaux personnels ou ouvriers qu'en capitaux fonciers ou mobiliers. Si la production des hommes donne des bénéfices, c'est-à-dire si, non seulement elle couvre ses frais de production économiques, physiologiques ou moraux mais encore, si elle donne un produit net, la population augmente. Cela est particulièrement frappant si l'on considère la production des esclaves. Le motif économique, la production d'un revenu net, agit ici presque seul. Pour les hommes libres, le motif économique n'est pas la seule cause du développement de la population. Néanmoins on pourrait retrouver quelques exemples de son influence prépondérante. C'est ainsi qu'en Sicile, dans les provinces de Girgenti et de Caltanisetta, raconte M. Pareto, dans ce malheureux pays « l'élevage des enfants » est devenu la seule industrie lucrative. Sans entrer dans de plus longs développements, il convient de retenir que le coût de production de la main d'œuvre n'est pas indifférent pour son accroissement puisque d'ailleurs on a vu la population croître dans les périodes de prospérité et dimi-

nuer dans les temps de stagnation économique ([1]). Mais ces
influences ne se font sentir que lentement et ne modifient
qu'à la longue la situation du marché. Si la nuptialité augmente dans les années prospères, ce n'est guère qu'au bout de
15 à 20 ans, c'est-à-dire la durée de la production d'un
ouvrier adulte, que son effet heureux sur la population
ouvrière se manifeste.

- Si l'on envisage des périodes courtes, c'est-à-dire des
périodes dans lesquelles l'élasticité de la main d'œuvre n'a
pu guère se faire sentir, la quantité n'a pu s'augmenter ou
se resserrer, ce serait presque exclusivement par son utilité
finale que se fixe le prix de la marchandise travail, c'est-à-
dire par la considération de sa rareté économique, de sa
rareté comparée aux besoins.

Mais une difficulté se présente. Il n'y a pas, remarque
M. Colson, au point de vue de la production, de différence
dans le rôle du capital et du travail. D'autre part, ces deux
facteurs ne sont pas associés en proportion immuable à l'œuvre de production. Bien mieux, ils se substituent souvent l'un
à l'autre([2]); ils ont tous deux d'ailleurs une origine commune
par certains côtés, le capital étant, selon la saisissante expression de Marx, du « travail cristallisé ».

Souvent en effet, un même résultat peut être obtenu en
employant beaucoup de main d'œuvre avec un outillage
rudimentaire, ou peu d'ouvriers avec un outillage mécanique

([1]) Voyez sur ce point Cauderlier, *Les lois de la population en France*, Paris,
Guillaumin, 1902. Après une étude scientifique des faits il conclut que les nécessités
et les facilités de satisfaire aux besoins règlent les mouvements de la population
dans leur totalité et dans leurs éléments essentiels, que les conditions économiques
d'un pays suffisent pour expliquer l'état et les variations de la population. —
V. 1re partie, chap. I, p. 1 à 23. — Cpr. Nitti, *La population et le système social*,
liv. II, notamment p. 205 à 218.

([2]) Colson, *Cours d'écon. polit.*, p. 70. — Voir ci-dessus, Coefficients de fabrication.

perfectionné et c'est là, dans ses grandes lignes, le processus historique de l'emploi comparé de ces deux facteurs dans la production. Autrefois cette dernière se faisait avec une grande consommation de capitaux personnels. De nos jours, elle s'effectue surtout avec une énorme dépense de capitaux mobiliers.

Aujourd'hui donc, dans la plupart des cas, il y a concurrence non plus seulement entre les différentes formes du travail, mais entre le capital et le travail. Le travail se substitue au capital, et inversement le capital se substitue au travail et, en thèse générale, cette substitution a lieu quand l'entreprise y trouve un intérêt et cet intérêt se manifeste quand, à efficacité, à productivité équivalentes, l'un des facteurs coûte moins cher que l'autre.

Par suite « le rapport de la quantité totale de travail que les entrepreneurs embauchent dans un pays à la quantité totale de capital qu'ils mettent en œuvre est déterminé par le rapport qui existe entre le coût de l'unité de chacun de ces deux facteurs de la production » (¹).

D'autre part, comme il n'existe pas, du moins en général, d'armée de réserve des sans-travail, pas plus qu'il n'existe d'armée de réserve de capital sans emploi, tout le capital et tout le travail sont normalement occupés (²).

En effet, le capital et le travail ont intérêt à être occupés

---

(¹) Colson, *op. cit.*, p. 71.

(²) On peut se demander pourquoi, contrairement à l'opinion des nouveaux théoriciens de la loi d'airain du salaire, cette masse d'ouvriers inoccupés « cette armée de réserve des sans-travail », ne presse pas sur les salaires pour les empêcher de s'élever. Cela tient à ce que les subsistances, la richesse générale s'accroissent plus vite que la population, parce que Malthus s'est trompé dans ses calculs, parce que, en un mot la population n'exerce pas de pression sur les subsistances. Dans des temps de crise, il est vrai, les ouvriers en chômage font concurrence sur le marché aux autres ouvriers, et font certainement baisser les salaires. Mais il n'en est ainsi qu'exceptionnellement.

à n'importe quel taux, plutôt qu'à ne pas être occupés du tout, et d'ailleurs les salaires sont en hausse.

En conséquence, étant donné dans un état industriel déterminé le chiffre de la population ouvrière et le montant de l'épargne, on peut théoriquement déduire le taux de la rémunération du capital et du travail. La production totale qu'ils ont à se partager dépend du développement des agents de production, de leur activité et de la perfection avec laquelle ils sont combinés et le partage se fait entre eux dans la proportion où chacun d'eux est offert (¹).

« En résumé, la rémunération totale du capital et du tra-
» vail dépend de la production, et le partage se fait entre
» eux :
» 1° D'après les conditions dans lesquelles ils peuvent se
» substituer l'un à l'autre en raison de la situation de l'art
» industriel ;
» 2° D'après leur abondance respective qui détermine la
» limite jusqu'à laquelle cette substitution doit se faire pour
» assurer l'emploi total de l'épargne » (²).

En définitive, ce qui fixe le taux des salaires, comme le taux de l'intérêt, c'est leur utilité finale relative, leur productivité marginale relative.

Le mode de fixation du salaire et de l'intérêt cadre ainsi avec notre théorie générale de la valeur. La rémunération du travail et du capital dépend de leur utilité finale relative. Il en est ainsi dans des périodes de temps où la main-d'œuvre et le capital ne peuvent se raréfier ou s'augmenter sur le marché. Dans ces conditions, l'élément coût de production joue un rôle très effacé. Mais il reprend son empire si l'on considère des périodes de temps plus longues. Il suffit de

(¹) Colson, op. cit., p. 74, 75.
(²) Colson, ibidem, p. 77.

rappeler, en effet, que la population tend à se développer
dans des périodes de prospérité écononomique et qu'elle a
tendance à diminuer au contraire dans des périodes de stagnation.

IV. *L'entrepreneur et les détenteurs des autres moyens de production.*

L'entrepreneur utilise enfin des services mobiliers autres
que ceux de l'épargne, il confère avec les entrepreneurs qui
possèdent des capitaux mobiliers tout faits, qui ont déjà trans-
formé l'épargne en capitaux ; il leur achète des machines, des
matières premières, des matières auxiliaires, des services de
transport, etc. La valeur de ces capitaux ou de ces services
se détermine sur le marché selon la loi que nous avons
exposée ci-dessus par l'effort combiné du coût de production
et de l'utilité finale. Notre directeur d'entreprise est une
unité d'un de ces éléments de détermination, il est le côté
utilité finale.

V. *Conclusion.*

La répartition ainsi effectuée par l'entrepreneur est-elle une
répartition équitable, c'est-à-dire un partage dans lequel
chacun des éléments reçoit une rémunération équivalente à
l'importance réelle, spécifique, de sa collaboration soit
technique soit économique ? Nous ne le savons pas, et
d'ailleurs telle n'était pas la question que nous nous étions
proposé de résoudre.

L'important pour nous est de montrer comment l'entrepreneur s'y prend pour se ménager un écart, une marge, le
plus larges possible entre ses frais de production réels et
le prix de vente futur et hypothétique de ses produits. Et
c'est là l'œuvre que nous allons maintenant aborder.

Mais auparavant, il fallait savoir quels étaient les éléments avec lesquels il avait à compter, à quelles influences se heurtait son initiative et quelle était l'étendue de leur résistance (¹).

§ IV. *L'entrepreneur et les risques.*

Nous avons examiné, dans la première partie, les risques auxquels était en butte le capital individuel en tant que propriété ; nous avons vu quelles étaient les chances contraires que pouvait rencontrer la production des revenus individuels. Le moment est maintenant venu de nous demander quels sont les aléas auxquels est soumise la production d'un revenu pour la société, quels risques court le capital social, le capital en fonction.

La production a pour but essentiel la satisfaction des besoins sociaux au moyen de combinaisons d'énergies naturelles ou artificielles. Mais ces combinaisons peuvent manquer leur but et donner naissance à des résultats différents de ceux que l'on avait prévus, par suite d'une mauvaise direction, ou de circonstances extérieures. De là les risques techniques de la production. D'autre part, ces diverses forces ne sont pas en nombre infini, il n'y en a pas des réservoirs inépuisables, et de plus, elles sont appropriées et leurs services ne sont pas fournis gratuitement par leurs possesseurs, capitalistes fonciers, mobiliers ou personnels. A côté des combinaisons techniques des forces il y a donc des combinaisons économiques de ces mêmes forces. Ces dernières peuvent, tout comme les premières, ne pas aboutir au résultat

(¹) Voir pour la suite de la discussion l'important ouvrage de William Smart, *La répartition du revenu national,* dont nous avons ci-dessus à de nombreuses reprises cité des extraits.

qu'on espérait. De là une seconde espèce de risques, les risques économiques de la production ([1]).

Dans l'état social actuel, c'est l'entrepreneur, nous l'avons vu, qui assure l'organisation générale de la production, aussi bien au point de vue technique qu'au point de vue économique. L'homme est libre d'accepter cette tâche, dans un régime de liberté du travail, de libre choix des professions. Si un homme se fait entrepreneur, s'il se charge d'organiser, il le fait en toute liberté de volonté, en toute indépendance de direction. S'il y a des risques à supporter c'est à lui qu'ils incombent. Là où il y a indépendance, là est aussi la responsabilité.

I. *Risques techniques.*

Ce sont ceux que rencontre la production dans l'accomplissement matériel de son œuvre. Ces risques ne relèvent pas, en principe, de l'économie politique, mais de d'autres sciences : la chimie, la physique, la mécanique, etc.

Dans toutes les formes de la production, qu'il s'agisse de la production au sein de la « natural-wirthshaft », qu'il soit question de la production au sein de l'économie urbaine ou nationale, les risques techniques n'ont guère changé en ce qui concerne la production agricole.

Les variations atmosphériques, la proportion de chaleur et d'humidité, etc. ont été, sont et seront vraisemblablement toujours de redoutables inconnues contre lesquelles viendront se heurter les prévisions humaines les mieux établies. Cependant les progrès de la science arment les agriculteurs de

---

([1]) Ces deux risques se réfèrent à l'œuvre matérielle et économique de la production. Il peut se faire que la production ait eu lieu dans de bonnes conditions, sans que le but qu'elle se propose (la satisfaction des besoins sociaux) soit atteint. La société n'a pas le « revenu » qu'elle devait avoir. Cette chance qu'elle court de ne pas recevoir satisfaction, constitue le risque économique de la société

nos jours de moyens puissants qui reculent d'instant en instant les limites de cet inconnu. Est-il besoin de parler ici de
l'utilisation des nuages artificiels contre les gelées blanches,
et des canons grêlifuges, enfin de l'ensemble des traitements
préventifs contre les maladies, en un mot, de la lutte qui
s'organise scientifiquement contre les fléaux de toute nature,
susceptibles de s'abattre sur un élément très important de
notre production agricole française : la vigne?

Dans l'industrie, le risque technique dépend plus directement des prévisions des hommes et peut être presque complètement éliminé, grâce à l'habileté du personnel des ingénieurs, des chimistes, grâce aux progrès de la science ([1]).

Dans la production commerciale, le risque technique (détérioration de marchandises, etc.) peut être aussi extrêmement
réduit.

En principe donc l'étude du risque technique ne relève pas
de l'économie politique. Mais les risques techniques ont leur
contre-coup sur les résultats économiques de la production.
Il n'y a pas besoin d'insister longuement là-dessus. Un produit mal façonné ne se vend que très difficilement et met
l'entrepreneur en perte ; des accidents de fabrication (ex-
plosion, etc.) peuvent devenir la source d'indemnités considérables à payer aux victimes du dommage causé, etc., etc.

C'est surtout le personnel ouvrier qui est pour l'entrepreneur la source de risques très importants. La maladie, l'inca-
pacité totale ou partielle, momentanée ou permanente, la
mort de l'ouvrier peuvent entraîner la responsabilité du patron
si elles proviennent de sa faute ou de sa négligence, ou encore

---

([1]) Avant les travaux de Pasteur, par exemple, un brasseur empirique en savait
aussi long qu'un grand savant sur la fabrication de la bière. Après les recherches
de l'illustre savant, cette production peut être conduite scientifiquement et éviter
de ce fait nombre de risques.

de la faute ou de la négligence de ceux dont il est juridiquement responsable, ou de la mauvaise organisation de l'établissement. Les lois de protection ouvrière, qui prennent une
place de plus en plus grande dans la législation contemporaine des pays civilisés, tendent à augmenter encore cette
responsabilité. Il en est ainsi notamment des lois sur les accidents du travail, qui mettent à la charge du patron le « risque professionnel ».

II. Risques économiques.

Ils peuvent être examinés à un double point de vue, au
point de vue individuel et au point de vue social. Le premier
point de vue nous intéresse plus spécialement.

A. — *Au point de vue individuel.* — Tant que l'entreprise
dure et que les produits ne sont pas vendus, la somme qu'on
en retirera n'est pas une chose absolument certaine mais un
quantum très aléatoire. La vente des produits peut entraîner
un bénéfice pour l'entrepreneur ou lui occasionner une
perte. Les chances qu'il a de se trouver en perte, c'est-
à-dire obligé de vendre ses produits non seulement à leur
coût de production, résultat qui se résoudrait en un gain
manqué, mais encore au-dessous de ce coût, ce qui le mettrait
en état de perte positive, constituent les risques économiques.

Les risques économiques peuvent dépendre de l'entrepreneur lui-même ou de causes indépendantes de lui.

a) Dans le premier cas, ils peuvent provenir de ce fait que
l'entrepreneur a mal exercé sa fonction primordiale, qui est
l'organisation économique de la production, son adaptation
aux besoins sociaux. Il peut, en effet, fournir des produits qui
répondent mal ou pas du tout aux goûts et aux désirs du
public. Il peut encore les produire dans de mauvaises conditions, il peut se tromper dans le choix de son coefficient de

fabrication, dans son appréciation des facultés des consommateurs, et sa production risque de dépasser les limites dans lesquelles il devrait se tenir pour pourvoir à toutes les demandes possibles, etc.

Les principaux risques de nature à atteindre l'entreprise du fait de l'entrepreneur peuvent donc se ramener à une double cause, un défaut de prévoyance et un défaut d'organisation et ces deux causes correspondent, en définitive, à l'exercice de sa fonction : adaptation de la production aux besoins et organisation économique de cette adaptation.

b) Mais les entrepreneurs sont en état de concurrence perpétuelle et acharnée pour se disputer non seulement les marchés intérieurs, mais encore les marchés du monde. C'est d'ailleurs cette concurrence qui est le grand ressort de leur activité, qui les excite à chercher les meilleurs coefficients de fabrication. L'entrepreneur, par suite, n'est jamais sûr d'être le plus fort à l'égard de ses concurrents. D'autre part, la meilleure formule, celle qui mettra notre homme en meilleure posture que les autres, ne peut être obtenue que dans la mesure où les facteurs de la production, les capitaux personnels, fonciers et mobiliers résistent moins à ses prétentions ; il suit de là que dans les pays où il existe une grande mobilité de ces capitaux, les risques de gain manqué ou de perte positive se trouvent considérablement augmentés. Ces risques sont indépendants de la volonté des entrepreneurs. De là la tendance à les diminuer par un appel à toutes sortes de protections : protection contre les ouvriers, grèves, associations ouvrières (¹), protection au moyen de l'altération des monnaies ; protection contre les possesseurs d'épargne, le gouvernement se chargeant de faire des prêts à un taux moindre

(¹) Pareto, *Cours*, II, p. 166.

que celui qui s'établit librement sur un marché; protection pour les transports par terre et par eau, subventions maritimes, primes, etc. (¹).

Ces risques-là provoquent aussi des ententes entre les producteurs tendant à limiter les effets désastreux de la libre concurrence et, de cette façon, le risque économique se trouve neutralisé pour tous les membres de l'entente ou tout au moins singulièrement diminué. De là, dans ces dernières années, toute une floraison de syndicats de producteurs, de trusts, de kartells, de corners, de pools; nous reviendrons là-dessus dans la suite.

La concurrence n'est pas limitée au marché national, elle s'étend à l'ensemble des nations, et cette concurrence des producteurs internationaux ne contribue pas à diminuer, pour les entrepreneurs individuellement considérés, l'étendue de leurs risques économiques. Bien au contraire, et certaines circonstances, comme l'existence de pays où la nature est exceptionnellement fertile, où la main-d'œuvre et les matières premières sont à bon marché, etc., mettent les entrepreneurs des pays moins favorisés en désavantageuse posture. Ces maux ont été si bien sentis que ces derniers, dans la production agricole principalement, se sont fait débarrasser par les pouvoirs publics d'une partie de ces risques en faisant élever, entre leur pays et les pays concurrents, des barrières douanières parfois fort élevées. Il en résulte tout un système de tarifs protecteurs, de subventions, de primes à la production et même à l'exportation (²).

A côté de la concurrence, parmi les circonstances indépendantes de l'entrepreneur qui peuvent venir déjouer ses meilleurs calculs, on peut mentionner les changements

---

(¹) V. Pareto, *ibid.*, I, p. 200, n. 327 β; II, p. 97, 164 et suiv.
(²) V. *infra*, chap. III, § 3, II, B.

brusques dans la mode et dans les goûts du consommateur échappant à toutes les prévisions humaines, les inventions nouvelles qui bouleversent la production, etc., etc.

Enfin à côté des risques proprement industriels, viennent se placer les risques commerciaux. Ces risques ne dépendent pas de l'entrepreneur mais de ses acheteurs. En général, l'entrepreneur n'est pas payé comptant quand il livre ses produits, soit qu'il les écoule lui-même directement chez ceux qui les consommeront, soit surtout qu'il les vende à un autre entrepreneur, un industriel, un commerçant, un agriculteur. De ce fait, entre le moment de la livraison et le moment du paiement, bien des circonstances peuvent intervenir de nature à empêcher le débiteur de tenir ses engagements, la faillite, la déconfiture, etc. Nous revenons ici à la théorie générale des risques qui menacent le capital individuel que nous avons exposée ci-dessus. Le produit achevé est en effet, entre les mains de l'entrepreneur, un capital lucratif dont il attend un revenu. Ce dernier se réalise par l'excès du prix de vente sur le prix de revient.

En résumé, au point de vue individuel, le risque économique consiste dans les chances que court l'entrepreneur de se trouver en perte par rapport à ses dépenses générales de production, au jour de la réalisation des produits auxquels cette dernière a abouti. Le risque peut dépendre de causes diverses, de risques techniques qui se sont réalisés, de l'organisation défectueuse de l'affaire, mais principalement de l'âpreté avec laquelle s'exerce la lutte pour la conquête des marchés du monde, du hasard enfin qui vient fausser, au dernier moment, les résultats des entreprises qu'on pouvait penser le mieux dirigées vers le succès, du hasard ou d'un ensemble de causes qui échappent à toutes les prévisions et investigations humaines.

B. — *Au point de vue social.* — Pour la société, le risque
économique ne saurait être le même que pour l'individu. Le
but essentiel de toute production est, comme on le sait (¹),
l'adaptation des forces économiques aux besoins des hommes.
La société peut être contente de la production, si tous les
besoins sont légitimement satisfaits avec une dépense minimum des forces que les hommes ont à ce moment à leur
disposition, avec une consommation minimum de capitaux
fonciers, personnels et mobiliers. Dans un régime de libre
concurrence, cette « satisfaction maximum » des besoins
s'opère automatiquement par le choix des meilleures formules de fabrication auxquelles les entrepreneurs sont obligés de recourir successivement pour pouvoir se procurer des
profits. Les seuls risques économiques que la société court
sont donc :

1° De ne pas voir la production se modeler à la consommation. Ce risque est le plus dangereux. Nous avons vu en
effet que lorsque cet équilibre est rompu, une crise terrible
peut s'ensuivre.

2° De ne pas se trouver dans l'état où les besoins reçoivent
une satisfaction maximum, état que nous avons précisément
décrit. Le libre jeu des forces économiques tend à réaliser
cette situation de satisfaction maximum, mais il peut se
trouver des causes qui retardent ou empêchent l'avènement
de cet état. Ces retards amènent des pertes considérables
« Mais, dit M. Pareto, ces pertes ne constituent pas une perte
» sèche pour la société. Bien au contraire, elles sont plus
» que compensées par les effets utiles qu'elles ont indirecte-
» ment pour elle. Il faut ajouter que ces dépenses repré-
» sentent aussi en partie des frais pour des tentatives en vue

---

(¹) Au point de vue de l'individu, le but essentiel de la production est de procurer un revenu, un profit à l'entrepreneur.

» d'améliorer la production et pour des expériences » (¹).
On pourrait se demander si une autre organisation serait
susceptible de diminuer ces risques ou de les supprimer.
« Quelque organisation sociale qu'on veuille imaginer —
répond le même auteur — on ne pourra jamais éviter les
pertes résultant de ces tentatives et de ces expériences, tant
qu'il sera vrai que *errare humanum est* » (²). Une société
constituée sous le régime socialiste n'en serait nullement
exempte (³). Il résulte de tout cela que les moyens employés
par les entrepreneurs pour diminuer leur risque économique sont de nature à augmenter celui de la société. Il est
facile de démontrer que les mesures protectionnistes, la
constitution de syndicats de producteurs, l'existence de monopoles, retardent la venue de la situation de satisfaction
maximum pour la société et se traduisent en définitive par
une destruction de richesse. C'est là « un des théorèmes les
» plus sûrs et les plus importants auxquels conduit la science
» économique » (¹). En effet, le libre échange permet au
pays importateur de biens économiques qu'il ne fabrique pas
lui-même, de les payer avec les biens dans la fabrication
desquels il a acquis une supériorité économique.

Théoriquement, donc, la libre concurrence ou le libre
échange sont le meilleur système possible. Reste à savoir si,
dans certains cas cependant, il ne vaut pas mieux pour un
pays certaines mesures douanières que la liberté absolue des

(¹) V. Pareto, *Cours*, II, p. 87.

(²) V. Pareto, *Cours, ibidem*.

(³) V. pour la démonstration, Pareto, II, p. 187 et suiv. Cf. Bourguin, La valeur
dans le système collectiviste, *Revue politique et parlementaire*, 1901, p. 135
et suiv.

(¹) Pareto, *Cours*, II, pp. 100, 226 et suiv. L'économie politique classique était
déjà depuis longtemps arrivée à cette conclusion. On connait la formule de « laissez faire, laissez passer » des Physiocrates. Cobden, Bastiat, Ricardo sont de libres
échangistes intransigeants.

échanges. Il y a là, non plus un problème qualitatif qui est résolu par ce que nous venons de dire, mais un problème quantitatif. Il ne s'agit pas de savoir non plus si un système doit être en soi préféré à un autre, mais si, dans certains cas, les pertes subies par un pays du fait de la protection dépassent ou non les pertes qu'il subirait du fait de l'introduction de la liberté des échanges, et de la destruction de certaines branches de production qui en serait la conséquence. Or, certains pensent que dans nombre de cas il en est ainsi. De là diverses mesures protectionnistes peut-être justifiables en fait, connues sous le nom de protectionnisme de transition, protectionnisme militaire, protectionnisme éducateur, etc. Ces diverses exceptions ne changent nullement la conviction qu'on peut avoir que la liberté est le meilleur des régimes.

CHAPITRE III

LE PROFIT D'ENTREPRISE

La raison dernière de cette formidable organisation qu'est la production moderne, la cause finale de l'activité si complexe de l'entrepreneur, c'est l'intérêt individuel, c'est la poursuite du profit. Nous avons, dans le courant de cette étude, envisagé plus d'une fois le point de vue social, nous avons été amené souvent à nous dégager pour un moment des contingences matérielles, à nous élever au-dessus « du réseau artificiel des rapports économiques entre individus », à considérer la société comme un vaste organisme vivant, se suffisant à lui-même, suscitant des organes pour satisfaire ses besoins, et surexcitant leur activité pour se trouver le plus rapidement possible dans cet état de « satisfaction maximum » que nous avons précédemment analysé. C'était là surtout de l'abstraction.

Avec la théorie du profit, nous nous plaçons nettement au point de vue individuel ; nous rentrons dans la réalité des choses avec toute la complexité des rapports économiques, la complication des échanges fondés sur la monnaie et sur les prix.

Si la société peut être considérée comme étant en profit par rapport à un état envisagé, lorsque par exemple elle se trouve dans le même état de satisfaction avec une moindre dépense de capitaux personnels, mobiliers et fonciers, en un

mot avec une consommation quantitative moindre de frais de
production, il n'en est pas de même de l'entrepreneur. Avec
une dépense moindre de frais de production que dans l'opération précédente, l'entrepreneur pourra se trouver en perte
si le produit vient à se vendre à un moindre prix qu'il ne
l'avait espéré. Le profit de la société consiste en somme dans
une diminution de la consommation des éléments matériels
et techniques de la production ; le profit de l'entrepreneur
consiste, au contraire, dans la différence entre le prix rapporté
par la vente des produits sur le marché et le prix de revient
des éléments consommés dans la production. D'un côté, différence de quantité entre les éléments consommés, de l'autre,
différence de « valeur » entre ces mêmes éléments et les produits résultat de cette consommation.

§ I. *L'analyse du profit. Les frais de production.*

Le profit est donc numériquement représenté par la différence entre le prix de vente et le prix de revient du produit.
L'entrepreneur nous étant apparu dans la société comme
un fonctionnaire privé travaillant à ses risques et périls, lorsque le produit est achevé et vendu, trois hypothèses différentes peuvent se présenter :

1° Ou bien le prix de vente est supérieur aux frais de production : l'entrepreneur touche un profit ;

2° Ou bien le prix de vente est égal à ces frais : l'entrepreneur ne fait ni gain ni perte ;

3° Ou bien enfin le prix de vente est au-dessous des frais
de production : il y a une perte sèche pour notre entrepreneur.

Le profit est donc constitué quantitativement par la différence entre ces deux termes, coût de revient, prix de vente.

Cette définition quantitative du profit ne peut faire l'ombre d'une difficulté.

Mais il n'en est pas de même si l'on veut en donner une définition qualitative, et nombreuses sont les théories qui ont été émises pour donner une explication de ce phénomène économique.

D'une façon générale, on est à peu près d'accord pour réserver le nom de profit au revenu de l'entrepreneur d'industrie (¹).

Mais certains auteurs nient l'existence du profit comme revenu spécial et décomposent le revenu de l'entrepreneur en salaire, intérêt et rente foncière.

D'autres comprennent sous l'appellation de profit tout le revenu de l'entrepreneur et le rattachent à une source unique, soit le capital (²), soit le travail (³).

D'autres enfin réduisent le profit à une part minime du revenu de l'entrepreneur et l'attribuent soit à une position de monopole soit au risque encouru, soit enfin au rôle spécial que joue l'entrepreneur dans la vie économique (⁴).

Pour nous, le profit doit être considéré tout d'abord comme le revenu propre de l'entrepreneur. C'est d'ailleurs, comme nous venons de le voir, le sens qui est reconnu à ce mot par la généralité des auteurs.

(¹) V. J.-B. Say, *Traité d'écon. pol.*, p. 352 de la 6ᵉ édit.; Leroy-Beaulieu, *Traité*, II, p. 183; Cauwès, *Cours*, III, p. 798; Gide, *op. cit.*, p. 535, etc.

(²) C'est la théorie anglaise classique. V. Gide, *op. cit.*, p. 535. Cf. Porte, *op. cit.*, 2ᵉ part., chap. II.

(³) Dans ces théories, le profit a sa source et sa raison suffisante dans le travail fourni par l'entrepreneur ou le capitaliste (abstinence : Lenoir, Courcelles-Seneuil); (direction, contrôle : Turgot, Condillac, J.-B. Say); (exercice de la fonction économique de l'entrepreneur, service rendu à la société : socialistes de la chaire, Schäffle, Wagner, Stolzmann). V. Porte, 2ᵉ part., chap. III, *Travail et profit*. Cf. Bohm-Bawerk, I, chap. X.

(⁴) V. également Porte, *op. cit.*, p. 127.

Mais, comme nous le faisions pressentir ci-dessus, il y a là un revenu analogue à celui du capitaliste ou de l'ouvrier, un revenu « brut » où apparaissent des éléments divers et hétérogènes.

Ces éléments sont facilement mis en évidence quand on considère les grandes sociétés, les puissantes entreprises modernes. Là, une division du travail très intéressante s'est faite dans l'exercice même de la fonction de l'entrepreneur.

Ce dernier a pour rôle, on le sait, d'organiser la production, de supporter les risques auxquels cette dernière peut donner lieu et répartit la valeur hypothétique du produit.

Par l'effet de la division du travail, celui qui, dans ces grandes sociétés dont nous venons de parler, organise la production, n'est pas celui qui supporte les risques et *vice versa ;* celui qui contrôle n'est pas non plus celui qui organise. Puisque ces diverses fonctions ont, au point de vue de l'analyse, un caractère spécifique qui les différencie nettement et puisque surtout elles sont exercées par des individus différents, elles donnent lieu à l'inscription, dans le budget des dépenses, d'un chapitre spécial pour chacune d'elles, car, dans une comptabilité rationnellement faite, on ne pourrait ranger sous la même rubrique, la prime pour les risques éventuels, le salaire du directeur qui organise la production, les émoluments donnés aux gérants, aux administrateurs, aux caissiers, etc.

Si nous passons maintenant à des entreprises plus modestes, évoluant dans les cadres restreints de la boutique ou du petit atelier, les diverses fonctions de l'entrepreneur ne paraissent pas nettement différenciées et demeurent encore concentrées dans une seule et unique main. Mais cela ne peut empêcher l'analyse scientifique de reconnaître, dans l'activité même de ce petit patron, les actes qui correspondent à

ses diverses fonctions comme entrepreneur. Dès lors, il n'y
a pas de raison plausible pour ne pas agir comme dans les
puissantes entreprises, et pour ne pas distinguer dans sa
comptabilité une prime de risque, un salaire de direction et
d'organisation.

Mais ces deux éléments déduits, restera-t-il encore quelque chose et le revenu de l'entrepreneur sera-t-il réduit à
leur somme? Oui, c'est à cela que se réduirait sa part, si les
entreprises évoluaient dans un état de libre concurrence.
Mais en pratique, les choses ne se passent pas comme cela.

Ce qui le montre bien, c'est que des entrepreneurs soucieux
d'établir un état rationnel de leurs frais de production y font
figurer ces deux éléments, ce qui n'empêche pas la valeur du
produit final de couvrir en définitive tout ce coût ainsi compris et encore de lui laisser un bénéfice extra.

C'est à ce bénéfice qui n'a pour contre-partie ni le capital
dépensé ni le travail de l'entrepreneur, pour si actif, si fébrile
qu'il soit, ni les risques courus dans la production que nous
réserverons le nom de profit « net ».

Dès lors, si l'on persiste à donner le nom de profit à tout
le revenu touché par l'entrepreneur, on ne peut s'empêcher
de le considérer comme un revenu « brut » comprenant des
éléments hétérogènes et comportant, par suite, des explications différentes. Fidèle donc à une terminologie familière,
nous ferons, dans ce revenu, deux parts principales, l'une
contenant les éléments divers, prime de risque, salaire de
direction, etc., qui s'expliquent naturellement comme nous le
savons et à laquelle nous réserverons le nom de « profit apparent » ou de « faux profit »; l'autre, cette part, mystérieuse
encore pour nous, que l'entrepreneur rencontre très souvent au
terme de sa répartition et à laquelle nous donnerons le nom de
« profit ». Elle va faire maintenant l'objet de nos recherches.

Tels sont les deux principaux éléments que l'analyse découvre dans le profit brut de l'entrepreneur. Ils correspondent l'un à un travail réellement fourni par lui; l'autre à la contre-partie logique des chances heureuses et malheureuses que l'affaire est susceptible de traverser.

Une méthode rigoureuse aurait voulu que nous eussions essayé de déterminer à quel taux on pouvait taxer ces deux éléments du faux profit, quelle était en un mot leur importance relative. C'est ce que nous avons fait pour le « faux intérêt ». Mais la question se lie ici si intimement à celle de savoir si ces éléments doivent figurer dans le coût de production, que nous avons cru aussi logique d'en ajourner l'examen au moment, qui est maintenant arrivé d'ailleurs, où nous serions amené à nous demander en quoi consistent réellement ces frais.

* *

Nous avons vu ci-dessus que la production pouvait s'entendre, soit de la production matérielle des biens, soit de la production des valeurs, ou, en d'autres termes, de la production, soit au point de vue social, soit au point de vue individuel.

A ces deux conceptions de la production correspondent deux conceptions des frais.

D'une part, en effet, la production entraîne la destruction d'un certain nombre de biens, d'utilités. Dès lors, « l'ensemble des biens usés, comme les hommes, les animaux, le matériel, les machines, les outils, le sol, les bâtiments ou détruits comme la houille qui alimente les machines à vapeur ou transformés comme les matières premières manufacturées dans la fabrication et la construction, constitue, dans la mesure où la mise en œuvre de ces biens les fait disparaître ou les use, ce que l'on appelle les frais de production » (¹).

D'autre part, il y a d'autres éléments de la production qui ne correspondent pas à une destruction technique d'éléments matériels ou intellectuels et qui sont cependant une source de dépenses pour le patron.

Tels sont par exemple les intérêts des capitaux prêtés, les frais de transport, etc.

Mais lorsque l'on veut faire le bilan complet de l'entrepreneur, il faut y faire figurer ces deux sortes d'éléments. Puisque l'on se demande quel est son profit, il faut de toute nécessité se demander tout d'abord quelles sont les dépenses qu'il a réellement effectuées, sans se demander si elles sont une dépense au point de vue social.

C'est l'entrepreneur individuel que nous considérons maintenant et c'est à son point de vue exclusivement privé que nous devons nous placer.

Cela étant, le principe que nous allons donc suivre est d'inscrire au coût de production tout ce qui a été réellement dépensé, tout ce qui a été avancé à la production (²).

1° *Capitaux personnels.* Les salaires et en général toute rémunération du travail des ouvriers, employés, gérants, représentants, etc.

2° *Capitaux mobiliers. a*) L'intérêt du capital fixe d'industrie et celui de la portion du capital circulant destinée à faire face aux charges de cette catégorie, ainsi que l'intérêt des capitaux destinés à couvrir les charges correspondant à un bénéfice de monopole capitalisé.

b. Le prix des matières premières consommées dans la production et celui des matières auxiliaires, telles que l'huile, le charbon, les engrais, etc.

(¹) Houdard, *op. cit.,* p. 70.

(²) V. Porte, *op. cit.,* p. 137. Cpr. Bourguin, *La monnaie mesure de la valeur.*

c) La quote d'amortissement des instruments de production qui s'usent et se détériorent physiquement et économiquement au cours de la production.

d) Les frais de transport.

e) Les frais généraux divers.

f) Le loyer des fonds de commerce.

3° *Capitaux fonciers*. Le loyer de l'emplacement, le loyer de la terre.

4° *La prime de risque*. Nous avons étudié ci-dessus quels étaient les risques auxquels l'entreprise était en butte et quelle pouvait être leur importance. Pour se protéger dans une certaine mesure contre eux, l'entrepreneur peut inscrire et en fait inscrit toujours, au chapitre des frais de production, une somme qui est en quelque sorte une prime d'assurance ; il agit ici de la même manière que le capitaliste, et nous n'avons pas besoin d'insister plus longuement.

Dans quelle mesure l'inscription de cette prime peut-elle accroître son revenu ? Aucune règle précise ne peut être formulée.

Elle doit être en principe proportionnelle aux chances courues par l'affaire, et peut devenir par suite un gros élément du profit, de la même façon d'ailleurs que nous avons vu la prime de risque accroître le salaire d'un ouvrier dans des travaux particulièrement dangereux ou pénibles, ou l'intérêt du revenu touché par le capitaliste dans des placements hasardeux. Supposons, par exemple — dit M. Gide —, une entreprise à revenu si variable, qu'elle ne donnât de profit qu'une année sur deux, il faudrait évidemment, pour que l'entrepreneur retirât un revenu moyen égal au taux courant de l'intérêt, 10 p. 100 au lieu de 5 p. 100 ([1]).

([1]) Gide, *op. cit.*, p. 541. — Cf. Leroy-Beaulieu, *op. cit.*, II, p. 192, n. 2, qui énumère quelques causes qui peuvent atténuer l'importance de cette prime de risque.

Le nombre des entreprises qui périclitent dans une branche de la production est une utile indication. Une approximation plus grande pourrait résulter encore du rapport existant entre le capital général des entreprises qui réussissent et celui de celles qui échouent.

*
* *

Mais il peut se faire et il arrive très souvent en réalité (¹) que l'entrepreneur soit propriétaire de certains éléments de production : capitaux fonciers ou mobiliers. Il est toujours propriétaire de son capital personnel.

Doit-il faire figurer dans son coût une certaine rémunération de ces divers capitaux? Nous n'hésitons pas, pour notre part, à répondre oui, fidèle en cela au principe que nous avons posé et en vertu duquel doivent rentrer dans cette somme toutes les dépenses réellement effectuées par l'entrepreneur à l'occasion de son entreprise.

Rien n'oblige sans doute ce dernier à apporter à l'affaire l'aide de ses propres capitaux, mais puisqu'il les y apporte, cela lui évite de les emprunter à autrui, et par cet acte il se crédite en quelque sorte lui-même du loyer et de la rémunération qu'il serait obligé de donner à son prêteur.

On objecte, il est vrai, que cette rémunération est difficile à calculer et se heurte dans la pratique, au moins en ce qui concerne le salaire de direction, à des difficultés insurmontables. Qu'y a-t-il au fond de cette objection?

a) *Capitaux fonciers et mobiliers.* — Pour ce qui est tout d'abord des capitaux fonciers et mobiliers, nous pensons que les difficultés peuvent être aplanies.

On objecte que la rémunération sera tout à fait arbitraire

(¹) C'est cette qualité de capitaliste que l'école anglaise eut surtout en vue, ce qui lui fit émettre ses idées erronées sur le profit.

n'étant pas précédée d'un débat contradictoire entre l'entrepreneur et les possesseurs de ces divers capitaux, débat qui
aurait pour effet de réduire cette rémunération à des limites
en rapport avec la durée et la nature de l'entreprise (¹).

C'est possible, mais qu'est-ce qui arrivera ? Tout simplement
ceci : c'est que l'entrepreneur qui évaluerait au hasard, trop
haut ou trop bas, la valeur des services des capitaux dont il
est propriétaire, se mettrait en posture dangereuse à l'égard
de ses compétiteurs. La concurrence, en supposant toujours
qu'elle fût libre, aurait tôt fait de ramener ces estimations au
niveau que comporte la situation économique présente et qui
se révèle d'ailleurs par l'existence d'un taux moyen de l'intérêt ou du loyer.

b) *Capital personnel.* La question est plus délicate si l'on
envisage le capital personnel fourni par l'entrepreneur.
Comment fixer la valeur de son service, le travail de direction et d'organisation ? Passe encore pour les services fonciers ou mobiliers, on a au moins comme indication le taux
de l'intérêt ou du loyer fourni par les autres capitaux qui
circulent sur le marché. Mais un travail si actif, si délicat et
si finement nuancé ne paraît guère réductible à n'importe
quel autre travail et d'autre part, toute commune mesure
manque entre ces deux formes d'un même travail : le travail
pour soi-même et le travail pour autrui. L'évaluation sera
arbitraire nécessairement.

Comme le fait observer M. Gide : « Il est probable que le
traitement que s'attribuera le patron sera supérieur à celui
qu'il allouerait à un employé à mérite égal, supérieur même
à celui auquel il prétendrait lui-même s'il cherchait une
place. Cela est naturel et juste — ajoute-t-il — car sans

(¹) Porte, *op. cit*, p. 135.

compter même la supériorité de capacité qui résulte ou devrait résulter d'une éducation supérieure, il faut compter au moins les responsabilités, les préoccupations et les risques du métier d'entrepreneur — non point les risques du capital déjà comptés, mais les risques de sa situation et de son honneur commercial — et si on ne devait pas gagner plus comme entrepreneur que comme employé salarié, mieux vaudrait se faire employé, on y gagnerait au moins la tranquillité ! » (1).

L'évaluation du salaire de direction sera donc arbitraire, soit. Mais là encore la concurrence tendra à ramener cette évaluation individuelle dans les limites normales.

D'ailleurs, l'évolution de la division du travail devant la complication de plus en plus grande de l'organisation de la production, a amené la formation d'une classe spéciale d'individus qui possèdent ces rares qualités d'initiative, de coup d'œil, de tempérament qui font l'entrepreneur moderne. Ces gens louent leurs éminents services au plus offrant, et leur salaire, sous les réserves que nous faisions ci-dessus, peut donner aux entrepreneurs d'utiles indications.

En résumé, nous n'hésitons pas, quant à nous, à faire figurer les deux éléments que nous venons d'analyser, dans le coût de production car, en pratique, et dans un état de libre concurrence, c'est à ce coût ainsi compris que se réduirait le revenu total de l'entrepreneur. « J'estime — dit » M. Walras — que pour tenir une comptabilité rationnelle, » un entrepreneur qui est propriétaire du sol qu'il exploite

---

(1) Gide, *op. cit.*, p. 542, note 2. On peut remarquer qu'il y a dans ces observations une application très intéressante de la théorie du salaire que nous avons ci-dessus esquissée. Le gérant ou le directeur salarié ne joue pas sa fortune et dans une certaine mesure son honneur, comme l'entrepreneur autonome. Ce risque qui incombe à ce dernier est de nature à augmenter forcément dans de notables proportions son « faux salaire » et par suite son salaire nominal.

» ou qu'il occupe, qui participe à la direction de son entre-
» prise, qui a des fonds engagés dans l'affaire doit débiter
» ses frais généraux et se créditer lui-même d'un fermage,
» d'un salaire et d'un intérêt calculés au taux des services
» producteurs et au moyen desquels il subsiste, sans faire, à
» la rigueur comme entrepreneur, ni bénéfice ni perte » (¹).

Cette dernière proposition peut paraître au premier abord
bizarre et paradoxale : un entrepreneur qui ne fait ni profit
ni pertes ! Qu'est-ce que cela veut dire ?

La démonstration d'une semblable proposition a été tant
de fois faite, que nous croyons inutile d'y insister bien longuement et d'ailleurs elle découle naturellement des explications que nous avons données quand nous avons expliqué
le phénomène de la valeur d'échange, et quand nous avons
analysé la fonction des entrepreneurs et les résultats de la
lutte qu'ils se livraient journellement entre eux pour la conquête des plus hauts profits.

C'est l'école classique anglaise qui l'a formulée tout d'abord
avec une admirable clarté, et si l'école mathématique l'a aujourd'hui rigoureusement précisée, elle ne lui a guère ajouté.

Dans cet état hypothétique de libre concurrence que nous
avons à plus d'une reprise rencontré au cours de nos explications, le prix de vente ne peut pas longtemps se maintenir
au-dessus des frais de production.

En effet les entrepreneurs se surveillent, nous le savons,
d'un œil jaloux, prêts à se débusquer les uns les autres des
positions avantageuses qu'ils ont acquises d'une manière ou
d'une autre, et, pour tout dire en un mot, ils se portent vers
les affaires qui font des bénéfices et se retirent de celles qui
procurent des pertes.

(¹) Walras, *op. cit.*, p. 195.

Dans cet état de libre concurrence, on conçoit sans peine qu'une branche de la production ne peut pas longtemps donner de hauts profits, de la même façon que le prix de vente d'un produit ne peut pas demeurer longtemps au-dessus de son coût normal de production. Ces deux mouvements sont d'ailleurs intimement liés.

S'il se trouve, par exemple, que l'une des branches de la production manque de bras ou de capitaux, les produits auxquels elle donne lieu sont rares sur le marché et acquièrent par suite une grande valeur. Dès lors une marge assez grande s'établit entre leur prix de vente et leur coût de production et, en particulier, les entrepreneurs qui conduisent ces affaires font de hauts profits. Cette riante perspective attire capitalistes et entrepreneurs, qui viennent à leur tour s'engager dans cette branche de la production. La conséquence de ce nouvel afflux de capitaux, d'intelligences et de bras est une augmentation de la quantité des produits, et si la demande ne s'accroît pas, une diminution de leur valeur, et par suite un abaissement de la marge entre le coût et le prix de vente.

A l'inverse, on démontrerait de la même manière qu'une branche de la production ne peut pas longtemps faire des pertes, ni que le prix des produits ne peut se maintenir longtemps au-dessous de son coût normal.

L'état auquel on arrive ainsi graduellement, est un état d'équilibre parfait. Il est caractérisé par le fait que l'entrepreneur ne fait ni gain, ni pertes (Walras) ou, ce qui revient au même, par le fait que le prix de vente des produits est égal à leur coût de production (Pareto). Cependant, comme nous l'avons vu, cet entrepreneur subsiste à la répartition comme capitaliste foncier, personnel et mobilier, parce qu'il s'est inscrit aux frais de production pour la valeur des services de ses divers capitaux.

Mais si l'on ne veut pas faire rentrer ces divers éléments au chapitre des dépenses, et si l'on veut en définitive les considérer comme un faux profit, dans cet état de libre concurrence le faux profit constitue tout le bénéfice de l'entrepreneur. Dans cette hypothèse, le profit net est égal à zéro (Walras).

En résumé, l'état de libre concurrence peut être caractérisé, soit :

1° Par le fait que le profit (il faut entendre ici seulement le faux profit) fait partie des frais de production (école anglaise) ;

2° Par le fait que l'entrepreneur normal ne fait ni profits ni pertes (Walras) ;

3° Par le fait que le taux normal du profit (notre profit net) est zéro.

4° Par le fait que le prix de vente des produits est égal à leur coût de production (Pareto).

5° Par le fait que le taux normal du profit net se réduit au taux normal du faux profit.

Ces cinq formules sont identiques (¹).

Mais cet état de libre concurrence est un état purement hypothétique tout aussi peu réel que les concepts dont on se sert en géométrie pure ou en mécanique rationnelle. Cet entrepreneur idéal qui ne fait ni profit ni pertes ne se rencontre que rarement et ne saurait être considéré comme une norme. En réalité, les faits nous apprennent que si nous considérons les entrepreneurs d'une même industrie, une partie d'entre eux fait en général des profits, une autre subit des

---

(¹) On pourrait imaginer bien d'autres formules de la même idée, par exemple : le fait que l'offre et la demande effectives des produits sont égales, ou qu'il y a prix courant stationnaire. Walras, *op. cit.*, p. 193 ; ou encore : le fait que toute la quantité fabriquée du produit est distribuée entre les services producteurs, *ibid.* p. 375, etc., etc.

pertes. Venus aux affaires avec des aptitudes diverses et
secondés aussi par des circonstances favorables ou adverses,
quand ils arrivent à la répartition une sélection implacable
a agi et sur beaucoup d'appelés il y a peu d'élus.

Souvent donc le bilan du chef d'industrie se résout par
des larmes ou par des sourires de satisfaction, par du bonheur
ou de la honte parfois, par l'encaissement d'un profit net
plus ou moins élevé, par une perte sèche ou par la hideuse
faillite.

Si nous savons, en résumé, que, d'une part, la prime de
risque a pour contre-partie les circonstances aléatoires dans
lesquelles se meut l'entreprise au cours de son existence et
que, d'autre part, le salaire de direction a également pour
explication et pour raison suffisante l'activité sans égale de
l'entrepreneur, il nous reste maintenant à nous demander
comment il convient d'expliquer le profit « net » qui ne peut,
comme nous l'avons vu, se ramener ni au travail, ni au
capital.

§ II. *La conception rationnelle de la rente.*

Nous venons d'observer que l'état où un entrepreneur ne
fait ni profit ni pertes était un état limite, un état idéal qui
ne correspondait pas à la réalité. Les choses humaines, en
effet, n'évoluent pas selon des règles aussi précises, ne se meu-
vent pas dans des cadres aussi étroits et bien des forces et
des actions s'opposent, en fait, à la coïncidence du prix de
vente et des frais de production. Peut-être malheureusement
pour le progrès et pour le bonheur social, l'état de libre
concurrence qui serait indispensable pour que ce phénomène se produisit, ne peut pas se réaliser souvent dans la
pratique.

La spéculation scientifique a beau montrer que c'est ainsi que les choses se passeraient si notre humanité était coulée dans un moule autre que celui où elle naît et se développe depuis des siècles et des siècles, la volonté des hommes réels et vivants conspire avec les choses elles-mêmes pour lui donner à chaque instant de formidables démentis.

La concurrence, avons-nous vu, peut exister à la fois pour les produits, pour les capitaux, pour les entreprises.

Si l'on considère ces dernières, son action se fait très rapidement sentir, et les entrepreneurs se portent aussi vite qu'ils le peuvent vers les branches de la production qui donnent de hauts profits. Mais cela ne va pas sans que du temps s'écoule depuis que les hauts profits se sont manifestés jusqu'à ce que la composition des éléments de cette production se soit modifiée par l'afflux des entrepreneurs inoccupés et des capitaux flottants, ou des entrepreneurs qui ont quitté les branches de la production où ils ne faisaient pas leurs frais. C'est ce que l'économiste allemand Mangoldt exprimait en disant qu'il y a dans le profit une rente, ou prime de rareté, consistant en ce que le nombre des entrepreneurs d'une certaine espèce ne peut pas s'augmenter à volonté en toutes circonstances, et que, dès lors, il y a possibilité, pour les entrepreneurs existants, d'obtenir un revenu extra (¹).

Ce temps peut durer quelquefois beaucoup. Certains pensent même que cet état de choses dure toujours pour certaines branches de la production. C'est ainsi que quelques-uns estiment que la production de l'or et de l'argent ne couvre pas ses frais, mais une pareille assertion ne paraît pas bien prouvée (²).

(¹) V. Porte, *op. cit.*, p. 105.
(²) V. Pareto, *Cours*, II, p. 81.

Quoi qu'il en soit, il arrive aujourd'hui très souvent que les entrepreneurs sont obligés de produire à perte sans pouvoir cependant se dégager, même après beaucoup de temps, de la branche de production où ils se trouvent enfermés. C'est ce qu'observe le célèbre « roi de l'acier », l'Américain Carnegie. « L'économie politique, dit-il, enseigne que des marchandises ne peuvent pas être produites au-dessous du prix de revient. C'était sans doute vrai au temps d'Adam Smith, mais cela n'est plus aujourd'hui. Quand un article était produit par un petit manufacturier employant généralement chez lui deux ou trois compagnons et un ou deux apprentis, il lui était facile de limiter ou même d'arrêter sa production. Aujourd'hui, avec la manière dont sont conduites les entreprises manufacturières, dans d'énormes établissements qui représentent un capital de 5 à 10 millions de dollars et avec des milliers d'ouvriers, il en coûte bien moins à un de ces manufacturiers de continuer la production avec une perte de tant par tonne ou par yard que de la ralentir ; l'arrêter serait désastreux » ([1]).

Il faut donc en pratique un temps plus ou moins long pour donner aux diverses branches de la production la possibilité de modifier leur composition en capitaux personnels, mobiliers ou fonciers. Mais, pour qu'à ce moment là encore, l'équilibre soit parfait, il faut que les autres conditions auxquelles cet équilibre est soumis n'aient pas changé ; or il arrive souvent que ces conditions ou se sont modifiées, ou même ont disparu. Il se produit sans doute un autre équilibre, mais ce n'est pas celui qui se traduit par la coïncidence du coût de production et du prix de vente, ou par la réduction à zéro du profit net de l'entrepreneur.

([1]) Cité par Claudio Jannet, *Le capital, la finance et la spéculation*, p. 297. V. *L'empire des affaires. (Le « bugaboo » des Trusts)*, p. 173, 174.

Ce qui se passe pour les entreprises se vérifie également
en ce qui concerne les capitaux et les produits.

Les capitaux se concurrencent les uns les autres et l'épargne court de l'un à l'autre revêtant tour à tour les diverses
formes sous lesquelles ils se présentent, suivant qu'elle y
trouve un avantage. Mais en pratique, l'épargne éprouve des
difficultés à ces protéiques passages d'une forme capital à
une autre forme capital et on peut classer effectivement les
capitaux en considération des difficultés que l'épargne éprouve
à s'y transformer (¹). Les possesseurs des capitaux difficilement accessibles, comme d'ailleurs les entrepreneurs des
branches de la production dont la composition n'est modifia-
ble qu'au bout d'un temps plus ou moins long, jouissent de
ce fait d'un bénéfice extra, d'une « rente ».

Un de ces cas de profit extra a donné lieu à une théorie
célèbre dans l'histoire des doctrines économiques, la théorie
de la rente foncière de Ricardo.

Cette théorie est trop connue pour que nous ayons à l'exposer longuement ici. Nous en avons d'ailleurs dit quelques
mots ci-dessus (²). Mais l'évolution qu'elle a subie jusqu'à
nos jours est extrêmement intéressante.

Bornons-nous à rappeler que la différence dans les qualités
des facteurs capitaux fonciers employés dans la production,
crée une rente au profit des possesseurs de capitaux les plus
favorisés, en supposant que la demande des produits, dans la
composition desquels entre cet élément, soit assez considérable pour qu'on soit obligé de mettre en état de production
des capitaux diversement favorisés.

Comme par hypothèse les produits se vendent à un prix
unique sur le marché, le possesseur n° 1, par exemple, qui est

(¹) V. *supra*, chap. II, § 3, II.
(²) *Ibidem*.

le plus favorisé a la rente la plus haute, le possesseur du
capital n° N, le moins favorisé, n'a pas de rente du tout. La
rente est le produit de l'inégalité existant entre les rende-
ments des capitaux placés dans des conditions inégalement
avantageuses. La situation du possesseur d'une terre fertile
constitue un privilège, un monopole, qui consiste dans la
faculté qu'il a de produire à moins de frais que d'autres des
produits qui se vendent tout de même aussi cher.

Telle est en gros la théorie célèbre de Ricardo. Violemment attaquée dès son apparition, elle a eu le sort singulier
d'être de nos jours étendue à des domaines pour lesquels elle
n'avait pas été tout d'abord imaginée. Comme il arrive fréquemment quand on fait une découverte, on a tendance à la
considérer à un point de vue trop exclusif, à la trop particu-
lariser.

Ce fut d'abord l'Américain Carey qui commença par démontrer que l'ordre historique des cultures n'avait pas eu
lieu comme Ricardo l'avait décrit. Mais cette objection ne
portait aucune atteinte à la théorie considérée en elle-même.

Ce furent surtout les socialistes qui trouvaient trop dure la
loi de la rente et trop noire pour l'avenir la perspective d'une
progression croissante de « l'unearned increment » oubliant
qu'ils avaient d'ailleurs pris, comme principal fondement de
leur doctrine, la théorie du même Ricardo sur la valeur,
théorie qui avait pourtant amené celui-ci à formuler la célèbre loi de la rente.

La théorie fut encore attaquée par ceux qui se préoccu-
paient de légitimer la propriété foncière contre les attaques
des socialistes et qui accumulaient des sophismes pour démontrer qu'elle n'existait pas.

Enfin, la science moderne a cherché ce qu'il y avait au fond
de la vieille théorie. Sur plus d'un point elle a été trouvée

en défaut, sur plus d'un autre elle a eu besoin d'être définie, précisée et développée. Il est arrivé pour elle ce qui arrive pour la plupart des idées et des doctrines. Quand elle a été établie, elle a marqué un grand progrès et elle a requis à ce moment un effort intellectuel plus grand que celui qu'il nous faut maintenant pour la préciser ([1]).

D'une part, le fondement sur lequel elle repose est manifestement erroné. La valeur n'est pas déterminée uniquement par le coût de production, encore moins par l'élément travail seul. Nous n'avons qu'à nous reporter à notre théorie de la valeur et à la réfutation que nous avons faite ci-dessus de la doctrine marxiste.

On a cru éviter l'objection en disant que la rente était le produit de travail des agents naturels « des facultés impérissables du sol » ([2]).

D'autre part, pour admettre avec Ricardo que la rente ne fait pas partie des frais de production, quelle est une conséquence du haut prix des produits et n'en est pas la cause, il faut se placer entièrement dans l'hypothèse où il se plaçait. Car alors on ne pourrait pas donner le nom de rente au sur-revenu produit par les grands crus de la Gironde ou de la Champagne ou par les terrains placés dans le centre des grandes villes. En effet, les vins produits par exemple sur les crus renommés ne sont pas comparables aux vins récoltés sur les autres terres, à la différence du blé dont parlait Ricardo, qui est tout à fait le même qu'il soit récolté sur les terres n° 1 ou n° 2.

La théorie est encore erronée dans d'autres de ses conséquences, pour peu qu'on s'éloigne toujours de l'hypothèse envisagée. Bien que les aliments soient des choses de pre-

---

( ) V. Pareto, *Cours,* II, p. 116.

([2]) *Ibidem,* p. 114.

mière nécessité, leur valeur n'a pas crû strictement avec la population (¹).

Les terres vierges ne ressemblent pas aux terres de nos vieilles nations civilisées. L'agriculture scientifique, fait remarquer M. Smart, avec ses défrichements, ses manipulations, la variété et la rotation des récoltes, nivelle la différence des terres et rend impossible de préciser d'une façon absolue la fertilité ou la stérilité d'une terre quelconque, etc., etc. (²).

* *
*

Si donc la vieille théorie de Ricardo a perdu d'un côté aujourd'hui de son importance, par contre, nous allons le voir, elle en a gagné d'un autre côté. Loin de ne s'appliquer qu'aux capitaux fonciers et qu'à l'agriculture, la rente foncière est devenue une espèce d'un genre beaucoup plus étendu.

Supposons en effet que notre hypothèse, d'un état de libre concurrence, tant pour les produits que pour les capitaux et les entreprises, se soit réalisée.

Elle a pour conséquence, puisque l'épargne peut circuler dans tous les emplois, la réduction à zéro du taux des profits nets, l'égalité du coût de production et du prix de vente, ou encore l'égalité de l'intérêt net de tous les capitaux.

Ceci posé, supposons maintenant que pour une raison ou pour une autre cet état d'équilibre parfait soit rompu et que la libre concurrence subisse subitement une certaine atteinte.

Quand les conditions économiques changent, l'épargne ne peut plus se porter instantanément vers les emplois les plus

---

(¹) Cauwès, *op. cit.*, p. 263 et s.

(²) Pour de plus amples détails sur la théorie de la rente, v. Pareto, *Cours*, II, p. 109 et s. ; Cauwès, III, p. 254 et s. ; Leroy-Beaulieu, *Traité d'économie politique*, I, p. 701 et s. ; Gide, *op. cit.*, p. 703 et s. La bibliographie sur cette question est d'ailleurs innombrable.

favorisés et se retirer de ceux qui le sont moins. Il faut pour cela un certain temps pendant lequel les propriétaires de quelques capitaux voient leurs bénéfices augmenter et d'autres les voient diminuer. Il y a rente par rapport à l'état initial d'où nous sommes partis, une rente positive pour les premiers, négative pour les seconds. La rente devient donc un indice, un symptôme, annonçant que l'épargne éprouve des difficultés à se transformer instantanément en certaines formes de capitaux.

Dans la pratique, on n'a pas besoin de recourir à l'hypothèse que nous venons d'envisager. On peut prendre pour point de départ un état économique quelconque, un équilibre quel qu'il soit. Voici un exemple bien simple que nous empruntons à M. Smart (¹).

Supposons, dit-il en substance, qu'une douzaine d'usines dans une industrie gouvernent le marché. Supposons que, grâce au temps écoulé et aux progrès constants de la science, qui fait toujours de la dernière construite l'usine qui travaille au plus bas prix, il y ait une gradation dans le coût de production entre les usines de A jusqu'à F; le coût dans l'usine A, la plus ancienne et celle qui est la moins favorisée, réglera le prix du produit total. Cette usine fait juste ses frais de production, y compris le faux profit bien entendu. L'usine B, un peu plus favorisée, réalise un profit net de 10 je suppose, l'usine C de 12, l'usine D de 15, etc., la rente allant en s'élevant de B jusqu'à F. Supposons maintenant qu'une nouvelle usine vienne à s'élever plus riche, plus puissante et mieux organisée. Que va-t-il se passer ? Si la demande des produits est restée constante, l'offre sera surabondante et le prix de vente du produit baissera. L'usine A,

(¹) V. Smart, *op. cit.*, p. 325.

la moins favorisée, sera en perte, elle aura en quelque sorte
une rente négative et ne tardera pas à se retirer si elle le
peut. L'usine B ne fera ni profit ni perte et la rente ira en
s'élevant depuis C jusqu'à G la nouvelle et puissante usine.

On peut généraliser cette conception et dire, avec le professeur Marshall, que, étant donné un stock quelconque de
produits, si la demande vient à s'accroître subitement, il y a
une « quasi-rente » pour les producteurs de cette branche
d'industrie. En effet, si le stock ne peut pas s'accroître rapidement, le prix monte et le propriétaire du stock reçoit un
excédent de même nature que la rente. Le nom de « quasi-
rente » s'explique par ce fait que ce profit extra n'est que
temporaire, tandis que la rente, au moins comme la compre-
nait Ricardo, va en s'accroissant sans cesse. Nous nous trouvons ici dans un des cas que nous avons signalés en exposant
la théorie de l'éminent économiste anglais. Nous sommes
dans l'hypothèse où c'est la demande qui détermine la
valeur; ici une seule lame de la paire de ciseaux coupe ou
paraît couper, c'est celle qui représente pour nous l'utilité
finale des produits.

Cette situation ne peut longtemps se perpétuer; des modi-
fications ne tarderont pas à se produire dans la composition
des éléments de cette production et la concurrence fera
disparaître ce bénéfice extra.

Il résulte de ce qui précède qu'il y aura une quasi-rente
toutes les fois que la composition d'une branche de la production ne peut être instantanément modifiée. Cette branche
de la production se comportera comme la production agricole. Tout progrès de la population, toute augmentation de
la consommation de ses produits se traduira par un accroissement de la rente.

(¹) V. Smart, *op. cit.*, p. 326.

La rente est donc un phénomène général qui existe pour tous les capitaux en raison même de la difficulté que l'épargne éprouve à s'y transporter ; pour tous les produits en raison même de la plus ou moins grande difficulté où l'on se trouve d'en augmenter le stock subitement, au moment même où un plus grand besoin s'en fait sentir ; pour les entreprises, suivant la résistance plus ou moins grande des obstacles que l'entrepreneur rencontre pour se retirer des affaires mauvaises, et de se lancer dans les bonnes.

Mais il n'en demeure pas moins vrai que c'est pour les capitaux fonciers que la rente se manifeste avec le plus d'importance et le plus de permanence, voilà aussi une autre raison qui explique que Ricardo se soit exclusivement occupé de ces derniers.

La rente est donc le fruit d'un monopole temporaire plus ou moins long, d'un privilège dont sont investis les possesseurs de certains produits, les possesseurs de certains capitaux, les chefs de certaines entreprises.

Il nous reste à nous demander comment naissent et se maintiennent ces monopoles, quelles sont les causes principales qui font que l'épargne éprouve des difficultés à passer instantanément d'une forme à une autre, les entrepreneurs de passer d'une affaire à une autre, et pour les produits les forces qui font naître et maintiennent l'écart entre le prix de vente et les frais de leur production, en somme et plus simplement, les forces qui empêchent l'établissement et le maintien de la libre concurrence dans tout le système économique.

§ III. *Les monopoles.*

Les monopoles ont pour unique but de procurer le maximum de profit à ceux qui en bénéficient. Sachant que la libre concurrence a pour effet de le réduire au minimum, on pourrait assez facilement définir le monopole : toute situation de droit ou de fait due à un hasard heureux, à la volonté consciente des hommes ou à l'aide toute puissante de la loi ou de l'autorité publique, qui a pour but et pour effet de soustraire produits, capitaux ou entreprises à l'action meurtrière de la libre concurrence, et d'établir, en fin de compte, un écart le plus grand possible, entre le coût de production et le prix de vente des produits.

Pour étudier convenablement les monopoles, bien qu'il n'y ait pas, à la vérité, de différence d'essence entre eux, il faut distinguer les monopoles légaux et les monopoles de fait. La puissance publique a la plus grande part dans la constitution des premiers. Elle conserve un certain rôle dans la formation des seconds.

I. *Monopoles légaux.*

Ils s'expliquent, s'ils ne se justifient pas entièrement, soit par la considération de la garantie et de la sécurité publique, soit par un intérêt purement fiscal.

En règle générale, les services publics organisés en vue d'un intérêt d'ordre social sont des monopoles. Il en est ainsi nécessairement de l'Administration, de la Force armée, de la Représentation, de la Justice. M. de Molinari pense cependant que la loi vivifiante de la libre concurrence pourra un jour s'introduire dans ces domaines (¹).

Quoi qu'il en soit de cet avenir, l'Etat exerce aujourd'hui dans la plupart des pays civilisés, en dehors de ces monopoles sociaux, de véritables monopoles industriels. Il serait fastidieux de les énumérer tous. Signalons simplement les principaux. En France, l'Etat a le monopole de la fabrica-

(¹) V. Cauwès, *Cours*, I, p. 211 et la note.

tion des monnaies, de la fabrication et de la vente du tabac, de la poudre, des allumettes, etc.; il a seul le droit d'expé- dier toutes les correspondances postales, télégraphiques et téléphoniques.

Les villes s'attribuent parfois, comme l'Etat, un monopole pour l'éclairage, pour la fourniture d'eau, pour les transports en commun, tramways, etc. Souvent aussi, elles concèdent ce monopole à des entreprises privilégiées.

Tels sont les principaux monopoles de droit excercés soit par l'Etat, soit par les collectivités administratives.

Il existe en outre d'autres monopoles légaux qui sont exer- cés par des particuliers. Les uns apparaissent comme la con- solidation des monopoles de fait déjà existants ou destinés par la force des choses à se produire fatalement. Tel est, par exemple, le monopole accordé aux compagnies de che- mins de fer. Si la libre concurrence peut exister en effet à un moment donné pour ces entreprises, elle ne peut long- temps se prolonger. L'expérience montre que les ententes sont rendues faciles par le petit nombre des entrepreneurs, et que le monopole ne tarde pas à s'épanouir sur un sembla- ble terrain. Dès lors, c'en est fini de la liberté et il ne faut plus guère compter que sur l'intervention de l'Etat pour évi- ter les abus. C'est ce qui s'est passé en Angleterre, aux Etats- Unis où des fortunes fabuleuses, comme celles des Vander- bilt, des Pierpont-Morgan, ont pu être constituées en quel- ques années grâce à ces ententes ([1]).

Les mêmes raisonnements et les mêmes observations peu- vent s'appliquer aux entreprises de tramways, de naviga- tion maritime, de conduites d'eau ou de gaz dans les villes, en un mot, dans toutes les branches de la production où il y

---

([1]) V. cependant *contra* Carnegie, *op. cit.*, p. 191.

a un petit nombre de concurrents ou dans celles qui exigent d'énormes capitaux ou des permissions de l'autorité publique.

Tels apparaissent encore, les brevets d'invention qui confèrent à ceux qui les obtiennent, le monopole exclusif de leurs découvertes pendant 5, 10 ou 15 ans (loi française du 5 juillet 1844).

Les autres monopoles apparaissent au contraire comme des concessions de l'autorité. Ils ont une très vieille histoire. Tels sont les monopoles accordés aux officiers ministériels (notaires, avoués, greffiers, huissiers, agents de change, etc.), aux avocats, aux médecins, vétérinaires et pharmaciens. Il convient de remarquer d'ailleurs que la concurrence n'est nullement abolie entre les divers individus qui profitent de ces monopoles. Tel médecin ou tel avocat célèbre roulent carrosse, tels autres meurent littéralement de faim.

II. *Monopoles de fait.*

A. La baisse du prix de revient.

Les entrepreneurs forcés par la libre concurrence cherchent toujours, nous l'avons vu, de meilleur coefficient de fabrication. Il n'y a là rien que de très normal et de très avantageux pour la société.

Mais ces passages d'un coefficient à un autre, ne vont pas sans laisser un profit net dans la main de l'entrepreneur le dernier venu dans la branche de la production considérée. Il n'y a, pour s'en convaincre, qu'à se reporter à l'exemple des usines que nous avons donné ci-dessus.

L'entrepreneur a deux moyens pour arriver à se ménager un profit net : hausser le prix de vente de ses produits ou diminuer les frais de production. L'un comme l'autre moyen lui confère une situation de monopole.

Dans un régime de libre concurrence, hausser les prix n'est pas ordinairement à sa portée. Il faut, pour que ce résultat puisse se réaliser, un tel concours de circonstances qu'on ne le rencontre que très exceptionnellement.

Réduire les frais de production serait donc le moyen normal.

Grâce à la rapide destruction économique du capital moderne, grâce aux progrès incessants des procédés de fabrication, c'est le dernier venu sur les champs de la bataille industrielle qui serait le plus solidement armé. Ce serait lui qui pourrait le plus facilement maintenir les prix existants, puisqu'ils lui donneraient la « rente » la plus haute. Mais pour prendre pied immédiatement sur le marché, pour frapper un grand coup sur ses rivaux, il ne peut souvent résister à la tentation de baisser son prix en fonction de l'avantage que lui donne sur eux sa situation de nouveau venu. Les prix une fois baissés, le métier, comme on dit, est gâté, et on peut perdre tout espoir de le voir jamais se relever.

Aussi souvent l'entrepreneur ne touche guère au prix et se contente d'obtenir une large part des bénéfices en réduisant ses frais.

Comment s'y prend-il?

Nous avons vu, d'une part, comment se fixait la valeur des éléments de production, y compris l'élément travail. Le patron n'est donc pas libre d'acheter au prix qu'il veut et son action sur ses vendeurs n'est pas considérable, au moins dans de courtes périodes de temps.

Mais nous savons, d'autre part, combien sont multiples les

(¹) On peut voir de remarquables démonstrations par les faits de ce qui précède et de ce qui suit dans l'ouvrage de M. G. d'Avenel, *Le mécanisme de la vie moderne*, 1re série, 3e éd. 1902, ; 2e série, 2e éd., 1900; 3e série, 1900. A. Colin, éditeur, et notamment le papier, l'industrie du fer, etc.

combinaisons techniques et économiques de ces éléments de la production.

Ces combinaisons sont souvent les applications de ce que M. Leroy-Beaulieu appelle, un peu emphatiquement peut-être, la « loi de substitution ». Grâce à elle, « il n'est guère de catégorie de besoins humains qui ne puisse être pourvue d'une façon plus ou moins parfaite avec des matières très différentes, lesquelles se remplacent les unes les autres suivant que les relations de prix entre elles varient ». (¹).

Les applications de cette loi aux coefficients de production sont innombrables.

Il y a en effet, dit M. Smart, dans la production de tout objet un petit nombre d'éléments indispensables et la science en introduit constamment de nouveaux. Dans les manufactures, nous avons vu des choses plus étonnantes que la fabrication d'une bourse de soie avec une oreille de truie. Dans chaque industrie il y a, en grand nombre, plusieurs sortes de capitaux mis en œuvre, plusieurs espèces de travail manuel et en outre plusieurs manières de les combiner. Il y a aussi des manières innombrables de substituer ces divers éléments l'un à l'autre.

Cependant on peut les grouper assez facilement en trois classes (²).

1° *Substitution d'éléments de même espèce.* — *a*) Des matériaux sont substitués à des matériaux, le fer peut être remplacé par le bois, le bois par le fer, le fer par l'acier, l'acier par l'aluminium et même par le ciment armé; le charbon par le pétrole etc.

b) Des machines peuvent être supplantées par des machi-

(¹) V. Leroy-Beaulieu, I, p. 87 et *passim* notamment I, p. 661 et s., IV, p. 278, etc.

(²) Pour tout ceci, V. W. Smart, *op. cit.*, chap. IV.

Dugarçon 20

nes. Les employeurs, dit encore M. Smart, sont constamment occupés à peser les valeurs comparatives de la vapeur, du pétrole et de l'électricité comme moteurs; des cordes, des courroies pour la transmission de la force etc. (¹).

c) Une certaine main-d'œuvre peut être substituée à telle autre, des femmes ou des enfants à des hommes, du travail de surveillance à du travail proprement dit.

2' *Substitution de la machine au travail humain et inversement.* — Cette dernière hypothèse est de moins en moins vraisemblable. Quant à la substitution des machines à la main-d'œuvre humaine, il n'est pas besoin d'insister plus longuement pour en montrer l'importance.

3° *Substitution d'un coefficient technique de production à un autre ou plus simplement variation des proportions dans lesquelles, matériaux, machines et main-d'œuvre sont associés.* — L'homme, dit M. Smart, travaille de moins en moins par lui-même et de plus en plus avec le secours d'outils. Le plus grand nombre de substitutions récentes a pris la forme de nouveaux groupements, de nouvelles combinaisons d'hommes et de machines (²).

Dans toutes ces transformations, nous trouvons l'entrepreneur dans le plein exercice de sa fonction économique qui est d'assurer l'état de satisfaction maximum à la société tout entière. Il est récompensé de ses efforts par un monopole temporaire qui lui permet, soit d'abaisser ses prix, soit, tout en maintenant une certaine marge entre ces prix et ses frais, d'obtenir une certaine rente eu égard à ses rivaux moins favorisés. Voilà pourquoi sans doute ce profit net qu'empoche notre homme a pu paraître à certains théori-

---

(¹) *Ibidem*, p. 140.
(²) W. Smart, p. 142 et suiv.

ciens comme la rémunération attachée à l'exercice même de cette fonction sociale (*Socialistes de la chaire*).

Cette situation de monopole ainsi que le profit net qui en est la conséquence n'est qu'une étape qui marque un progrès nouveau pour la société, une conquête nouvelle sur les forces antagonistes de la production, une réponse nouvelle arrachée à la nature par cette « question » dont parle Bacon.

Mais cette étape est de courte durée [1] et plus elle est courte, plus vite la société présente cet état de satisfaction maximum.

B. La Protection.

Au lieu de se constituer un monopole au moyen d'un meilleur coefficient de fabrication qui implique une série longue d'efforts et de tâtonnements, de calculs et d'expériences, il est bien plus agréable et bien plus facile de se faire protéger par l'intervention de l'Etat. Des barrières artificielles, semblables aux portes des compartiments étanches dans les cales des navires modernes, sont alors élevées entre les entreprises et les entrepreneurs, l'épargne ne peut circuler librement d'un emploi à un autre et l'action harcelante de la concurrence est conjurée et émoussé cet aiguillon sans paix ni trêve, qui écarte le sommeil, exalte l'activité, galvanise l'intelligence et la volonté. Tant que dure l'intervention, des profits sont empochés par les entrepreneurs, mais cette fois au détriment du progrès et de l'utilisation la meilleure des forces

---

[1] Des secrets de fabrication, soit qu'ils portent sur des détails soit qu'ils portent sur l'ensemble de l'affaire, peuvent augmenter dans de grandes proportions cette durée. C'est de cette façon qu'ont pu se constituer ces marques de fabrique si appréciées du public, qui permettent d'établir un écart parfois énorme entre les frais de production et le prix de vente. M. G. d'Avenel cite le cas de la Chartreuse. Ce siècle de publicité et d'indiscrétion n'a pu arracher leur secret aux moines. V. *Le mécanisme de la vie moderne*, 1re série, p. 189. On pourrait multiplier les exemples.

économiques de la société. C'est en effet aujourd'hui l'intervention et, pour l'appeler par son nom, la « protection »
sous toutes ses formes, qui est la source de beaucoup de profits, depuis les bénéfices du petit paysan et du modeste boutiquier jusqu'aux fortunes colossales édifiées en quelques
années par les magnats de l'industrie et de la finance en
Europe et en Amérique.

Nous savons quels sont les effets de la protection. Pour se
procurer des biens, on a le choix de deux moyens : ou les
produire soi-même, ou les acquérir au moyen d'autres biens
que l'on produit. Le libre échange a pour conséquence
de faire que chaque pays se procure les biens économiques
dont il a besoin, au moyen de marchandises qu'il produit lui-
même dans les meilleurs conditions. C'est avec le pic de ses
mineurs que l'Angleterre produit le blé, le vin, les denrées
qui lui sont nécessaires. C'est avec ses vins, ses soieries, ses
articles de Paris, que la France produit le fer, l'acier, la
houille, indispensables à sa consommation.

Toute mesure protectrice a donc en définitive pour effet
d'empêcher ce résultat extrêmement favorable pour la
société (¹).

Il est clair qu'il est bien plus facile d'obtenir du gouvernement une prime d'exportation ou un droit protecteur à l'importation qui donne tout d'un coup un bénéfice considérable
que d'essayer de recourir à un abaissement du prix de revient
qui doit procurer un profit avantageux à tout le monde.

(¹) Toute prohibition, d'ailleurs, a pour effet de changer immédiatement les coefficients de fabrication. En Italie, par exemple, les mêmes quantités de services
fonciers, personnels ou mobiliers qui, transformés d'abord en vin, le vin étant
ensuite échangé contre du fer, donnaient 1,412 de fer en 1885, n'en donnaient plus
que 1,087 après l'augmentation des droits de douane en 1889. En d'autres termes,
pour obtenir 100 de fer, il fallait employer plus de services productifs dans le rapport de $\frac{1,412}{1,087} = \frac{1,3}{3}$. Pareto, II. p. 236.

De là toute une floraison de mesures prohibitives ou protectionnistes, tant entre les pays, les groupes « non concurrents » de Cairnes, que dans l'intérieur d'un même territoire.

**

La protection apparaît comme un protée aux mille formes, tantôt directe et visible, tantôt indirecte et occulte.

Pour éviter d'accomplir leur fonction sociale, les entrepreneurs recourent à toutes sortes de procédés, ils demandent à grands cris toutes sortes de protection :

Contre les ouvriers en leur faisant défense de s'associer, de se syndiquer, de se mettre en grève, de s'enrôler pour l'étranger, de façon que leur force de travail soit vendue à un taux différent de celui qui s'établirait par le libre jeu des forces économiques sur le marché, de façon que l'ouvrier reste plus ou moins désarmé devant les exigences des employeurs, soutenus par la puissance coercitive de l'Etat (¹) ;

Contre les possesseurs d'épargne, les entrepreneurs demandant que l'Etat leur fournisse de l'argent à un taux autre que celui de la libre concurrence, ou même gratuitement. C'est ainsi qu'une loi du 31 mars 1899 a créé des caisses régionales pour aider les sociétés de crédit agricole et les a dotées d'un capital de 40 millions prêtés sans intérêt par la Banque de France comme prix de renouvellement de son privilège, et augmenté d'un annuité variable de 2 millions au minimum que cet établissement a dû consentir également ;

(¹) Il est bon de rappeler, en effet, que les ouvriers n'ont conquis que tard le droit de coalition, en Angleterre (1824), en France (1864) et plus récemment encore la possibilité légale de s'associer : Angleterre (1871), France (1884). Bien entendu, des associations existaient, en fait, avant cette date. Les ouvriers ne se font pas faute d'ailleurs, eux aussi, de réclamer la protection des pouvoirs publics contre leurs patrons. L'histoire de ces dernières années fourmille d'exemples particulièrement édifiants. V. sur ces divers points et sur la protection occulte, Pareto, *Cours, passim.* Pareto, *Les systèmes socialistes, passim.*

Protection contre les grands magasins, contre les sociétés coopératives de consommation, et en général contre la concurrence des gens intelligents et actifs baptisée de concurrence déloyale (¹);

Protection à l'aide de primes à la production (en France, marine marchande, lin, chanvre, etc.);

Protection par l'obtention de commandes de l'Etat faites à certains producteurs à un prix plus élevé que celui du marché international (²);

Protection sous forme de concession exorbitante de privilèges (³).

Nous n'en finirions pas si nous voulions dire un mot de toutes les formes que revêtent les doléances des patrons, et les mesures qu'ils réclament, afin de se soustraire à l'action de la force qui les sollicite à agir au mieux de leurs intérêts et des intérêts sociaux, et, si l'on va au fond des choses, pour se créer de hauts bénéfices au profit d'une spoliation éhontée pratiquée sur ceux qui ne jouissent pas de la protection (⁴).

(¹) V. Pareto, *Syst. soc.*, II, p. 420. — Cf. G. d'Avenel, *op. cit.*, 1ʳᵉ série. *Les magasins de nouveautés.*

(²) V. *infra*, p. 334. — Cf. Babled, *op. cit.*, pp. 32, 39, 40.

(³) La loi a fort bien compris que l'exercice de la pharmacie devait être réglementé au point de vue de la compétence, l'erreur d'un ignorant dans la préparation d'un produit ordonné pouvant entraîner la mort de plusieurs individus. Mais la réglementation s'est fait aussi sentir dans la partie économique de l'entreprise et elle a abouti au prélèvement d'un véritable impôt sur les citoyens malades. Le nombre des pharmaciens est devenu en certains lieux absolument exubérant; ce sont de véritables parasites. Bien entendu ils ne se déclarent pas satisfaits, et ils demandent une protection plus efficace. — Les médecins emboîtent le pas, et on les a vus, en Italie, ainsi que le raconte M. Pareto, demander qu'une ordonnance ne pût servir qu'une fois chez le pharmacien afin d'obliger le malade à payer deux visites au médecin pour renouveler la dose de médicament. — La protection est même telle, dans ce pays, qu'une ménagère ne pourrait pas transformer un jeune coq en chapon, sans l'intervention d'un vétérinaire diplômé et patenté (Pareto, *Cours*).

(⁴) V. Pareto, *Syst. soc.*, *passim*, et aussi le célèbre pamphlet de Bastiat, *Phy-*

Cette dernière crée donc une sorte de privilège au profit de quelques citoyens, et constitue une entrave des plus sérieuses en paralysant la recherche et la découverte de coefficients de production de plus en plus avantageux pour la société. En réduisant artificiellement le dernier [1], ou en augmentant le premier elle maintient un écart parfois considérable entre le prix de vente et le coût de production. Il n'est que trop juste de constater que la protection se retourne fréquemment contre les protégés, semblable à des projectiles qui, après avoir détruit, reviendraient vers le destructeur.

C'est surtout contre la concurrence des pays étrangers que les producteurs nationaux demandent à être protégés. De là, tout un système de droits de douane, de primes à l'exportation, etc.

Parmi les mesures protectionnistes qui sont des droits de douane, il faut citer la loi du 28 mars 1885, qui fixait les droits à l'importation du blé à 3 francs les 100 kilos, et la loi du 29 mars 1887 qui le portait à 5 francs. Mais, c'est surtout la loi du 11 janvier 1892, qui peut être considérée, en France, comme la charte ou la pierre angulaire de notre système de protection par les droits de douane; elle s'applique à la fois à l'agriculture et à l'industrie.

Enfin, c'est par la loi du 29 janvier 1881 qu'apparaît, dans notre pays, un procédé de protection autre que le droit de

siologie de la spoliation. Sophismes économiques, 2ᵉ série, I, p. 129. « Le monopole fait passer la richesse d'une poche dans une autre ». — La protection fait passer annuellement de la poche des Français pris en masse, un tribut de deux milliards à quelques centaines de milliers de leurs concitoyens privilégiés. On n'a qu'à consulter au hasard les journaux L'Economiste Français, Le Journal des économistes, Le Monde économique, pour y voir ces chiffres confirmés presque à chaque page.

[1] Si l'on considère l'ensemble d'un pays, la protection a pour effet d'élever le coût de production des produits. C'est là un des théorèmes les plus certains de la science économique. V. supra.

douane, le procédé de la prime. La prime peut exister, soit à l'exportation (sucres) ('), soit à la production : marine marchande (lois des 29 janv. 1881, 30 janv. 1899 et 7 avril 1902), culture du lin et du chanvre (23 janv. 1892), etc., etc.

La protection ainsi comprise s'applique à la fois à l'agriculture et à l'industrie. Mais, c'est principalement la première qui est protégée, et la protection va même, dans certains cas, jusqu'à la prohibition.

Les droits de douane sur le blé ont été portés à 7 francs par la loi du 27 février 1894. C'est le taux actuel.

Pour le vin (²), la loi du 6 avril 1897 a interdit l'importation des raisins secs. La loi du 1ᵉʳ février 1899 porte le droit à 12 francs l'hectol. de vin jusqu'à 12° au tarif minimum et à 15° au tarif maximum. Enfin, la loi du 15 mars 1902 a fortement taxé les mistelles étrangères ou moûts alcoolisés qui servent notamment à la fabrication des vins de liqueurs.

La protection a, pour ainsi dire, fermé le marché français aux vins et aux blés étrangers (³). Mais, on se tromperait, si l'on croyait qu'elle a abouti au but que le parti agrarien

---

(¹) Les primes à l'exportation du sucre ont été supprimées en France, en Allemagne et en Autriche par la conférence de Bruxelles du 5 mars 1902. — V. sur ce point, Perrinjaquet, *Revue économique de Bordeaux*, 5ᵉ année, pp. 91 et suiv. Cpr. Souchon, *Les cartells de l'agriculture en Allemagne*. Paris, Colin, 1903, ch. IV, *Le sucre*, p. 181 et suiv.

(²) L. Privat, *Régime douanier du vin en France*. Thèse de Bordeaux, 1904. — Cf. G. d'Avenel, *Le mécanisme de la vie moderne*, 1ʳᵉ série, Le travail des vins.

(³) L'importation moyenne des vins en France :

De 1886 à 1892 (avant le tarif) . . . . 11.500.000 hectol.
De 1893 à 1899 (avant la loi du 1ᵉʳ février)   6.500.000   »
En 1900 . . . .   5.216.000   »
En 1901 . . . .   3.708.000   »
En 1902 . . . .   4.446.000   »

Si l'on défalque les vins algériens, l'importation des vins étrangers, de 4.690.000 hectol. de 1895 à 1898, est descendue de 1899 à 1902 à 2.011.000 hectol. En 1901 et 1902, les chiffres baissent subitement à 921.000 et 546.000 hectol.

poursuivait, c'est-à-dire l'augmentation du prix de ces denrées et au maintien de cette augmentation ([1]).

Surexcitée par les droits élevés sur les vins étrangers et par
l'exagération de prix qui en a été la conséquence, la production du vin s'est considérablement développée et a dépassé
les besoins. Le résultat est cette « mévente des vins » dont
on parle tant dans tous les milieux viticoles de la France. La
libre concurrence a agi d'une manière très énergique dans
un milieu fermé artificiellement.

Ce qui s'observe pour le vin s'observe également pour le
blé. La production a considérablement augmenté et le prix
n'a pas haussé ([2]).

Pour le blé, dit en effet M. le Guen, les droits de douane
sont assez élevés pour compenser les inégalités des conditions
de production. Dès lors, on voit les hauts cours coïncider
avec les périodes déficitaires les suivant immédiatement. En
somme, les droits de douane ont bien pour effet d'empêcher

([1]) Moyenne décennale :

1850-1859 (prix moyen chez le récoltant).	21 fr.	»
1860-1869.	28	»
1870-1879.	29	»
1880-1889.	38	»
1890-1899 (augmentation du droit).	28	89
1900.	17	96
1901.	16	»
1902.	21	»

([2]) Production moyenne décennale :

1866-1875	56.000.000	hectol.
1876-1885	42.000.000	»
1886-1894	29.700.000	»
1894-1903	41.000.000	»

En 1900 et 1901, la production a atteint 67 et 57 millions d'hectolitres, chiffres
inconnus depuis 1874 et 1875. — Cf. dépression de prix de 17 et 16 francs. Sur
tous ces points, V. L. Privat, op. cit.

nos blés de tomber aux prix des pays producteurs plus favorisés, mais ils sont absolument impuissants à enrayer un
mouvement de baisse due à des causes générales et notamment à la surproduction. D'une part, la production moyenne
du blé en France a augmenté d'une manière progressive de
1881 à 1903, sans que l'on puisse affirmer néanmoins que les
droits de douane soient la cause unique de ces augmentations.
Par contre, et en dépit des droits de douane, les cours ont
régulièrement baissé. Les graphiques du cours moyen du
quintal de blé présentent un caractère de continuité très
marquée. Les variations brusques de plusieurs unités n'existent qu'en années exceptionnelles : 1887, 1891, 1897, 1898.
Elles sont dues à un ensemble de circonstances dont la réunion est anormale mais qui peuvent se reproduire simultané-
ment : récoltes déficitaires, guerres, spéculation sur les blés.
A ce moment il est difficile de nier l'influence néfaste exercée
par les droits de douane sur les marchés protégés. Les prix
sont montés plus haut et la cherté s'est conservée plus longtemps. En résumé, les droits protecteurs n'ont pu empêcher
la baisse absolue des prix; ils semblent l'avoir enrayée en
France en la retardant et en augmentant la différence entre
les cours côtés dans notre pays et dans les pays qui prati-
quent le libre échange pour le blé ([1]).

Comme nous venons de le voir par les deux exemples du
blé et du vin, la protection n'a donc pas toujours, au point
de vue du producteur national, les effets qu'il attendait d'elle.
Elle a bien pour effet de supprimer ou de neutraliser la concurrence intérieure, mais elle ne porte aucune atteinte

---

[1] Sur tous ces points voir H. le Guen, *Droits de douane sur les blés en France*, thèse de Bordeaux, 1904, p. 48, 130, 131, 131 et s., et les tableaux et graphiques qui sont annexés à l'ouvrage. — Production moyenne du blé, voir le tableau n° 4. — Pour les prix moyens du quintal de blé, voir les tableaux n°ᵉ 14, 15, 16, 17, 18.

directe à la concurrence intérieure qui demeure entièrement
libre en principe.

Mais nous verrons, dans les pages qui suivent, le régime
protectionniste intervenir dans cette concurrence en favorisant sinon l'éclosion des ententes et des coalitions entre
producteurs, tout au moins leur développement, leur permanence et leur efficacité.

C. Possession de capitaux exceptionnels.

A côté de ces monopoles de fait qui naissent pour toute
une catégorie de producteurs grâce à un usage, anti-économi-
que dans son principe, de l'activité et de la puissance de
l'Etat, il y a d'autres monopoles de fait qui sont dus soit à
la possession de certains capitaux, soit au caractère de certaines entreprises.

La possession de certains capitaux crée un monopole, nous
nous en sommes déjà expliqué en étudiant la forme et les
modalités que revêt le bénéfice qui en résulte, c'est-à-dire la
rente. Mais il ne faut pas confondre cette situation avec celle
d'entrepreneur. On le fait assez facilement dans la pratique
et ici nous retrouvons l'écho de l'erreur ancienne : l'entrepreneur et le capitaliste confondus dans la même personne,
erreur contre laquelle nous nous sommes plus d'une foi
élevé.

Voici un exemple qui met bien en évidence ces deux ordres
d'idées et de faits.

Tout le monde, fait remarquer M. Pareto, peut construire
un hôtel à Nice, mais ce n'est pas en tant qu'entrepreneur
d'hôtel qu'on y peut faire des gains considérables. Ces gains
appartiennent en particulier aux possesseurs des terrains les
plus favorisés et à d'autres capitalistes semblables. Des Suis-
ses, par exemple, qui s'entendent fort bien à gérer des hôtels,

vont à Nice et y font fortune. Ils obtiennent ce gain non en
tant qu'entrepreneurs, mais en tant que possesseurs de certains capitaux « personnels » d'une nature exceptionnelle.
Supposons, au contraire, que le gouvernement français
accorde à certains individus, absolument incapables de gérer
un hôtel, le privilège d'en établir à Nice, ces individus feront
un gain, non comme capitalistes, mais comme entrepreneurs
jouissant d'un monopole ([1]).

Les capitaux personnels très qualifiés échappent à la concurrence, chez certains producteurs de services immatériels,
et il est d'ailleurs très difficile de distinguer la fonction d'entrepreneur de celle de capitaliste. L'avocat célèbre ([2]), pour
donner cependant un exemple, jouit d'un haut bénéfice non
seulement en raison de son talent, de sa science, de son habileté professionnelle, mais encore parce qu'il appartient à une
corporation privilégiée par la loi et qu'il jouit de ce fait, en
tant qu'entrepreneur, d'un monopole de droit.

Mais si nous envisageons sa qualité de possesseur d'un
capital personnel hors de pair (ses capacités acquises), il est
clair que cette situation lui donne un avantage sur tous ses
confrères moins favorisés.

Le même fait peut se constater pour d'autres entrepreneurs.

De rares facultés d'organisation, de coup d'œil, de prudence et d'audace peuvent conférer à ceux qui les possèdent
des avantages marqués sur leurs concurrents et se traduire
par de meilleurs coefficients de fabrication, en un mot par
un quasi-monopole. Et ce monopole sera d'autant plus dura-

([1]) Pareto, *Cours*, II, p. 129.

([2]) L'avocat est un entrepreneur, le type du petit entrepreneur d'autrefois qui
fournit lui-même, en général, tous ses éléments de production : capitaux fonciers,
personnels et mobiliers.

ble que plus rares et plus personnelles seront ces facultés (¹).

Les capitaux fonciers, par ce fait que leur quantité n'est pas augmentable à volonté, jouissent aussi d'une situation de monopole. Mais parmi eux, il y en a pour lesquels la concurrence existe très grande, d'autres pour lesquels elle existe peu. Les terres à blé d'un pays sont facilement concurrencées par les terres à blé d'un autre pays, les terres à pâturages le sont déjà moins, les terres à bâtir ne le sont pas du tout. Des causes extrinsèques viennent encore diminuer cette concurrence. Ici nous retrouvons l'intervention de l'Etat.

La protection douanière est un des moyens les plus connus. La concurrence entre terres à blé et à pâturages est diminuée ou même complètement éliminée par les droits de douane à l'importation des céréales ou du bétail vivant ou mort.

Pour les terrains à bâtir, l'intervention de la puissance publique se manifeste encore par l'ouverture inconsidérée de voies de chemins de fer ou de tramways, dites « électorales ». M. Pareto signale le cas de splendides capitales, édifiées aux frais des contribuables et qui font monter subitement le prix des immeubles et des terrains d'emplacement. On pourrait mentionner encore dans cet ordre d'idées l'ouverture de « grandes voies » aux tracés extravagants, ouvertes dans les vieux quartiers.

Les capitaux mobiliers, dans nos sociétés modernes, étant pour la plupart reproductibles à volonté ne peuvent être soustraits en principe à l'action de la libre concurrence. Dans les sociétés rudimentaires de l'ancien temps, les exemples pouvaient être nombreux. Des sauvages ingénieux pouvaient construire des outils doués d'une productivité technique assez

---

(¹) V. dans G. d'Avenel, *Le mécanisme de la vie moderne*, 1ʳᵉ série, la physionomie esquissée de quelques hommes d'élite, les Aristide Boucicaut, les Schneider, les Félix Potin, etc. — Cpr. Carnegie, *op. cit.*, p. 110 suiv.

grande, le canot, le filet, dont parle Roscher, le rabot dont
parle emphatiquement Bastiat, tous capitaux qui pouvaient
donner à leurs inventeurs la prééminence sur les autres producteurs.

Mais il convient de se rappeler ici que ces sociétés humaines ont été des milieux à vie économique sans échange, à production domestique et où ne se révèlent ni l'entreprise ni le
profit. La possession de tels outils ne conférait donc que des
avantages techniques.

Certaines causes interviennent de nos jours, pour limiter
cependant la concurrence de certains capitaux mobiliers,
outils, machines, matières premières, etc. Ce sont des monopoles de droit, brevets d'invention, marques de fabrique.
Nous en avons fait l'étude ci-dessus, et nous n'avons pas à y
revenir.

D. Les coalitions d'entrepreneurs.

Une fois que les produits sont achevés et sortent du procès
de production, ils entrent dans le procès de circulation et
vont solliciter l'acheteur. Leur valeur achève de se déterminer.
Deux forces principales y coopèrent : leur coût de production,
leur utilité finale. C'est à ce moment que le profit net peut
être connu par une opération arithmétique. Les choses ne
sont pas aussi simples dans la réalité, mais il ne peut néanmoins en être différemment quand on les scrute attentivement.

Mais cette fixation de la valeur peut être contrariée par
des forces que nous allons maintenant analyser.

Evidemment il n'est plus possible d'agir sur le premier
terme; tout a été fait, le coût de production est un événement
du passé et échappe aux actions présentes.

Mais il n'en est pas de même du second terme, l'utilité
finale. Il est encore possible d'agir sur celui-ci.

L'utilité finale est, comme on le sait, un rapport entre la quantité des biens et les besoins supposés connus des consommateurs. Une modification dans ce rapport ne peut donc provenir que d'une action sur l'un quelconque de ces deux termes ou sur tous les deux. On agit donc tout d'abord sur la demande. On essaie de la surexciter par des moyens nombreux et variés dont chacun appellerait une étude spéciale (réclame, prospectus, envoi de voyageurs, d'échantillons, ouverture de beaux étalages, etc., toute la lyre des ruses commerciales pour attirer l'acheteur comme à l'hameçon).

Mais on peut aussi agir sur la quantité des produits, de façon à la raréfier artificiellement et à faire monter le rapport de valeur.

C'est la manœuvre à laquelle se livrent les spéculateurs et les accapareurs.

1° La spéculation. L'accaparement.

La spéculation, si on en excepte les manœuvres frauduleuses et le jeu de hasard, peut avoir d'excellents résultats. Elle peut hâter la fixation du prix au niveau qui convient exactement à la situation économique du moment, en évitant des tentatives multiples [1], ou, ce qui revient au même, arriver à une adaptation plus rapide de l'offre à la demande, de la production à la consommation [2].

Ces spéculations sont en effet d'autant moins dangereuses

---

[1] Pareto, *Cours*, II, p. 241. — Cf. Dolléans, *L'accaparement*, ch. I, sect. 1. « L'accaparement de spéculation et le marché à terme », p. 71 et s.

[2] La spéculation n'a pour but immédiat que la conquête de la maîtrise du marché et que le haut profit éventuel réalisé par les écarts entre les cours, mais indirectement l'adaptation de l'offre aux besoins se trouve réalisée par surcroît et le plus près possible, suivant le degré de précision et d'exactitude des prévisions des spéculateurs. — V. Dolléans, *L'accaparement*, ch. II. « L'accaparement et la prévoyance économique », et *passim*.

qu'elles provoquent des mouvements de réaction qui neutra-
lisent les effets du premier mouvement produit. C'est ainsi
qu'une spéculation à la hausse peut être en fait contrebalan-
cée par une spéculation à la baisse.

Mais il n'en est pas moins vrai qu'elles peuvent pendant un
certain laps de temps provoquer une modification des valeurs
et des prix et procurer de hauts profits à de hardis et heureux spéculateurs.

Tout achat, en effet, contribue à la rareté du produit, puisqu'il consiste à enlever les marchandises du marché ; tout
acheteur pousse à la hausse en achetant.

Plus dangereuses sont les manœuvres connues plus spécialement sous le nom d'« accaparement », leur nom générique.
On les appelle aujourd'hui aussi, corners, rings, etc. aux
États-Unis, où des tentatives nombreuses ont vu le jour dans
ces derniers temps.

Ce sont des manœuvres temporaires, destinées à rendre
celui qui s'y livre maître du marché d'une marchandise. Elles
ont d'ailleurs un caractère nettement accusé d'opération commerciale ; ce n'est pas une opération tentée par des producteurs, mais par de gros négociants. Leur but est de modifier
simplement l'offre actuelle des marchandises créées et voilà
pourquoi nous avons rangé l'accaparement parmi les manœuvres tendant à limiter la libre concurrence des « produits ».

L'accapareur se met donc en tête d'acheter tout ce qui est
disponible en fait de marchandises (car l'accaparement se
produit aussi bien à la bourse des titres qu'à la bourse des
marchandises) et de les revendre peu à peu, de manière à ne
pas « effondrer » les prix (¹).

_____

(¹) A côté de l'accaparement de spéculation, on peut en effet distinguer l'accaparement de production.— V. Dolléans, op. cit., ch. IV. Nous nous occuperons de
cette dernière forme un peu plus loin.

L'histoire des accaparements est très suggestive.

C'est tout d'abord un fait extrêmement ancien, et on l'a constaté de tous temps à Athènes, à Rome, au moyen-âge, dans l'ancien régime, où une partie de la législation fut inspirée par la crainte de voir le phénomène se produire et la famine en résulter. Mais c'est surtout de nos jours, et aux Etats-Unis, principalement que cette manœuvre s'est développée et c'est dans ces dernières années que les tentatives les plus nombreuses se sont manifestées. Mais elles sont de nature à décourager les spéculateurs, si tant est qu'ils se découragent jamais !

D'abord la production moderne est si formidablement armée que toute tentative sur les produits manufacturés est considérée comme absolument irréalisable.

En fait, elles n'ont porté que sur des produits soumis à un monopole naturel, les produits agricoles ou miniers, sur les blés et farines, les métaux, les cafés, les cotons et les laines, le sucre et le pétrole. Mais elles ont généralement échoué à cause de la concurrence virtuelle ou réelle des marchés qui sont restés en dehors de l'affaire, de l'excès de production stimulé par les hauts prix, de la diminution de la consommation qui en fut la conséquence. En somme, dit M. Pareto, ces spéculations n'ont causé de grands maux qu'aux spéculateurs qui s'y sont livrés, et aussi aux malheureux capitalistes dont le consentement n'a pas toujours été demandé et qui n'ont pu surveiller l'emploi de leurs fonds.

La liste serait très longue des manœuvres qui ont abouti à ce piteux résultat.

On peut cependant citer le « corner » du cuivre tenté par Secrétan, en 1889, et qui aboutit au suicide de Denfert-Rochereau, directeur du Comptoir d'escompte, et qui faillit entraîner la ruine irrémédiable de cet établissement.

L'accaparement des blés du monde tenté par un jeune
américain de Chicago, J. Leiter, en 1897-1898, est encore un
exemple d'une tentative qui eut quelques résultats durant les
premiers temps, mais qui se termina quand même par la
ruine de l'accapareur ([1]).

Le prix élevé eut pour effet de faire sortir du blé de partout, du fond de la Russie et des Indes ([2]).

On pourrait citer un grand nombre d'autres exemples ([3]).

2° L'accaparement de production. Les coalitions de producteurs.

La spéculation, si elle peut faire hausser les valeurs, ne le
peut, nous venons de le voir, que pour un temps très court.
Elle ne tarde pas à provoquer un vif mouvement de réaction
qui suffit souvent à ramener ces valeurs au niveau qu'elles
atteindraient par le libre jeu de la concurrence. Elle peut
toutefois avoir eu cet effet avantageux de les ramener plus
vite que ne l'eût fait cette dernière agissant normalement. En
tous cas l'adaptation de l'offre à la demande peut se réaliser
d'une façon transitoire, mais non l'adaptation de la production aux besoins.

([1]) Sur tous ces points V. Henry Babled, *Les syndicats de producteurs et de
détenteurs de marchandises au double point de vue économique et pénal*, Paris,
1893; Claudio Jannet, *Le capital, la finance et la spéculation au XIXᵉ siècle, op. cit.*
— Cf. Pareto, *Cours*, II, notamment p. 249. — Cf. Dolléans, *op. cit.*, etc. — Sur
les causes qui entraînèrent Denfert-Rochereau dans l'affaire des cuivres, v. outre
les ouvrages cités ci-dessus, G. d'Avenel, *Le mécanisme de la vie moderne*,
1ʳᵉ série, *Les établissements de crédit*, p. 246 s. La tentative de Secrétan aurait pu
avoir pour excellent effet de créer un marché national du cuivre en France et
de dégager ainsi l'industrie du cuivre continentale de l'influence ruineuse de la
spéculation anglaise, Dolléans, p. 143, cite l'opinion de Théry dans *Economiste
européen*, 1899, à l'article intitulé « Le siècle du cuivre »; de F. Laur, à l'inter-
pellation sur la crise du cuivre, 21 mars 1899, etc. — Cpr. Pareto, *Cours*, II,
p. 249.

([2]) *Journal des économistes* du 5 janvier 1900, qui rend compte de l'opération.

([3]) V. notamment Pareto, *Cours*, II, p. 249, note 2; H. Babled, *op. cit.*, 1ʳᵉ partie.

Tout autres sont les coalitions de producteurs, qui, elles, ont pour effet de changer, et pour longtemps, l'utilité finale des produits en en restreignant l'offre. Ces ententes de producteurs sont peut-être le fait le plus saillant de l'évolution économique et sociale de ces derniers temps. On pourrait presque y voir un commencement de réalisation des paroles prophétiques de Marx affirmant que les formes actuelles de la production sont en train de disparaître petit à petit : les petits ateliers mangés par les grandes usines, les grandes usines à leur tour dévorées par l'énorme machine du Trust qui est un pas de géant fait vers la production socialisée. C'est du moins la question angoissante que l'on peut se poser, car les ententes se multiplient de plus en plus.

Ce qu'il y a de plus grave dans cette évolution, c'est que ces ententes semblent dues pour une certaine part à la concentration de la production et comme cette dernière tend de plus en plus à s'accroître dans tous les domaines (¹), les ententes sont devenues peut-être un phénomène progressif et durable sinon permanent.

Et voilà précisément un des traits principaux qui distinguent les ententes de producteurs des accaparements de spéculation. Les coalitions sont un phénomène nouveau et tout fait prévoir qu'il n'aura pas une durée éphémère, à la différence des corners ou des rings qui sont la forme moderne d'un fait très ancien et, sauf exception, tout à fait momentané.

Ces ententes peuvent d'ailleurs, tout comme les accaparements de spéculation, avoir certains effets avantageux, quoi qu'en pensent l'école libérale orthodoxe et l'école mathéma-

---

(¹) V. sur ce point, M. Bourguin, *Les systèmes socialistes et l'évolution économique*. Paris, Colin, 1904, p. 134 et suiv. V. notamment, les causes de ce mouvement de concentration, p. 142 et suiv.

tique (¹) dont les affirmations sont peut-être un peu trop absolues. Elles pourraient éviter les crises de surproduction qui sont une conséquence de la concurrence effrénée, coupe-gorge, et qui tendent aujourd'hui à se multiplier (²).

Nous n'avons d'ailleurs pas à prendre parti pour l'une ou l'autre opinion, et quelqu'idée qu'on puisse avoir soi-même à leur égard, il n'en est pas moins vrai que toutes ces manœuvres (de spéculation ou de production) tendent à constituer un monopole et à établir l'écart le plus grand possible entre le coût de production et le prix de vente des produits. Dans le premier cas, le monopole est temporaire, dans le second, il est permanent. Accaparements, syndicats, associations, comptoirs, portent en eux le germe du monopole, ce sont des ébauches du trust qui en est la forme la plus parfaite et la plus puissante.

*
* *

Les coalitions peuvent être classées de plusieurs manières : suivant la forme juridique qu'elles revêtent, suivant qu'elles appellent ou non l'intervention de la loi (Pareto).

On pourrait aussi les classer d'après le degré de concentration de la direction :

1° Chacune des entreprises gardant son individualité propre et aliénant seulement une partie de sa liberté d'action et contribuant à former en quelque sorte une « fédération ».

2° La coalition prenant la forme d'un État autonome, les entreprises divisées qui y adhèrent aliénant toute leur liberté

(¹) V. le chapitre intéressant de Ch. Gide, *Le régime de libre concurrence*, p. 172 à 179. — Cpr. Pareto, *Cours*, II, p. 247 et suiv. — Cpr. Bourguin, *Les syst. soc.*, p. 158 et suiv.

(²) V. Carnegie, *op. cit.* (Le « Bugaboo » des *Trust*), p. 171 et s.

au profit d'un organisme central qui les absorbe. C'est là le trust américain ([1]).

α. Ententes anarchiques.

Elles offrent une série complexe de combinaisons indus-trielles hiérarchisées selon le degré plus ou moins grand de solidarité qui unit les producteurs coalisés, selon le sacrifice plus ou moins accentué de leur individualité propre, suivant la conscience plus ou moins nette de leurs forces, du but qu'elles ont à atteindre et des moyens employés pour y arriver. Au fur et à mesure qu'augmente cette solidarité, la concurrence s'abolit par degrés et s'atténuent les entraves qu'elle met à la toute-puissance de la coalition.

Au plus bas degré de l'échelle apparaît l'entente entre directeurs de deux établissements ou sociétés reposant sur la parole donnée et la bonne foi des contractants, forme obscure, sans obligation stricte ni sanction.

Au-dessus sont les syndicats ([2]) et les pools ([3]) qui se fon-dent sur un contrat, mais garanti par une sanction souvent illusoire. Le respect des engagements ne dure qu'autant que les hauts profits et meurt avec eux.

Le « Kartell », usité surtout en Allemagne ([4]) et en Autri-

---

([1]) V. Dolléans, op. cit., 2e part., chap. I, p. 263 et suiv. — Cf. une autre classi-fication dans H. Babled, op. cit., p. 7.

([2]) C'est le nom plus spécialement usité en France. Leur nombre peut être diffi-cilement connu, car il y a dans la loi française des dispositions pénales qui défen-dent ces coalitions (art. 419 du Code pénal). — V. Bourguin, Les syst. soc., p. 146.

([3]) Nom surtout usité aux États-Unis.

([4]) M. Claudio Jannet en 1892 en comptait 400, et ce nombre était certainement au-dessous de la vérité. Quoi qu'il en soit, ils foisonnent en ce moment en Alle-magne et en Autriche. On les trouve surtout dans la région Rhin-Westphalie. Ils portent principalement sur le coke, la houille, la fonte. Le syndicat de l'acier com-prenait presque tous les établissements d'Allemagne. M. Bourguin constate qu'il y avait en Allemagne, en Angleterre, des pools nombreux dans la métallurgie, la construction mécanique. Les plus célèbres sont les alliances de Birmingham conche, enchaîne les mauvaises volontés par ses prescriptions détaillées et les paralyse par des sanctions suffisamment efficaces. Des pénalités très sévères enlèvent tout intérêt à la fraude (¹).

Le « comptoir », qu'on rattache ordinairement au kartell, semble être l'expression d'un degré de solidarité plus élevé. L'indépendance commerciale est enlevée aux producteurs, la liberté industrielle seule est relativement respectée. Indirectement cette dernière se trouve atteinte (²).

Cette classification se précise si l'on étudie les moyens employés par les coalitions. Leur but unique est de régler la production et de guérir ainsi les maux qu'engendre pour les producteurs l'action de la concurrence. Mais les moyens dont on se sert sont assez différents, et on peut les classer selon leur degré de puissance eu égard à la fin considérée (³).

a) Limitation des prix. — C'est le plus simple, mais aussi le moins efficace de tous. Il n'agit pas sur l'offre des produits, la surproduction étant toujours à craindre en présence d'une demande qui peut se ralentir si les prix sont fixés trop haut. La fraude d'ailleurs y est extrêmement facile.

b) Répartition des débouchés. — Les coalitions fixent à chaque producteur une circonscription territoriale. Dans cette

---

clues entre les fabricants de lits métalliques. En France, on peut citer le syndicat formé entre huit papeteries du Limousin qui contrôle 80 p. 100 de la production locale. — Aux Etats-Unis, pools innombrables, notamment le pool de la viande à Chicago entre les huit principales corporations de packers (Armour et autres). — Il y a enfin des kartells, qui s'étendent à plusieurs pays. Récemment encore, il existait une entente entre les fabriques de glaces de France, de Belgique, d'Allemagne, d'Italie. — Sur tous ces points, v. Bourguin, *Les syst. soc.*, pp. 148, 149. — Pour le nombre et l'importance des kartells et pools, Annexe II : pour l'Allemagne, p. 401, 402 ; pour l'Autriche, p. 402 ; pour la France, p. 403 ; pour la Belgique, p. 403 ; pour la Russie, p. 404.

(¹) V. Dolléans, *op. cit.*, p. 264.

(²) *Ibidem.*

(³) V. Henry Babled, *op. cit.*, et Bourguin, *Les syst. soc.*, p. 146, 147.

zone, un seul a le droit de vendre à un certain prix. Les autres producteurs jouissent du même droit, mais ils sont tenus de majorer leur prix. C'est ainsi qu'opère le syndicat Nord-Centre pour les fers à T.

c) Limitation de la production. — Mais ces divers systèmes ont l'inconvénient commun de ne pas agir au moins directement sur la production. S'il se crée des excédents, les producteurs seront presque fatalement obligés de manquer à leurs engagemets à l'égard du syndicat.

Le procédé qui s'impose donc est la limitation de la quantité des produits. Mais cette fin peut être réalisée par plusieurs moyens :

Ou bien limiter la production de chaque établissement d'une façon précise et proportionnellement à la production effective de chacun au moment où se conclut l'entente ou dans les années précédentes;

Ou bien faire fermer un certain nombre d'établissements les moins outillés ou les moins prospères, en donnant, bien entendu, une indemnité au propriétaire. Ce procédé là est très fréquent et c'est d'ailleurs le plus justifiable en théorie. En effet, toute entente qui a pour conséquence de maintenir en état de production des établissements qui ne font pas leurs frais, va à l'encontre du progrès et de la sélection naturelle qui veut la disparition des moins forts, des moins bien adaptés;

Ou bien encore réduire les heures de travail. Ce procédé est assez fréquemment employé dans des industries textiles. C'est ce qui s'est passé pendant l'été de 1899 dans les filatures du Nord. Les ouvriers ne travaillaient pas le samedi dans l'après-midi (¹);

( ) V. un autre exemple remarquable dans *Etudes sur la question ouvrière en Suisse*, par Raoul Jay, le dernier chapitre intitulé : Une corporation moderne. La fédération des brodeurs de la Suisse occidentale. Paris, Larose, 1893.

Ou bien fixer un certain chiffre de production à chacun des établissements d'une part et sanctionner cette obligation par une amende pour ceux qui dépassent le quantum convenu et par une prime pour ceux qui restent en deçà.

La limitation de la production est un procédé beaucoup plus perfectionné que la fixation des prix ou que la répartition des débouchés, en ce sens que l'offre n'est plus anarchique. Mais, par contre, la coalition de producteurs reste désarmée, au cas d'une variation brusque dans la demande. Son système manque absolument d'élasticité. Il est, par suite, facile de se rendre compte que le syndicat qui s'efforce de modeler, de régler la production sur la demande, réalise un très sérieux progrès. Ce but là peut être atteint par l'institution d'un *Comptoir commun de vente* ou par la répartition de commande grâce à un organisme central qui les reçoit toutes.

L'exemple très célèbre est le comptoir de Longwy pour la vente des fontes. Fondé en 1876, il a pour but d'acheter aux associés et de revendre en France et dans les colonies toutes les fontes brutes qu'il possède en Meurthe-et-Moselle. Sont exceptées les fontes destinées à sa propre consommation et celles vendues à l'étranger [1].

On peut encore citer le syndicat horloger du Doubs.

Les divers procédés ne sont pas d'ailleurs employés seuls et tel syndicat use à la fois de plusieurs. C'est ainsi, par exemple, que dans le syndicat international des rails d'acier, chaque usine fournissait pour son pays et les commandes étrangères étaient réparties 66 p. 100 à l'Angleterre, 27 p. 100 à l'Allemagne et 7 p. 100 à la Belgique [2].

---

[1] Dolléans, *op. cit.*, p. 326 et suiv. — Cpr. Bourguin, *Le syst. soc.*, p. 147.
[2] Pareto, *Cours*, II, p. 250 (note). — Cpr. H. Babled, *op. cit.*, p. 27.

β. Les coalitions à forme unitaire. Les trusts.

C'est principalement en Amérique que ces coalitions se sont développées, on les appelle « trusts » à cause de la forme juridique qu'elles ont employée pour se constituer. Le trust est le sacrifice suprême fait à l'intérêt collectif d'une industrie, le triomphe de l'union des forces. Mais il aboutit aussi au monopole complet et à l'abolition absolue de la libre concurrence.

Les cartells les mieux organisés ne procurent des économies aux intéressés que sur les frais de vente, de réclame et d'intermédiaires. Les comptoirs de vente eux-mêmes ne réalisent qu'imparfaitement l'unité commerciale et n'opèrent en aucune façon la centralisation industrielle. Il faut donc faire le sacrifice de l'individualité et se fondre dans une entreprise unique pour supprimer les mouvements d'une production en définitive mal organisée (¹).

Les formes juridiques employées sont variables.

Diverses sociétés s'entendent pour aliéner à la fois leur liberté commerciale et industrielle entre les mains d'un comité central (board of trustees) en qui elles ont confiance (d'où le nom de trust). Les actionnaires lui remettent leurs actions et reçoivent en échange des certificats qui donnent droit à la perception des dividendes. Il a généralement à sa tête un membre prépondérant de par sa fortune, son audace, son expérience des affaires; c'est un véritable magnat de l'industrie ou, comme on dit, un « roi ». Le type le plus remarquable construit sous cette forme juridique est le trust de l'acier. Parfois l'association acquiert la propriété de tous les immeubles et de tout l'outillage. Tel est le cas de l'American Sugar refining Cᵒ.

(¹) Bourguin, Syst. social., p. 151.

Les trusts abondent aux Etats-Unis. En 1895, M. de Rouziers, chargé par le Musée social de faire une enquête sur ces coalitions, en comptait 400 ([1]). D'après les documents consultés par M. Bourguin, il y aurait 443 trusts proprement dits ([2]). Ils portent sur les matières les plus diverses : fer, acier, machines, produits chimiques, pétrole, sucre, alcools, glaces, biscuits, bière, tabacs, cuirs, papiers... Quant au capital qu'ils représentent, bien qu'il soit en général arrosé pour masquer l'élévation des dividendes, il se chiffre par une quarantaine de milliards ([3]).

Le plus célèbre est le trust du pétrole, le Standart oil Co, qui a à sa tête le milliardaire bien connu J. Rockefeller, le « roi » du pétrole. Il a monopolisé la production aux Etats-Unis et en 10 ans a réalisé plus de 300 millions de bénéfices, soit plus de 45 p. 100 du capital ([4]).

Le plus gigantesque est celui de l'acier par l'énormité du capital (7.200 millions dont 5.300 millions en actions) et par la complète intégration industrielle qu'il a su opérer. Il réunit en effet sous une même direction des gisements de minerai, des mines de houille, des carrières de pierres à chaux, une centaine de navires pour le transport sur les grands lacs, des docks et embarcadères, un réseau de voies ferrées sur lesquels circulent 25.000 vagons, des hauts fourneaux, des usines de transformation qui se chiffrent par cen-

---

([1]) P. de Rouziers, *Les industries monopolisées aux Etats-Unis*. Paris, Colin, 1896, *Trusts du pétrole, de l'anthracite, du sucre, de l'acier, du cordage, du wiskey, etc.* — Cpr. H. Babled, *op. cit.*, p. 76.

([2]) Bourguin, *op. cit.*, p. 154 et s., et p. 404 et s.

([3]) Cuirs (N.-S. Leather Co), 657 millions. — Tabacs (Continental tobacco Co), 488 millions. — Pétrole (Standard oil Co), 483 millions. — Bourguin, *op. cit.*, p. 154.

([4]) H. Babled, *op. cit.*, p. 76. Pendant 10 ans le Standard oil Co, 12 à 20 p. 100 par an ; le Sugar trust, 21 p. 100 par trimestre ; le Cotton oil trust jusqu'à 4 p. 100 par mois. — Cpr. Bourguin, *op. cit.*, p. 154.

taines. Il occupe 188.000 salariés et contrôle 60 à 80 p. 100 de la production américaine. C'est un trust des trusts. En 1902 ses recettes nettes s'élevaient à 500 millions de francs ([1]).

Si les trusts abondent surtout aux Etats-Unis, la vieille Europe les a aussi connus. Seulement ils diffèrent un peu dans la forme et dans le nom. Les diverses sociétés qui forment la coalition continuent à subsister ; leur existence juridique n'est pas atteinte, mais un groupe de capitalistes se forme qui s'arrange pour avoir la majorité des actions. Ils jouissent alors d'une autorité semblable à celle du board of trustees. Ces ententes portent le nom d' « omnium » ([2]).

On a cru longtemps que l'Angleterre avait échappé à la contagion. Mais depuis 1898, en dehors de pools existant dans la métallurgie, la construction des navires, l'industrie houillère et la navigation maritime, les trusts proprement dits se sont multipliés. D'après un état dressé en 1901, on relevait 35 trusts possédant 2.300 millions. Ces consolidations se rencontrent surtout dans l'industrie textile et les industries connexes, filatures, bonneterie, fabrication de tulles et rubans, et aussi dans la construction des navires, l'industrie métallurgique et la construction mécanique, industries chimiques, savons, ciments, etc. ([3]).

Enfin il existe des trusts internationaux comme certains kartells dont nous avons parlé. Tels sont les trusts de la dynamite Nobel, du borax, du nickel, du mercure, etc. Tout dernièrement le trust de l'Océan (International mercantile marine Co) est apparu à sa naissance comme un trust de grandes compagnies anglaises et américaines et un kartell

---

([1]) Bourguin, op. cit., p. 155, 156, et p. 406.
([2]) H. Babled, op. cit., p. 82.
([3]) Bourguin, Les syst. soc., p. 156 et p. 406, 407, 408 (nombreux exemples). Cpr. H. Babled, op. cit., p. 83.

formé entre ce trust et des compagnies allemandes et hollandaises. Il effectue sous son pavillon 60 p. 100 des transports entre l'Amérique et l'Europe ([1]).

Conclusion.

Qu'il s'agisse de trusts, de kartells ou de pools, diverses conditions paraissent nécessaires à leur fonctionnement. L'expérience révèle que ces ententes ont tendance à se former là où la concentration industrielle de la production est assez avancée, surtout la concentration géographique — entre des entreprises qui manifestent une certaine égalité —, enfin pour des marchandises produites en masse sur un même type et non pour des produits achevés et de monopole individuel (grandes marques).

Jusqu'ici l'agriculture reste en dehors du mouvement, car les conditions ne s'y prêtent pas ([2]).

La petite industrie et le commerce de détail ne semblent pas non plus offrir un terrain plus favorable aux ententes. Toutefois ces dernières n'y sont pas inconnues. Certains commerçants en détail se coalisent vis-à-vis des grands producteurs pour adapter leurs prix de vente à ceux de gros et pour se réserver une certaine marge qui leur laisse un profit suffisant. On a des exemples chez les épiciers en Angleterre ([3]).

M. Bourguin ([4]) se demande si à côté des causes ordinaires des monopoles privés, causes naturelles : — existence de sources restreintes de production : sel, pétrole, houille, métaux — et causes artificielles : Concession de privilèges par l'autorité publique, brevets d'invention, marques de fabrique,

([1]) Bourguin, op. cit., p. 157 et 405.
([2]) V. cependant Souchon, *Les cartells de l'agriculture en Allemagne,* notamment aux conclusions, p. 229 et suiv.
([3]) Sur tous ces points, V. Bourguin, op. cit., p. 147 et 150 (autres exemples).
([4]) *Ibid.,* p. 164 et suiv.

concessions privilégiées de voies ferrées, etc., la supériorité
des grands capitaux n'est pas une nouvelle cause des monopoles, de ces capitaux qui écrasent par leur seule puissance
les entreprises de moindre envergure.

La question est angoissante car la cause est de nature à
devenir générale par le fait de la concentration croissante des
capitaux entre les mains de quelques magnats de la banque
et de la finance.

On ne peut, dit l'éminent économiste, répondre à cette
question. Aux Etats-Unis, en fait, à côté de la concentration
capitaliste, d'autres causes sont intervenues : limitation naturelle de la production, brevets d'invention, tarifs de ristourne
des compagnies de chemins de fer (¹).

Quelques mots maintenant sur le rôle de la protection dans
ces ententes. On s'est souvent autorisé de l'exemple de l'Angleterre et des Etats-Unis pour soutenir que la floraison des
trusts dans ce pays était un phénomène purement local surtout dû à la protection. On disait : Voyez l'Angleterre ! c'est
un pays qui est demeuré fidèle au libre échange, aussi on
n'y constate pas d'entente entre les producteurs ! Voyez les
Etats-Unis, au contraire, le régime protectionniste y fonctionne et les trusts sont aussi très nombreux (²).

L'exemple de la Grande-Bretagne, depuis qu'il est mieux
connu, s'est retourné contre cette opinion. Les ententes
abondent dans ce pays et portent sur les produits dont la

(¹) Dans la constitution du trust du pétrole, les compagnies de chemins de fer
ont joué un rôle important, en accordant tout d'abord à M. Rockefeller, des
« discriminations » ou réductions de tarif très élevées, puis en ne permettant
qu'à lui de laisser traverser leurs voies par des canalisations de pétrole (les célèbres pipes-lines qui économisaient 50 p. 100 sur les frais de transport par voie
ferrée). V. P. de Rousiers, op. cit., Le trust du pétrole. — Cf. H. Babled, op. cit.
p. 52.

(²) Parelo, Cours, passim et p. 245 et suiv.

quantité est parfaitement augmentable à volonté : filés, papiers peints, etc. Ces monopoles sont d'origine capitaliste, dus à la puissance des capitaux et à la supériorité de l'organisation.

L'exemple des Etats-Unis n'est pas non plus absolument concluant. La vérité, conclut M. Bourguin, c'est que la protection douanière permet à un trust, une fois qu'il est constitué et armé d'un monopole, de mieux rançonner le consommateur et de faire l'exportation à prix réduit ; elle n'explique pas la formation même de ce monopole et la suppression de la concurrence extérieure. La liberté économique introduite ne la ressusciterait pas, le trust ne se maintiendrait même pas. « La protection est peut-être la nourrice des trusts, elle n'en est pas la mère » ([1]).

Le syndicat des raffineurs de sucre en France en Allemagne et en Autriche a surtout réussi grâce à la protection dont nous avons parlé. En quelques années, à la fois au détriment des producteurs des sucres bruts et des consommateurs, le syndicat français a encaissé 40 à 50 millions.

Le syndicat international des rails d'acier a été aidé en Allemagne par l'Etat, qui consentait à payer 180 francs la tonne de rails prise à l'usine, tandis que le syndicat des lamineurs allemands vendait les mêmes rails 143 francs la tonne franco dans les ports italiens ([2]).

Le syndicat français des raffineurs de pétrole s'est développé et enrichi à la faveur des droits protecteurs ([3]). On pourrait multiplier les exemples ([4]).

([1]) Bourguin, *op. cit.*, p. 165.
([2]) Pareto, *Cours*, II, p. 250, note.
([3]) *Ibidem*, p. 253, note. — Cf. H. Babled, *op. cit.*, p. 32.
([4]) Pareto, *Cours*, II, p. 253, 254 et suiv. — Cf. Dolléans, *op. cit.*, 2e partie.

E. Les prix de détail et la mauvaise organisation de la consommation.

Sans qu'il y ait faute de personne, et sans que la violence ou la coalition s'y soit aucunement manifestée, la coïncidence du prix de vente et des frais de production ne se fait que très peu sentir dans le commerce de détail.

M. G. Aubé ([1]) parle en termes à la fois émus et indignés de sa majesté tyrannique l'Acheteur. « Toutes les améliorations, dit-il, dans le prix de revient, qui en profitera? l'Acheteur; pour cette simple raison que cet acheteur demeurera le maître tant que la production restera supérieure à la consommation, c'est-à-dire presque toujours. L'acheteur abuse de sa souveraine puissance pendant les sept vaches maigres qui précèdent la seule vache grasse : telle est la proportion... C'est tout au plus si le malheureux producteur peut profiter du répit qui lui est laissé, entre les deux septennats, pour ressaisir ses aplombs ! »

Pauvre majesté tyrannique de l'acheteur ! Combien fragile est son sceptre et précaire son empire !

C'est une observation banale de constater combien le consommateur, et en particulier le consommateur français, se défend mal contre les entreprises du producteur. Il y a encore en lui de ce Jacques Bonhomme, taillable et corvéable à merci. En face de ce formidable organisme de la production moderne, supérieurement hiérarchisé et actif, la consommation demeure irrésolue, sans initiative et sans direction, livrée à l'anarchie presque absolue.

Quelques symptômes, il est vrai, montrent qu'un mouvement de réaction commence à se dessiner. C'est le développement des sociétés coopératives, peu accentué encore en France, mais déjà très remarquable en Angleterre, en

---

([1]) Cité par Dolléans, *op. cit*, p. 309, note.

Belgique, au Danemark. C'est surtout la concentration du commerce de détail dans les grands magasins ([1]).

Quoi qu'il en soit, le commerce de détail accuse encore des écarts extraordinaires entre les prix de vente et les coûts de production tels qu'ils se révèlent sur les marchés de gros. Il serait cependant faux de conclure que cet écart constitue le bénéfice net de ces petits entrepreneurs. En réalité, ce petit commerce emploie des quantités excessives de services mobiliers et personnels. Les petits boutiquiers, étant trop nombreux, végètent dans une situation peu aisée, sans qu'aucun ait l'énergie de se débarrasser d'une partie de ses concurrents en faisant sa fortune. Le commerce de détail est, ajoute à bon droit M. Pareto ([2]), la partie la plus imparfaite du mécanisme de la production et de la distribution des produits. C'est dans ce petit commerce local que l'on rencontre fréquemment des monopoles de fait dus à l'ignorance du public des conditions de la production et du marché et qui se perpétuent par l'habitude, par la tradition, par l'inconcevable apathie du consommateur.

III. *Fixation des prix en cas de monopole.*

Que devient, étant donné ces entraves et ces barrières, la conclusion que nous avons dégagée à la fin de notre étude théorique sur la valeur et sur le profit d'entreprise ? Que devient cette concordance des valeurs, révélées par les prix de vente, et du coût de production ? Quel est maintenant, dans la réalité des choses, l'élément régulateur des échanges ?

Il ne faudrait pas croire *a priori* qu'il est remplacé par le simple caprice du monopoleur. Il n'est que trop vrai de re-

---

([1]) V. Bourguin, *Les syst. soc.*, p. 106 et suiv. et surtout p. 346 et suiv.
([2]) *Cours*, II, p. 273.

connaître que le prix de vente est parfois hors de proportion avec le coût effectif; mais il n'en est pas toujours ainsi.

Il faut considérer, en effet, que le prix de vente le plus élevé est loin d'être pour les producteurs celui qui donne le plus de profits. Une trop grande élévation du prix réduit la demande des produits, et, en définitive, à force de vouloir plumer la poule, c'est-à-dire le consommateur, on arrive à la faire crier et à la faire s'envoler.

De trop hauts prix auraient d'ailleurs pour effet de surexciter la concurrence indigène qu'on aurait pu croire anéantie ou la concurrence étrangère qu'on pouvait croire écartée par les droits protecteurs. C'est ce qui est arrivé pour le syndicat des compagnies de télégraphes transatlantiques.

Il avait porté le tarif à 3 fr. 75 par mot. De nouveaux concurrents (Mackay et Bennett) établirent un tarif de 2 francs, puis de 1 fr. 25. Le syndicat essaya de ruiner ses concurrents en réduisant à 0 fr. 60 son tarif, puis, de guerre lasse, finit par accepter le taux de 1 fr. 25 (1).

Le monopoleur n'est donc pas libre absolument de fixer son prix.

M. Marshall et d'autres économistes anglais ont fort bien constaté que le prix d'une chose est la plupart du temps, en fait, inférieur au prix que le consommateur serait disposé à payer plutôt que de s'en passer. De ce fait, on a tiré la conclusion que le consommateur retirait un certain bénéfice de cet état de choses, et ce bénéfice était plus ou moins grand, selon la disproportion qui existait entre le prix des biens et leur utilité.

Ce bénéfice a une grande analogie avec la rente foncière. De même, en effet, que les propriétaires des capitaux fonciers

---

(1) Pareto, II, p. 250. — Cf. Babled, *op. cit*, p. 67.

doivent leur rente à des causes indépendantes de leur qualité de propriétaires, de même les consommateurs doivent la leur à des causes indépendantes de leur qualité, à des causes sociales, aux perfectionnements techniques réalisés dans la production, au progrès de l'évolution économique. C'est la « consumers' rent » ou rente des consommateurs.

D'après la théorie de Ricardo, tous les producteurs, qui eussent pu offrir leurs produits à un prix inférieur au cours du marché, bénéficient de l'écart entre ce prix et celui auquel le cours doit s'établir pour que la production la plus onéreuse parmi celles qui alimentent le marché ne soit pas abandonnée, de même les consommateurs qui eussent eu les moyens et la volonté de payer un prix plus élevé bénéficient de l'écart entre ce prix et celui jusqu'auquel il faut descendre pour attirer un nombre d'acheteurs en rapport avec la quantité offerte (¹).

Le monopoleur est amené à tenir compte de ce phénomène. Il peut, dans une mesure plus ou moins grande, suivant les cas, rapprocher son prix de vente du chiffre maximum auquel les acheteurs peuvent consentir à monter pour s'offrir le produit ou le servir plutôt que d'y renoncer. Le monopoleur tiendra en un mot à rendre minimum la rente du consommateur.

Examinons rapidement les principales hypothèses qui peuvent se présenter.

Nous empruntons les explications qui vont suivre à la courte mais substantielle étude de M. Colson, dans son *Cours*

(¹) Colson, *Cours d'écon. pol.*, p. 155, 156. — V. les tableaux et schémas dressés par lui. — Cpr. Walras, *op. cit.*, p. 436, 437. Il étudie la fixation des prix en cas de monopole, soit qu'il y ait un prix unique sur le marché, soit qu'il y en ait plusieurs, c'est-à-dire de façon que chaque consommateur ait à payer celui d'entre ces prix qui constitue pour lui son prix maximum. — V. les curieux tableaux dressés.

d'économie politique, chap. VI, § 4. « Fixation des prix en cas de monopole ».

A. Biens rares.

Pour ce qui est du monopole consistant dans la possession de biens n'existant qu'en nombre très limité (c'est le cas par exemple de toiles ou de statues de maîtres anciens), le prix se débat entre vendeurs et acheteurs, selon leur ténacité et leur habileté à dissimuler les sacrifices qu'ils consentiraient plutôt que de renoncer à l'affaire.

B. Monopole absolu de la production.

a) Le prix de revient est indépendant de la quantité produite. — Le monopole de la vente peut exister, comme nous l'avons vu, sans qu'il y ait limitation du nombre de ces objets quand ils sont produits par une seule personne. C'est le cas en France du tabac, qui fait partie d'un monopole fiscal, c'est partout celui du transport à effectuer par un chemin de fer.

Dans le cas où le prix de revient est indépendant de la quantité produite, le monopoleur fixera le prix de vente à sa volonté entre les limites extrêmes d'un prix couvrant tout juste le prix de revient, et d'un prix si élevé qu'il ferait disparaître tous les acheteurs. Un schéma montre que l'excédent de l'ensemble des bénéfices réalisés par l'entreprise se compose de bénéfices réalisés par le monopoleur d'une part et par le public de l'autre. Tant que le maximum de gain n'est pas atteint, l'intérêt du vendeur est en opposition avec celui du public puisqu'il gagne d'autant plus qu'il vend plus cher ; quand le prix répondant au maximum est dépassé, son intérêt est d'accord avec l'intérêt du public pour consentir une réduction, puisqu'en vendant moins cher il gagnera plus au total ([1]).

Avec des prix gradués le problème se complique, mais le système assure une meilleure répartition des bénéfices ; le profit total est très supérieur au bénéfice maximum réalisable avec un prix unique. La faculté de diversifier les prix intéresse non seulement le monopoleur, mais encore le public puisque si cette faculté n'existait pas, le prix unique resterait fixé à un taux prohibitif pour une partie de la clientèle possible. Voilà pourquoi la régie met en vente des cigares de plusieurs prix et les compagnies de chemins de fer font circuler sur leurs voies des wagons de diverses classes ([2]).

Le monopole temporaire résultant de l'usage d'un procédé spécial qui réduit le prix de revient, confère au détenteur de ce dernier la possibilité de plusieurs partis à prendre suivant les circonstances : soit abaisser son prix de vente aussi près que possible de son prix de revient, en faisant bénéficier le public de cette réduction ; soit diminuer très peu le prix d'offre en se bornant à se faire une large part dans la clientèle ; soit réduire seulement le prix de vente de la quantité strictement nécessaire pour enlever la clientèle aux concurrents ([3]).

b) Le prix de revient partiel diffère du prix de revient moyen. — Le prix de revient moyen de chaque transport est constitué par la quote-part des charges permanentes, le prix partiel par les charges spéciales variables avec chaque transport ([4]).

L'étude approfondie de l'attitude du monopoleur nous

([1]) Colson, *op. cit.*, p. 180.
([2]) *Ibidem*, p. 183.
([3]) *Ibidem*, p. 185.
([4]) *Ibidem*, p. 185-186.

entraînerait beaucoup trop loin. Bornons-nous à indiquer
quelques conclusions.

Le monopoleur, s'il veut obtenir un profit net maximum,
n'est pas libre d'édicter des tarifs absolument arbitraires.
Pratiquement, d'ailleurs, il n'arrive jamais à faire payer à
chaque transport tout ce qu'il peut payer, sans demander à
aucun plus qu'il ne peut donner. Quand il ne demande pas
autant qu'il le pourrait, sa recette diminue mais au profit du
public, à qui le même service est rendu pour un prix moindre. Quand il demande trop, sa recette diminue également,
mais le public en souffre en même temps que lui, puisque
les tarifs empêchent certains transports qui auraient pu être
effectués moyennant un prix de revient partiel inférieur à
leur utilité. Ainsi quand le monopoleur se trompe en cherchant à établir les tarifs qui donnent le plus de recette possible, il vaut mieux, dans l'intérêt général, que ce soit par
défaut que par excès; en effet le préjudice qui est le même
pour lui dans les deux cas, est plus que compensé dans le
premier, par le bénéfice qui en résulte pour le public, tandis
que dans le second, il se cumule avec une perte pour le
public.

C. Quasi-monopole résultant de la production en grand et de l'entente entre les producteurs.

Les constatations faites pour les monopoles absolus,
comme celui des tabacs, sont applicables *mutatis mutandis*,
aux quasi-monopoles qui naissent de la production en grand
comme des ententes entre producteurs qui en sont souvent la
conséquence.

Mais l'action des syndicats sur les prix est bien moins
grande que celle des monopoles absolus. Ils peuvent néanmoins subsister assez longtemps s'ils n'essaient pas de pous-

ser les prix à un niveau qui rend trop lucrative la défection d'un membre ou la création d'une concurrence. L'élévation des prix à une hauteur qui dépasse de beaucoup le niveau répondant à la situation économique ne peut donc durer bien longtemps et le public, en définitive, n'est pas trop exploité.

Il vaut donc mieux, pour les coalitions, qu'elles se contentent d'élever leurs prix d'une manière raisonnable.

D'ailleurs l'existence d'un monopole, d'une entente, d'un trust amène avec elle des économies considérables (¹).

D'une part, l'élimination des usines les moins bien adaptées, les plus faibles ou les moins bien outillées, a pour effet de diminuer le coût de production général. D'autre part, la direction unique appliquée à des établissements permet d'opérer sur les frais des réductions toutes particulières. La division du travail peut être plus largement appliquée en affectant chaque fabrique à une production spécialisée ; on peut utiliser dans toutes les usines les inventions monopolisées ou non par des brevets, ou les progrès réalisés dans une usine quelconque ; on peut aussi donner à la plupart des exploitations un fonctionnement intégral et continu ; on peut encore diminuer les frais de réclame, de représentation, etc.

Enfin, la concentration de la production dans une même immense usine, quand cela se trouve possible, peut aussi entraîner, comme à la colossale usine de Whiting pour le raffinage du pétrole, appartenant à la Standard oil Co, la possibilité d'utiliser des résidus suffisamment considérables pour être manipulés et traités avec profit (²).

Bref, la création du quasi-monopole peut avoir pour effet

(¹) V. Bourguin, *Les syst. soc.*, p. 153.

(²) V. P. de Rousiers, *op. cit.*, Le Trust du pétrole, Le Standard oil Trust a abaissé de 66 p. 100 les frais de transport du pétrole. Le Western Telegraph Union Trust a abaissé de 85 p. 100 les frais de transmission des dépêches. V. Babled, *op. cit.*, p. 77.

assez inattendu l'abaissement du prix de vente du produit
monopolisé. L'exemple caractéristique est encore celui du
Standard oil Co (¹).

Mais ce dernier phénomène est assez rare. Quoi qu'il en
soit d'ailleurs, le seul fait que nous devons retenir pour le
moment c'est que le monopole conduit à la fixation du prix
de vente à l'aide d'un régulateur autre que le coût de production. Cet élément c'est la volonté consciente du monopoleur dirigée par la perspective du plus haut profit possible à
se ménager. Elle n'y réussit heureusement pas toujours (²).

(¹) Le Standard oil Co a abaissé le prix du pétrole raffiné légèrement plus bas
que celui où il était coté en 1881, l'année qui a précédé la formation du Trust.
Néanmoins l'abaissement eût pu être plus considérable, étant donné son monopole
a peu près absolu (82 p. 100 de la production). — V. Bourguin, *op. cit.*, p. 408.

(²) V. Bourguin, *op. cit.* Les effets des Trust sur les prix aux Etats-Unis, pp. 408
et 409.

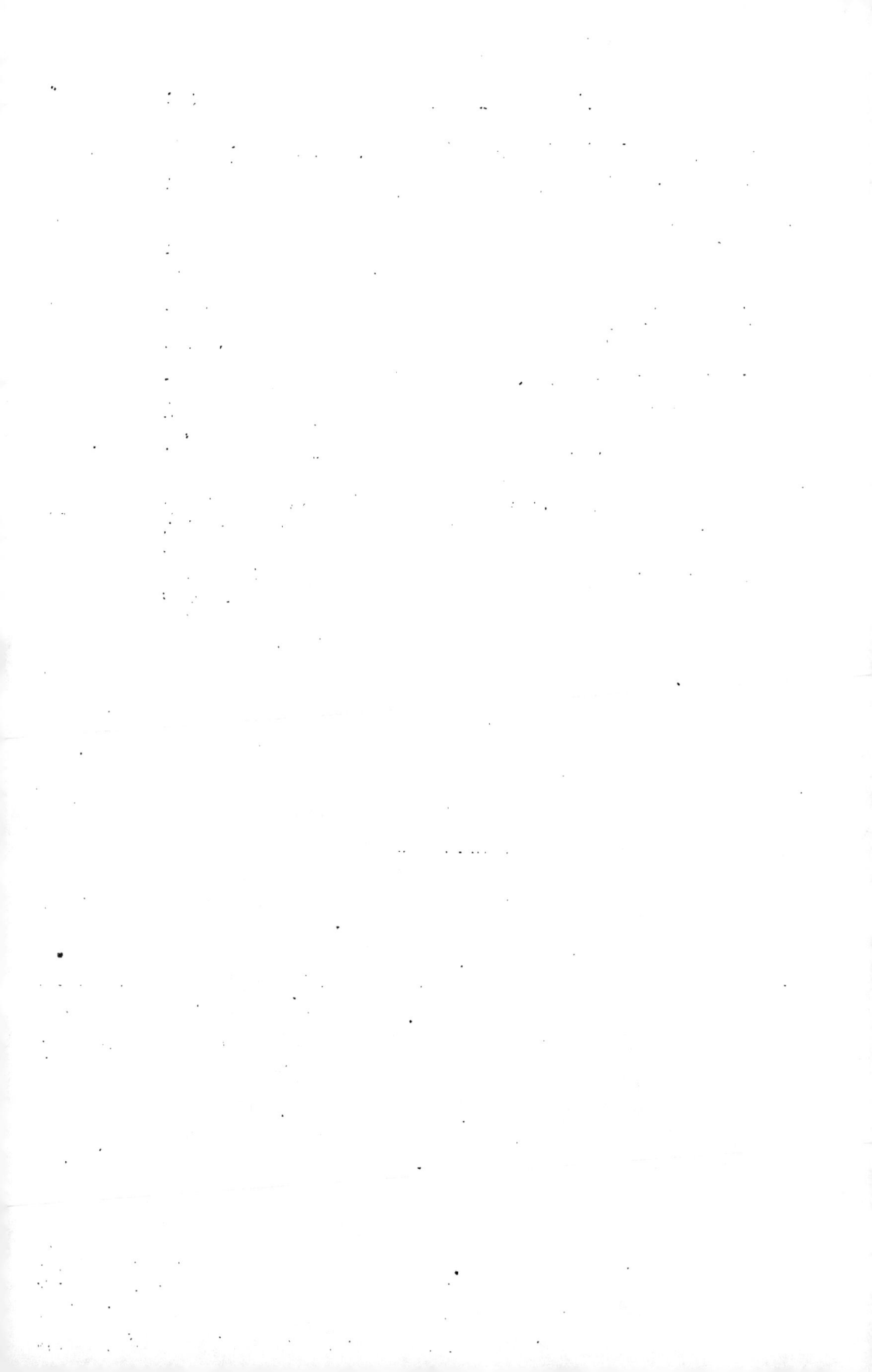

CONCLUSION

Nous sommes maintenant, pensons-nous, à même de nous rendre compte du phénomène de l'intérêt dans toute son ampleur.

Dans une société comme celle où nous vivons aujourd'hui, il y a des hommes qui épargnent, qui font un choix entre des consommations immédiates et des consommations différées, d'autres qui empruntent l'épargne et la détruisent (collectivités ou individus), d'autres enfin qui la transforment en capitaux ; ces derniers sont les entrepreneurs. A l'aide de ces capitaux (fonciers, personnels et mobiliers) ils fabriquent des produits destinés à être consommés plus ou moins immédiatement ou des biens instrumentaux doués d'une productivité technique plus ou moins étendue. C'est autour de l'épargne et de sa constitution et autour de ses transformations qu'il nous a paru qu'était la véritable solution de notre problème.

En se tenant seulement autour de l'épargne, on n'envisageait qu'un des éléments, en ne faisant porter ses efforts d'analyse que sur la production, on laissait dans l'ombre le fait primordial de la constitution de l'épargne. Une solution logique devait à la fois tenir compte de ces deux ordres de phénomènes, de leur intime pénétration, de leur mutuelle dépendance, de leurs actions et de leurs réactions réciproques dont l'intérêt, à notre avis, est à la fois le symptôme et le résultat.

Mais c'est principalement autour de l'organisation de la
production et de la distribution que ces influences entrecroi-
sées se donnent libre jeu et c'était là, avons-nous pensé, qu'il
convenait de faire porter plus spécialement les efforts de
notre analyse.

Cette dernière nous a révélé que la complexe machine,
l'immense organisme qui crée et fait circuler la richesse dans
le corps social tout entier, n'étaient nullement parfaits et pré-
sentaient de sérieux écarts d'adaptation. Des parties sont
anémiées, d'autres congestionnées. Dans les vaisseaux, des
barrages sont établis un peu partout, des dépôts se forment,
des alluvions incessantes s'accumulent à droite et à gauche.
L'intérêt constitue un grand nombre de ces dépôts.

Entre les efforts faits pour l'exécution de ces fonctions et
l'appréciation de ces efforts il n'y a pas une équation absolue ; tantôt il y a plus d'efforts et moins d'appréciation (les
marchandises sont vendues à perte), tantôt il y a moins d'efforts et plus d'appréciation (les marchandises sont vendues à
gain). L'intérêt exprime ces dernières ruptures d'équilibre.

En somme, l'intérêt est, pour nous, comme le pensait exactement Marx, une part de la plus-value. Pour nous, comme
pour lui, il est un signe de force, de violence, en un mot
d' « exploitation ».

L'entrepreneur, ce *deus ex machina* de la production et de
la distribution, met en jeu un système de forces, un quantum
d'éléments de production. Il les mêle, les combine, tâche
d'en faire sortir un support, un véhicule de valeur plus
grande que celle qu'il a primitivement avancée.

Délégué de toutes les forces vives de la société, délégué des
possesseurs d'épargne incapables de la faire valoir ou s'en
souciant médiocrement, délégué des ouvriers qui, séparés des
moyens de production, n'inspirent pas la confiance des capi-

talistes et sont incapables encore, par leur éducation, de diriger la production et la distribution, de comprendre le présent et d'interroger l'avenir, délégué enfin de la masse des consommateurs qui attendent de lui la satisfaction maximum de leurs besoins, il n'a d'autre alternative que d'exploiter ou d'être exploité.

Supposons, en effet, qu'il n'ait pas réussi dans son œuvre et que le produit qui est le fruit de ses efforts soit le support d'une valeur moindre que celle qu'il a avancée sous forme de salaire, d'intérêts, de matières premières, etc., qu'il vende en un mot à perte, il y a des exploiteurs et des exploités.

Qui est l'exploiteur ? En cette hypothèse ce serait évidemment sa majesté tyrannique l'acheteur, si de gros intermédiaires, d'autres entrepreneurs ne l'empêchaient de profiter de toute la baisse du produit. C'était le cas par exemple des producteurs de sucre brut. Sans la prime à la production, les exigences du syndicat des raffineurs les auraient constitués en perte. C'est ce dernier qui a touché les gros intérêts.

Qui est l'exploité ? C'est l'entrepreneur, qui a vu tomber toutes ses espérances ; c'est souvent aussi le capitaliste qui voit s'envoler, s'émietter le fruit de longues et patientes économies. L'ouvrier le plus souvent n'est ni exploiteur ni exploité.

Supposons maintenant, et c'est le cas le plus ordinaire, que l'entreprise réussisse et que le produit soit le véhicule d'une valeur plus grande que celle qui a été primitivement avancée, il y a encore des exploiteurs et des exploités.

Toute exploitation suppose deux groupes d'individus d'inégale force dont le premier dépouille le second ou inversement. Les plus forts sont ici les producteurs, les plus faibles sont les consommateurs.

D'un côté, nous l'avons vu, supériorité d'organisation, hameçons savamment et perfidement amorcés, pièges insidieusement tendus, pilules merveilleusement dorées, audace sans égale pour l'attaque et la conquête et, par dessus le marché, complicité des pouvoirs publics, aide occulte de la loi.

De l'autre côté anarchie dans la défense, désirs exaspérés et maladifs, insouciance, ignorance, timidité, résignation facile.

Une seule chance restait au consommateur de n'être pas absolument dépouillé, la concurrence des entrepreneurs, et voilà que cette espérance vient de sombrer à son tour dans le nombre grossissant tous les jours des ententes, syndicats de producteurs, kartells, pools, trusts, etc.

En un mot ce sont des rapports de puissance, d'organisation, d'attaque et de résistance qui déterminent l'importance de l'exploitation des uns par les autres. La valeur plus grande des biens issus de la production est la mesure du taux de cette exploitation.

A la tête des exploiteurs sont donc les entrepreneurs, les patrons. Mais ils ne sont pas les seuls. Autour d'eux, comme des satellites, gravite une nuée de copartageants; ce sont les propriétaires des moyens de production, capitalistes fonciers, personnels et mobiliers.

Bien loin que le profit de l'entrepreneur soit un prélèvement sur le salaire légitime des travailleurs, comme le pensait l'école socialiste, ou sur celui des capitalistes, ce sont ces derniers, au contraire, qui sont payés sur le bénéfice des entrepreneurs. Ce n'est pas, en effet, la « matière » produite qui est répartie aux ayant cause de la production, c'est sur les bases de la « valeur » dont cette matière devient le support, le véhicule, que s'opère la répartition. Le profit du patron résulte de cette « valeur réelle », telle qu'elle se manifeste dans le procès de circulation des marchandises; les salaires des autres copartageants sont calculés sur les espérances de ce résultat, sur la valeur présumée, mais hypothétique des objets fabriqués. L'entrepreneur abandonne, en définitive, aux agents de la production matérielle, une part du produit-valeur, parce que la production matérielle est la condition nécessaire (mais non suffisante) de la production-valeur et qu'il ne possède pas les forces nécessaires à la production matérielle.

Les capitalistes et les salariés sont donc, par la force des choses, des complices de l'entrepreneur dans l'exploitation de cette vaste entité qu'est le consommateur. Les ouvriers sont des exploiteurs comme les patrons puisqu'ils sont indirectement associés à leurs manœuvres, leur salaire étant calculé en fonction de la valeur du produit futur. Il se peut que, eu égard au chef qui les emploie, ils ne se présentent pas sur un pied d'égalité pour le partage de la plus-value. Ils sont peut-être ou ils se croient moins gros mangeurs, mais ils font ce qu'ils peuvent, et soutiennent leurs revendications avec la dernière énergie, hier avec leurs seules forces individuelles, aujourd'hui avec ces forces syndiquées, demain peut-être avec un atout formidable dans leur jeu : la puissance politique conquise mettant la machine législative et la contrainte sociale à leur disposition.

Exploiteurs aussi les capitalistes ! Des rapports de puissance entre eux, les entrepreneurs et les salariés, règlent également leur part du gâteau de la plus-value.

En somme, les divers copartageants ne touchent pas en raison de ce qu'ils ont produit, mais en raison de ce qu'ils ont permis aux entrepreneurs de produire. Un auteur dramatique comtemporain, M. de Curel, a trouvé, dit M. Porte [1], une comparaison saisissante, sinon exacte dans tous ses détails, pour exprimer cette idée.

« On raconte qu'au fond des déserts une nuée de chacals

[1] M. Porte, *op. cit.*, p. 218.

suivent le lion pour dévorer les restes de son carnage. Trop faibles pour attaquer le buffle, trop lents pour prendre les gazelles, tout leur espoir est dans la griffe du roi. Dans sa griffe, entendez-vous? Au crépuscule, il quitte son repaire et parcourt les savanes, rugissant de faim, cherchant sa proie. La voici! Alors les bonds prodigieux, les mortelles étreintes, le sol rempli de sang qui n'est pas toujours celui de la victime. Puis le festin royal sous le regard attentif et respectueux des chacals. Lorsque le lion a le ventre plein, les chacals dînent » (¹). C'est l'inverse qui a lieu dans notre théorie du profit. Souvent, en effet, après la répartition il ne reste plus rien pour le chasseur.

Apparu dans le passé avec un caractère particulièrement odieux et cruel, l'intérêt règne aujourd'hui en vainqueur et en bienfaiteur. A la fois cause et effet, il domine toute notre organisation économique et sociale.

Cause, il se manifeste comme tel dans le développement de l'épargne, dans son emploi qui a permis et amené la plupart des progrès de notre civilisation, le bien-être inouï dont nous jouissons, les conquêtes admirables que nous avons faites dans tous les domaines. Et voilà pourquoi M. Leroy-Beaulieu, qui considère seulement l'intérêt en tant que cause, en fait un éloge aussi dithyrambique. C'est le lien entre les hommes, les générations, les nations! Une société où il n'existerait pas, serait une société morte, cristallisée, sans espoir et sans avenir (²).

Conséquence, l'intérêt l'est aussi. Il est le résultat de l'emploi de l'épargne, le fruit de l'organisation économique de la production capitaliste qui en est le trait dominant. Et voilà pourquoi les socialistes, qui n'ont vu que ce côté du

---

(¹) F. de Curel, *Le repas du lion*, acte IV, scène III.
(²) Leroy-Beaulieu, *op. cit.*, I. p. 205 et s.

phénomène, lui ont lancé leurs plus vifs sarcasmes, leurs plus violents anathèmes.

Quoi qu'il en soit, dans nos sociétés modernes, l'intérêt est le signe sensible d'une exploitation d'individus par d'autres individus. Lié aussi bien à l'acte de consommation qu'à l'acte de production, il suppose faite, pour être connue dans sa source profonde, l'étude des divers procès qui se nouent autour de la satisfaction des besoins humains et des efforts faits pour y parvenir. Il se lie surtout à la forme moderne dans laquelle ce but est atteint, à la distinction entre producteurs et consommateurs (¹), au fait que la plupart des hommes, à la suite des progrès de la division du travail, s'adonnent à la production des biens pour autrui.

Tant qu'il existera dans le monde une possibilité d'exploitation entre producteurs et consommateurs, tant que la libre concurrence ne se sera pas réalisée, et c'est de plus en plus une utopie de le penser, il y aura place pour l'intérêt.

Un autre fait qui paraît avoir de solides bases s'opposera encore à sa disparition ; c'est l'existence de la propriété privée.

Ces deux empêchements, il est vrai, s'évanouiraient dans le régime collectiviste rêvé par l'école de Marx. D'une part, en effet, il n'y aurait plus ni exploitants, ni exploités, mais purement et simplement, comme aux plus beaux temps de la « Natural-Wirthshaft » une immense société qui satisfera ses propres besoins avec ses propres forces. Plus de produc-

---

(¹) Le profit de l'entrepreneur n'est acquis ni aux dépens des ouvriers ni aux dépens des consommateurs. Les gros profits sont obtenus aux dépens des efforts moyens jusque-là nécessaires pour la production d'un article de qualité déterminée. Les consommateurs finissent en général, au bout d'un *temps assez court, dix, quinze, vingt années (!)* par être les seuls bénéficiaires de l'intégralité des avantages que procurent les inventions, les combinaisons perfectionnées, les méthodes heureuses qu'introduisent les entrepreneurs les plus habiles et dont ceux-ci n'ont que le profit partiel et momentané. — Leroy-Beaulieu, *op. cit.*, II, p. 209.

tion de quelques-uns pour un grand nombre, mais coopération de tous pour chacun et de chacun pour tous, immense
entité consommant ce qu'elle produit, et produisant ce
qu'elle doit consommer. D'autre part, disparition de la propriété des capitaux qui demeurent acquis à la collectivité et
qui sont mis en œuvre par elle (¹).

Sans chercher à se demander si le régime socialiste sera
un jour une réalité, ou même simplement s'il est viable, ce
qui n'est pas dans notre sujet, nous sommes néanmoins en
droit d'affirmer que sa venue ne pourra effacer l'influence
du temps sur l'estimation de nos joies et de nos peines et les
conséquences qui en résultent touchant notre problème, à
moins que l'état de choses nouveau (tout est possible dans le
domaine du rêve et de l'hypothèse) ne réagisse sur notre
moi intellectuel et sensible pour que les biens présents
n'apparaissent plus comme préférables aux biens futurs !

(¹) On peut se demander si l'extension du mouvement coopératif n'aboutirait
pas en définitive au même résultat, et si la consommation, ayant pris, sous cette
forme, conscience de ses propres forces et de ses véritables droits, ne pourrait pas
un jour s'intégrer la production, réalisant ainsi (l'histoire n'est-elle pas un perpétuel recommencement ?) cette ancienne identité du producteur et du consommateur destructive du profit. M. Gide aime à se représenter la société future, sous
l'aspect d'une multitude de sociétés coopératives produisant pour leur propre
compte, tout ce qu'elles consomment, propriétaires de la plus grande partie ou de
la totalité de l'outillage commercial, industriel et agricole de la nation et constituant, par leur fédération, une véritable République coopérative ! Pourquoi pas ?

Vu : *Le Président de la thèse,*   Vu et approuvé : *Le Doyen,*
F. SAUVAIRE-JOURDAN.   H. MONNIER.

Vu et permis d'imprimer :
Bordeaux, le 10 février 1905.
Le Recteur de l'Académie :
R. THAMIN.

Les visas exigés par les règlements ne sont donnés qu'au point de vue
de l'ordre public et des bonnes mœurs (Délibération de la Faculté du
12 août 1879).

BIBLIOGRAPHIE

———

Ashley. — Histoire et doctrines économiques de l'Angleterre. Tome I, Le moyen âge, traduit par P. Bondois. Tome II, La fin du moyen âge, traduit par S. Bouyssy. Paris, Giard et Brière, 1900.

Babled. — Les syndicats de producteurs et détenteurs de marchandises au double point de vue économique et pénal. Thèse de Paris, 1892.

Bernstein. — Socialisme théorique et socialdémocratie pratique, traduction Alex. Cohen. Paris, P.-V. Stock, 1900.

Bohm-Bawerk. — Histoire critique des théories de l'intérêt du capital, traduit sur la 2e édition allemande par Joseph Bernard, 2 vol. in-8. Paris, Giard et Brière, 1902.

— Une nouvelle théorie sur le capital, article de la *Revue d'économie politique*, année 1889.

— Essai sur la valeur, article de la *Revue d'économie politique*, année 1894.

Bourguin. — La monnaie mesure de la valeur, 4 articles de la *Revue d'économie politique*, année 1895.

— La valeur dans le système collectiviste, 4 articles de la *Revue politique et parlementaire*, année 1901.

— Les systèmes socialistes et l'évolution économique. Paris, Colin, 1904.

Bücher. — Etudes d'histoire et d'économie politique, traduction française A. Hansay. Bruxelles-Paris, 1901.

— Les formes d'industrie dans leur développement historique, article de la *Revue d'économie politique*, année 1892.

Cauderlier. — Les lois de la population en France. Paris, Guillaumin, 1902.

Cauwès. — Cours d'économie politique, 3e édition. Paris, Larose et Forcel, 1893.

Colson. — Cours d'économie politique professé à l'Ecole nationale des Ponts et Chaussées. Tome I, Exposé général des phénomènes économiques. Le travail et les questions ouvrières. Paris, Gauthier-Villars, Guillaumin, 1901.

Dolléans. — L'accaparement. Thèse de Paris, 1902.

Enquête sur la législation relative au taux de l'intérêt de l'argent (Commission d'enquête instituée au Conseil d'Etat par arrêté du 25 juin 1864), 2 gros vol. publiés à l'imprimerie Impériale, 1864.

Gide (Ch.). — Principes d'économie politique. Paris, Larose, 6ᵉ édition, 1898.

Jannet (Cl.). — Le capital, la finance et la spéculation au xixᵉ siècle. Paris, Plon, 1892.

Kautsky. — Le socialisme et son critique Bernstein, traduction française. Paris, P.-V. Stock, 1900.

Landry (A.). — L'intérêt du capital. Paris, Giard et Brière, 1904.

Leroy-Beaulieu (P.). — Traité théorique et pratique d'économie politique, 3ᵉ édition. Paris, Guillaumin, 1900.

Marx. — Le Capital : 1ᵉʳ vol., traduction J. Roy. Paris, M. La Châtre, 1872. — 2ᵉ vol., Le procès de circulation du capital, traduit en français à l'Institut des Sciences sociales de Bruxelles, par Julian Borchardt et Hippolyte Vanderrydt, 1 vol. Paris, Giard et Brière, 1900.

— 3ᵉ vol., Le procès d'ensemble de la production capitaliste, 2 vol., traduits à l'Institut des Sciences sociales de Bruxelles, par Julian Borchardt et Hippolyte Vanderrydt. Paris, Giard et Brière, 1901.

— Le Capital, petite bibliothèque économique de Guillaumin, avec une préface de V. Pareto.

Marshall (A.). — Principles of economics, 4ᵉ édition. London, Macmillan and Co, 1898.

Pareto. — Cours d'économie politique professé à l'Université de Lausanne, 2 vol. 1896.

— Les systèmes socialistes, 2 vol. Paris, Giard et Brière, 1902.

— Préface au Karl Marx (Le Capital) dans la petite bibliothèque économique de Guillaumin.

Porte. — Entrepreneurs et profits industriels. Thèse de Grenoble, 1901.

Rousiers (de). — Les industries monopolisées aux Etats-Unis. Paris, Colin, 1895.

Saint-Marc. — Etudes sur l'enseignement de l'économie politique dans les Universités d'Allemagne et d'Autriche. Paris, Larose et Forcel, 1892.

SMART. — La répartition du revenu national, traduit par G. Guéroult. Paris, Giard et Brière, 1902.

SOUCHON. — Les théories économiques dans la Grèce antique. Paris, Larose, 1898.

— Les Cartells de l'agriculture en Allemagne, Paris, Colin, 1903.

WALRAS. — Eléments d'économie politique pure, 4e édition. Paris-Bâle-Lausanne, 1900.

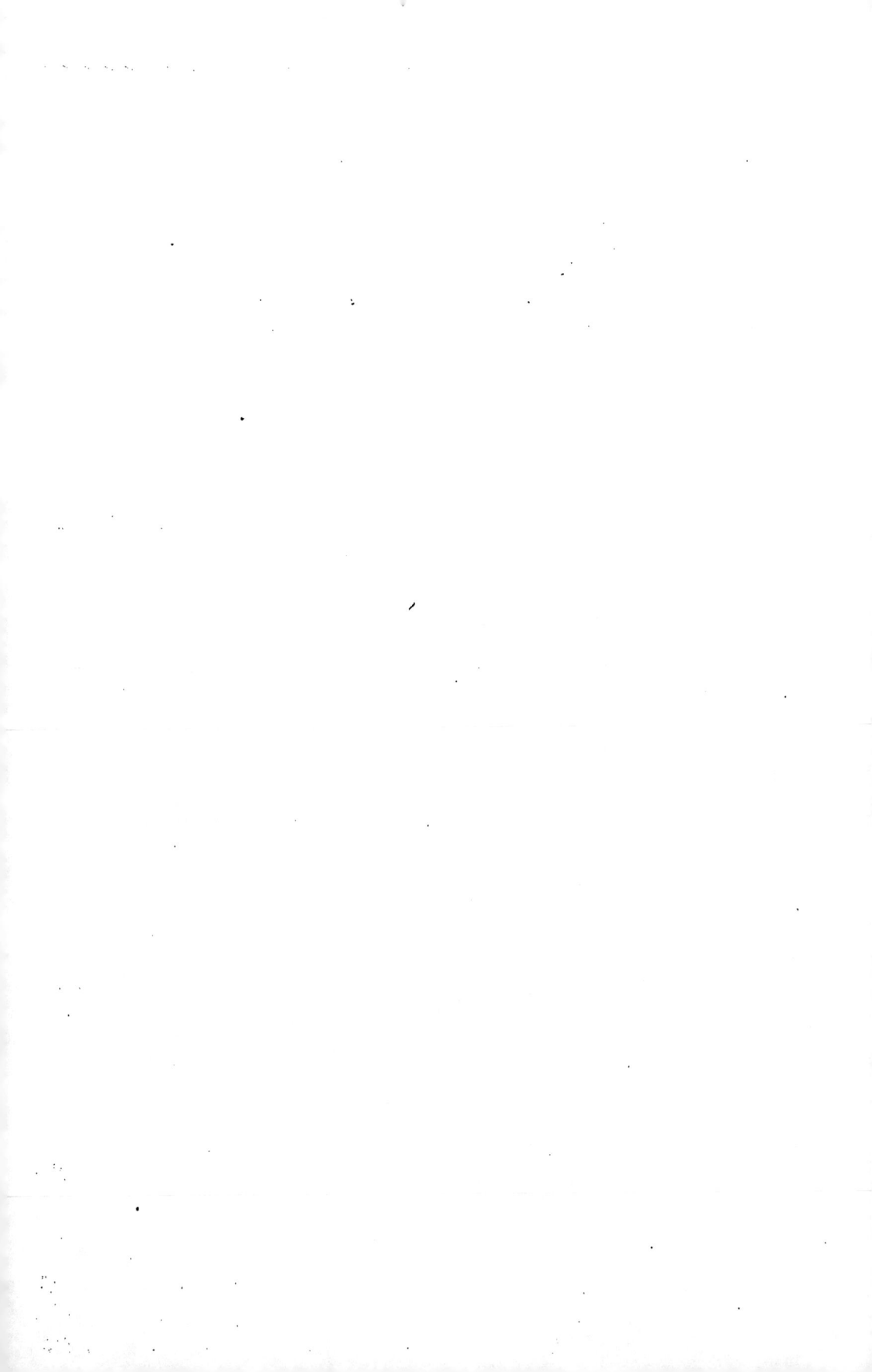

TABLE DES MATIÈRES

PREMIÈRE PARTIE

Le problème.

DEUXIÈME PARTIE

Les théories.

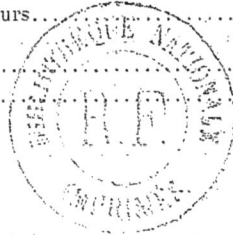

28,067. — Bordeaux, Y. Cadoret, impr., rue Poquelin-Molière, 17.